小学数学核心素养的认识与实践

XIAOXUE SHUXUE HEXIN SUYANG DE RENSHI YU SHIJIAN

主　编　　苏遗华

副主编　　肖西林　　雷飞燕　　罗　雪

编　委　　刘文平　　袁　霞　　周文萍　　马崇莲　　王小林

　　　　　万家琴　　陈彦伶　　王　雷　　杨　琳　　廖　娟

　　　　　袁　凤　　况琳琳　　张天宇　　孙雪梅　　殷顺玲

　　　　　王亚兰　　胡镤心

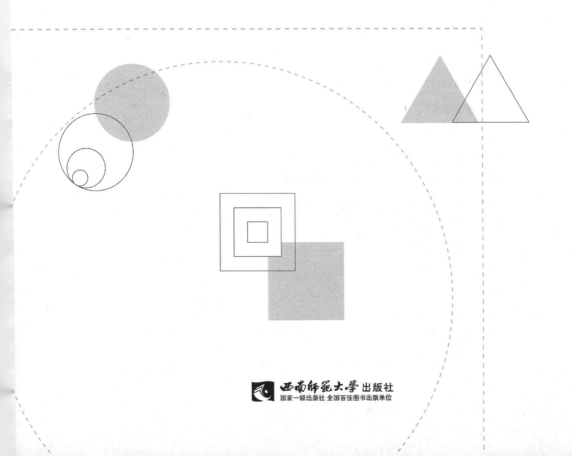

西南师范大学出版社
国家一级出版社 全国百佳图书出版单位

图书在版编目(CIP)数据

小学数学核心素养的认识与实践 / 苏遗华主编. —
重庆：西南师范大学出版社，2021.2
ISBN 978-7-5697-0439-6

Ⅰ．①小… Ⅱ．①苏… Ⅲ．①小学数学课－教学研究
Ⅳ．①G623.502

中国版本图书馆CIP数据核字(2020)第172844号

小学数学核心素养的认识与实践

苏遗华　主编

责任编辑：周万华

责任校对：赵　洁

装帧设计：　起源

排　　版：张　祥

出版发行：西南师范大学出版社

印　　刷：重庆升光电力印务有限公司

幅面尺寸：170 mm×240 mm

印　　张：22.25

字　　数：374千字

版　　次：2021年2月　第1版

印　　次：2021年2月　第1次印刷

书　　号：ISBN 978-7-5697-0439-6

定　　价：68.00元

前言

　　当下教育界热议的话题是"核心素养",那么什么是核心素养呢? 核心素养有什么表征呢? 如何在课堂教学中培养学生的核心素养呢? 重庆市第三期农村中小学领雁工程项目璧山区小学数学教研工作坊和重庆市璧山区小学数学教育苏遗华名师工作室围绕这个话题进行了研究,并在小学数学课堂教学中进行了探索和验证。

一、核心素养

　　关于核心素养,不同的专家、学者有不同的观点。

　　以北京师范大学林崇德教授为首的研究团队提出了"中国学生核心素养发展的框架",包括"自主发展""社会参与""文化基础"三大领域,表现为"学会学习""健康生活""责任担当""实践创新""人文底蕴""科学精神"六个指标,每个指标又包含三大要素,如下图所示。

　　福建师范大学教师教育学院余文森院长在《论学科核心素养形成的机制》一文中指出:学科核心素养是指学生通过某学科的学习而逐步形成的关键能力、必备品格与价值观念。学科知识与学科活动是学科核心素养形成的两翼,其中学科知识是学科核心素养形成的主要载体,学科活动是学科核心素养形成的主要路径。

学者李艺、钟柏昌认为,"学科核心素养"由三个层面构成:最底层是"双基指向"(简称"双基层"),以基础知识和基本技能为核心;中间层是"问题解决指向"(简称"问题解决层"),以解决问题过程中所获得的基本方法为核心;最上层是"学科思维指向"(简称"学科思维层"),指在系统的学科学习中通过体验、认识及内化等过程逐步形成的相对稳定的思考问题、解决问题的思维方法和价值观,实质上是初步得到学科特定的认识世界和改造世界的世界观和方法论,如下图所示。

那么什么是数学学科的核心素养呢?

《普通高中数学课程标准(2017年版)》指出,学科核心素养是育人价值的集中体现,是学生通过学科学习而逐步形成的正确价值观念、必备品格和关键能力。数学学科核心素养是数学课程目标的集中体现,是具有数学基本特征的思维品质、关键能力以及情感、态度与价值观的综合体现,是在数学学习和应用过程中逐步形成和发展的。数学学科核心素养包括数学抽象、逻辑推理、数学建模、直观想象、数学运算和数据分析。

《义务教育数学课程标准(2011年版)》没有明确提出义务教育阶段数学学科的核心素养,但提出了10个核心关键词,即数感、符号意识、空间观念、几何直观、数据分析观念、运算能力、推理能力、模型思想、应用意识和创新意识。

有的学者把义务教育阶段数学学科的10个核心关键词的前8个关键词归结到普通高中数学课程标准中提出的六大核心素养中,即:

符号意识和数感——数学抽象

推理能力——逻辑推理

模型思想——数学建模

几何直观和空间观念——直观想象

运算能力——数学运算

数据分析观念——数据分析

从专家、学者的观点中可知,数学学科的核心素养就是指学生通过数学学科长期的学习而逐步形成的正确价值观念、必备品格和关键能力,数学素养具体体现在数学抽象、逻辑推理、数学建模、直观想象、数学运算和数据分析六方面。

二、工作措施

1.研究主题及目标。

我们以"发展小学生数学核心素养"为主题开展实践研究,以课堂为载体,具体研究数学抽象、逻辑推理、数学建模、直观想象、数学运算和数据分析等核心素养在小学数学课堂上如何落地,以达到改善教师的教学、提高教育教学质量的目的。

基于研究主题,我们确定以下研究目标。

(1)解读六大核心素养,提高课题组成员在抽象、推理、建模、空间、运算以及数据分析等多方面的理解能力以及实际应用能力,加强其对教材内容的分析、归纳能力以及准确提炼出教学内容中的核心素养的能力。

(2)提炼出多个教研主题进行研究,如:数学抽象的教学、数据分析观念的培养等;探索出有效的小学数学教研方式:如校本教研、多校联动等;形成常态优质的教研方式,带领全区各小学的教研活动有实效、高效地开展。

(3)在三年的时间里,分阶段完成在全区有影响力的小学数学课堂的诊断,对教研组建设和校本教研的指导等。

(4)在工作坊、工作室建设过程中,课堂以"核心素养"为导向,教师将理论探索与教学实践相结合,不断提升学校教师的素质,从而推动学校整体发展,推动义务教育课程改革创新和教学质量整体提升。

2.研究程序。

两年来,我们成立教研工作坊和名师工作室,进行了系统的理论学习,确定了研究内容,制订了研究目标和研究方案,进行了专家论证。

两年来,我们以西师版1~6年级的数学教材内容为载体,细化核心素养,在各板块挖掘和探究发展学生核心素养的教材和资源。

两年来,我们立足课堂实践,探究核心素养落地的策略和途径,形成发展学生核心素养的案例及资源;我们定期开展研讨活动及课改现场会,交流经验,及时解决实践研究中存在的问题,形成完善可行的实施方案,梳理总结成果;我们提炼出多个教研主题,形成多种教研模式,以校本教研或课例呈现等形式开展教研活动,形成优质的常态教研形式。

三、研究成果

课题组对数学抽象、逻辑推理、数学建模、直观想象、数学运算和数据分析等核心素养进行再认识,并提出了小学数学课堂教学中落实核心素养的策略。以西师版小学数学1~6年级教材为载体,撰写了丰富的教学案例和评价、检测学生数学素养的试题。

成功申报了以"数学抽象""逻辑推理"和"数学建模"为主题的市级规划课题(一个重点课题,两个一般课题)。

四、关于著作

《小学数学核心素养的认识与实践》是工作坊和工作室成员们两年来付出的汗水和心血的结晶,虽然不完美,但无论如何都是我们在深化课改的路上、在小学数学课堂教学中培养学生核心素养的教学实践所进行的一次有益的探索,希望能给小学数学一线教师的课堂教学提供宝贵的经验。

《小学数学核心素养的认识与实践》共六章,即围绕数学抽象、逻辑推理、数学建模、直观想象、数学运算和数据分析六大数学核心素养编写,每章分为三节,即概述、教学案例(课例)、检测。

《小学数学核心素养的认识与实践》一书的编者是工作坊、名师工作室的成员,虽然他们的教学实践能力强,教学效果较好,但他们的理论水平有限,编写经验不足,难免有错误和疏漏,在此恳请读者批评指正。

苏遗华

(重庆市第三期农村中小学领雁工程项目璧山区小学数学教研工作坊主持人

重庆市璧山区小学数学教育苏遗华名师工作室主持人)

目 录

Contents

→ 第一章　数学抽象

第一节　数学抽象概述

在小学数学课程实施过程中,教师应该引导学生发现、认识和理解数学思想,致力于帮助学生主动掌握基本数学思想。数学教学最终要让学生用数学思想与方法去解决问题,而要实现这一目标,离不开数学抽象。

一、数学抽象的内涵

抽象对思维有较高要求,是人们得到事物本质形成概念的重要途径。人们在经历对事物的各项属性和特点进行分析的过程后,再归纳其本质属性。抽象是数学最基本的思想方法,也是数学本质的特征之一。[①]

就具体的数学内容而言,抽象主要包括两个方面的内容:数量与数量的关系、图形与图形的关系。在数学抽象的过程中实际要完成两项任务:一是抽象出具体的研究对象,二是抽象出研究对象之间的关系。

在数学抽象这一基本思想下,还发展出了分类的思想、数形结合的思想等。

分类的思想:分类的过程其实就是在探究事物的共性并由此加以抽象的过程。教学活动中,学生要感受到分类的重要性,用什么标准分类,并在这一过程中深刻认识事物的特性。

数形结合的思想:把数或数量关系与图形对应起来,借助直观的图形来研究数量关系或者利用已知的数量关系来研究图形的性质。数形结合可以让数学问题变得形象化。

符号意识:数学中常用符号语言去交流,用一种事物去替代或简化另一种事物,则该事物便成为一种符号。

对应的思想:对两种事物或两个集合元素进行联系的思想。如直线(数轴)上的点一一对应具体的数。对应还能使较为复杂的问题化隐蔽为直观。比如,学生与学号一一对应;居民身份证与居民本人一一对应。

[①]孙保华.依托抽象,提升学生思维能力[J].中小学教师培训,2017(4):50-53.

二、数学抽象的特点

1. 数学抽象内容的特殊性。

数学研究的对象包括现实世界的空间形式和数量关系,还包括由这些空间形式和数量关系发展起来的更为一般的形式和关系。数学中的抽象排除了事物的外在客观因素。

2. 数学抽象具有层次性。

数学抽象分为三个层次:一是根据事物特征用语言进行表达,二是抓住事物本质用符号进行表达,三是抓住事物关联用模型进行表达,从而层层递进,完成全面认知。比如,加法交换律的抽象,可以用语言表达,还可以用更加简洁的符号形式表达为:$a+b=b+a$。教师在教学中应根据学生具体的认知特点和接受程度,让学生的抽象概括能力有层次地发展,循序渐进地提高学生的抽象能力。[①]

3. 数学抽象方法的特殊性。

数学抽象是一种建构活动,将实际问题抽象成数学问题时,必须按照正确的规则、严密的逻辑论证进行抽象,同时形成的结论或模型具有广泛性。

三、数学抽象的分类

从教学内容上看,数学抽象主要分为以下几类。

1. 概念抽象。

这里的概念抽象指广义的概念,包括数的抽象、图形的抽象等。

数的抽象:数的抽象以生活原型为基础,是一种相对简单的经验性抽象结果。如一本书、一座桥、一辆车,在这些事物中,只保留量的特征,逐渐抽象成数,并用符号表示出来。

图形的抽象:学生在认识图形的时候,先从生活情境中找到图形的原型,剥离抽象出图形。比如学生在认识角时,先从生活场景中找到不同的角,通过比较发现

---

①张秋爽.浅谈小学数学教学中的抽象[J].教学月刊(小学版:数学),2014(11):50-52.

角有形状、大小、位置的不同,也有共同的特点,最后总结什么是角。

概念的抽象:比如,人们在自然数这个基本概念的基础上,引入新的关系和属性,抽象出因数、倍数的概念;又如,以生活为原型,以平均分为基础认识分数,理解分数的现实意义,最后实现分数的表示。小学阶段的概念教学,学生应该经历"先体验、后概念"的过程。学生在用语言表述概念的时候,不一定非要强调对概念描述的完整性和准确性,只要学生抓住了概念最关键、最本质的属性,用自己儿童化的语言表达出来就可以了。

算法、算理的抽象:算法,即计算的方法;算理,即计算的道理,它是由数学概念、性质、定律等构成的。比如:教学 8.5-2.73 时,教学重点是要揭示"小数点对齐"的原理。在教学中,不仅要学生掌握"小数点对齐",更要明白"小数点对齐,即相同数位对齐"的道理,也就是相同的计数单位才能进行加减,这样才能将小数和整数的算法、算理进行融合,理解运算的本质。

2.规律抽象。

规律的抽象能更完全、更正确、更深刻地反映自然,对数学规律理性的认识是对事物本质的认识。学生在探究过程中,经历从特殊到一般的过程,发展学生的抽象能力,找出数学规律,发现数学结论。"探索规律"是发展学生抽象思维的有效途径之一。

3.关系抽象。

数量与数量关系、图形与图形关系构成了数学中的主要关系。实际上,数量多与少的关系,就是数的大与小的关系。图形与图形关系的抽象,也经历了同数量与数量关系相似的抽象过程,点、线、面、体等都是抽象的产物。①

4.思想方法的抽象。

数学知识往往蕴含着思想方法,而数学思想方法则是数学的灵魂。在以往的教学中,教师常常注重知识的传授,忽略了数学思想方法的渗透。以分类思想为例,在数的分类、图形的分类等问题的解决过程中都需要灵活运用分类思想,分类的过程实质上就是对事物的共性进行抽象的过程。

---

① 史宁中.数学基本思想18讲[M].北京:北京师范大学出版社,2016.

四、数学抽象的作用

1.有利于深入认识事物的本质。

数学是通过抽象得到一般结论。比如"10个男生""10架飞机",男生和飞机是不同的物品,但都可以用"10"这个数来表示。什么是数学抽象?数学抽象的核心就是舍去了"男生"和"飞机"这些现实背景,用符号"10"来表示,这样的存在就是抽象的存在。

2.有利于认识事物的一般性。

在认识长方形时,教师出示不同材质、不同大小、不同颜色的长方形学具,摆放的位置也不相同,让学生观察发现。首先学生在观察中,舍去了图形的其他性质,只注意到了它们的形状,接着继续发现物体的形状有相同之处,通过分析,学生可以初步抽象出长方形图形,最后通过量、比等数学活动,得出长方形的特征。[①]

3.有利于认识知识之间的层次性。

由于抽象的对象(概念、模型等)和过程的不同,体现出不同的层次性。在学习线段、直线和射线时,教师往往会问学生"若将线段向一端无限延长,会变成什么?(射线)若将线段向两端无线延长,又会变成什么?(直线)"线段、射线、直线之间相互联系,概念的抽象几乎是逐步提高的。有层次的数学抽象,有利于学生弄懂概念的由来,看清概念的结构。

4.有利于培养学生的概括能力。

数学的抽象概括能力是学习数学的必备能力。数学中小到一个数,大到一个法则定理的得出都离不开抽象概括的应用。学习数学能否获得正确的抽象结论,取决于概括的过程及水平。数学的知识具有层次性,随着对数学的不断学习,学生的抽象概况、语言表达能力会逐步提高,抽象思维得到发展,知识建构系统性和认知能力越来越强。

---

① 孙保华.依托抽象,提升学生思维能力[J].中小学教师培训,2017(4):50-53.

五、数学抽象的教学策略

小学生以具体形象思维为主,教师要善于根据小学生的认知特点和身心特点,采取有效的数学抽象策略,帮助学生提高抽象能力。

1. 注重表象,在比较中抽象。

乌申斯基认为:"比较是一切理解和思维的基础,我们正是通过比较来了解世界上的一切的。"小学数学中有很多概念是有着密切联系的,我们在概念教学中适当运用比较,便能让学生更好地构建系统知识。比如教学"认识长度单位"时,教师采用分别是1厘米的指甲宽度、1分米的粉笔长度、1米的直尺长度,让学生进行比较,比较时学生的头脑中抽象出这些长度单位的大小,加深了对陌生概念的认识,丰富了表象。在数学中,巧妙运用比较进行教学,把抽象的数学概念转变成具体的表象,就会降低抽象的难度,利于学生的数学学习。

2. 经历表象操作,理解抽象算法。

直观形象能帮助学生更好地理解抽象的数学知识,表象的建立则是助力学生摆脱具体事物的限制,迈向抽象思维的过程。以两位数加一位数的进位加法为例,学生独立用小棒寻找"16+4"的答案,先摆好16根,再加4根,这时学生面前会有1整捆小棒和10根零散的小棒,将10根零散的小棒捆成1捆,与原来的1捆合起来就是2捆,也就是20。然后让学生寻找"22+9"的答案,多次练习后,鼓励学生脱离小棒,在脑海中思考18根小棒加7根小棒如何摆,得数是多少。学生在头脑中表象出"满十根捆成一捆",对于个位而言就是"满十进一",从而发现"个位相加满十,向十位进一"。在计算教学中,让学生通过数学活动进行表象操作,找到从直观到抽象的纽带和桥梁,思维也在感知操作中实现直观和抽象的交替,学生对"满十进一"的算法会有深入理解。既动手操作,又动脑思考才是学生实现抽象的有效途径。

3. 借助几何直观,建立抽象概念。

在小学阶段,教师要利用直观性原则帮助学生理解,让学生在动手过程中主动探索规律,化抽象为具体。在小学几何图形认识的教学过程中,实物演示可以很好地突破数学知识抽象的难点。在三年级初次教学"周长"时,学生并不能很好地理解这个陌生、抽象的概念。但是如果教师通过情境创设,让小蚂蚁围绕着树叶边缘爬一周,让孩子们感知什么是"一周",然后引导学生在量树叶一周长度的时候,化曲为直,建立"周长"的概念,从而抽象出"周长就是围绕图形一周的长度"。这样通过直观的实物演示帮助学生理解,突破教学难点,建立抽象的数学概念。

4.重视语言表达,培养抽象思维。

任何思维能力的培养和发展都是以语言为基础的,语言是思维的外在表现形式,数学抽象的结果是形式化的,需要用语言来表述和传达。在数学抽象过程中,通过语言表达,可以让感知对象的特征更加清晰,有利于进一步的抽象,同时也便于学生对抽象的结论进行理解和记忆。[1]数学语言的使用直接影响着学生数学思维的发展,教学中教师应该用严谨、规范的语言表述数学思维的内容,从而培养学生的抽象思维能力。

5.加强方法运用,提高抽象能力。

数学是通过抽象得到一般结论的学科。数学抽象本质上有两种方法:一种是对应的方法,另一种是内涵的方法。

对应的方法就是起个名字,比如学生理解"什么是数? 数的本质是什么? 如何表示数?"时,教师要帮助学生认识到"数"是对数量的抽象的符号表达,我们可以用对应的方法,从摆放的"4个苹果""4支铅笔"对应到"4个小方格";然后再让"4个小方格"对应到"4"这个符号。

当然只抽象出概念不是最重要的,学生还要会抽象出概念之间的关系。数是从数量中抽象出来的,那么数的关系来自于数量的关系。比如从摆放的"4个苹果"和"3个苹果",我们抽象出"4"和"3"这两个符号,但没有说明它们的本质关系。数量关系的本质是多和少,"4"比"3"多,因此数的关系的本质就是大和小,所以说"4"比"3"大,这就是用内涵的方法表述出事物的内在关系或本质属性。

---

①张艳红.浅议小学生数学抽象思维能力的培养[J].赤子(上中旬),2016(3):240.

第二节　数学抽象教学案例

☆ 11~20各数的认识 ☆

【问题解析】 "11~20各数的认识"是西师版小学数学教材一年级上册的教学内容。20以内的数大部分孩子在入学前已初步会数,但对于数的概念则比较模糊。一年级的小朋友参与数学活动,只是对数学活动本身感兴趣。因此,在本节课的教学中教师除了知识技能的教学目标外,更应该关注学生的情感态度,让学生在学中玩,让每个学生都能在学习中体会到学习数学是一件快乐的事情。

一、复习引入

师:之前我们认识了0到10,今天接着认识一些新的数。谁来说一说11到20中间有哪些数?

生:12,13,14,15,16,17,18,19。

师:他说了这么多,真棒!同学们,我们一起来读一读。

【评析】 根据孩子已有知识进行教学,充分把握学情,找准学生的起点在哪里,以便精准教学。

二、动手操作,探究新知

师:看来大家对这些数并不陌生,可是在古时候的人们不会这样的记数方法,他们在记录物品数量的时候,会摆一些小木棍或者小石子。

师:今天我们就来学一学古人,用小棒记录一下羊的只数。我说1只羊,同学们从小盒中拿出1根小棒,摆在桌子上,我说2只羊就摆2根……

师:同学们,谁愿意来前面摆?

师:同学们要先看屏幕,再动手,比一比谁的小手和眼睛配合得最好。

师:大家摆出了11根小棒,代表了11只羊。那谁来说一说你是怎样数的,是一根一根地数小棒吗?

生:一根一根地数。

师:这是你的方法,还有吗?

生:两根两根地数。

师:同学们用不同的方法数出了11根小棒,牧羊人的三个儿子也数出来是11根小棒,可是他们因为摆放方式不同发生了争论,咱们来看屏幕。

视频内容:我是老三,我摆了11根小棒,我是一根一根摆的;我是老二,我是两根两根摆放的;我是老大,我把10根小棒摆在一起,剩下1根单独摆。

师:到底谁的摆法能让我们一眼看出有多少根小棒? 谁想来说一说?

生:老大的。

师:你认为老大的摆法能一眼看出,为什么呢?

生:因为它把10根放一边,剩下的1根放一边,就是11。

师:说得真清楚,谁能像他一样再来说一说?

生:我同意老大的摆法,因为10再加上1就是11。

师:你都会用加法算式了,真了不起,请坐。同学们能用老大的方法再摆一摆你的小棒吗?

师:来,咱们看这里。刚才我们用1根小棒表示1只羊,1根小棒也是1个一,咱们一起来数1个一。 10根小棒就表示10个一,我们再来说一说,10个一是十。老师这里有10根小棒,我们把它捆起来,一捆小棒就表示1个十。谁来说第一捆小棒表示什么?

生:10根小棒捆一捆,表示10个一。

生:表示1个十。

师:刚才我们说10个一是十,1个十也是十,我们可以说10个一就是1个十。谁来读一读这句话?

生:10个一就是十。

师:咱们一起来读,同桌两人相互读一读。都读好了,现在咱们也动手捆一捆,想一想,动手捆之前要数出几根小棒?

【评析】 这部分内容,学生从数羊到数小棒,经历了初步的抽象,建立了数的初步表象。除了对实物的抽象,这部分的重点还要建立数和数位等初步印象。教师利用学生喜欢的视频引导学生尝试着用1个十和1个一表示十一,10个一就是十,认识不同计数单位的关系。

三、多样练习,巩固知识

师:刚才我们用小棒表示数,还可以用拨珠子的方法表示数。同学们能在这个计数器上面用拨珠子的方法表示一个数吗? 你准备表示几?

师:你能上来拨一下吗? 同学们注意观察,看拨得怎么样?

师:同学们看,这是他拨的2,他拨对了吗? 通过接下来咱们的学习就知道了。

师:我们为了记数方便,规定从右边起第一位是个位,1颗珠子表示1个一,有几颗珠子就表示几个一。第二位是十位,十位上1颗珠子就表示1个十。刚才这位同学在个位拨2颗珠子,个位2颗珠子就表示2个一。

师:现在个位1颗珠子也没有怎么表示?

生:用"0"来表示。

师:现在我开始拨了,同学们注意观察,咱们一起来数。谁来说一说表示什么?

师:5个一也表示5,那我继续拨。9个一,也就是9。

师:我再加上1颗珠子,现在是多少? 请看,9颗珠子,再加上1颗,10颗,其实个位上的10个一,也可以用十位上的1个十来表示;同学们,这里是10个一,这里是1个十,它们两个都是十,哪个能一眼就看出是10?

生:就是在十位上拨1颗珠子就行了。

师:同学们,以后个位够10颗珠子了,咱们就把这10颗珠子去掉,在十位拨1颗珠子,就表示十。刚才我们数了11只羊,用11根小棒来表示。谁想在计数器上拨出这个数?

生:十位这颗珠子表示10个一,个位这颗珠子表示1个一,合起来就是11。

师:孩子们,一捆小棒表示1个十,在计数器上,十位拨1颗珠子;1根小棒表示1个一,在计数器个位拨1颗珠子,合起来这个数就是11,也就是10+1等于11。同学们,这里有2颗珠子,为什么?

生：它表示1个十，而它就表示1个一。有1颗珠子是在十位上面，它是十。1颗珠子在个位上面，所以它是一。

师：他说得太好了，孩子们，相同的2颗珠子放在不同的数位，表示的意义就不同。

【评析】 11~20各数的认识，教师引导学生通过摆小棒和拨珠子结合的方式，自主探究11~20各数。从小棒的10根一捆到计数器上珠子的使用，让学生能自然地从比较具体的数小棒得到的数的抽象到用珠子表示的方式，让学生直观地感受到数位的作用和必要性。在这一过程中，学生通过摆、拨、读等不同的活动，经历了从具体到抽象的过程。

四、全课小结，拓展练习

师：刚才我们在计数器上用拨珠子的方法表示数，现在咱们用圆圈代表珠子在计数器上表示数。拿起你们的铅笔，拿出这张习题纸，自己开始画。同学们，通过今天的学习，有什么和大家分享的吗？

生自由说。

师：同学们，通过今天的学习，我们知道了10个一就是十。我们还知道1个十和几个一合起来就是十几，可是在古时候，古人们和我们记数的方法不同，古人是怎样记数的？我们来看屏幕。这是结绳记数，这是小石子记数。他们怎样用小石子表示的12，谁来说一说？

生：大的就是十，小的两个就是2个一，合起来就是12。

【评析】 教师通过介绍结绳记数、小石子记数，让学生感受古人的记数方法和现代记数方法的相同之处和不同之处，体会从实物抽象出数字的发展趋势和必要性。

五、数学文化，课后延伸

师：古人也是这样想的，同学们看黑板。早在2000多年前我国就有算筹记数法了，在这里横着放的一根表示1个十，竖着放的两根表示2个一，合起来就是12。关于算筹记数法的知识还有很多，有兴趣的同学可以查找相关的知识。

 教学延展

教师在教学数的组成时，不是直接告诉学生让其机械的记忆，而让学生在猜小棒的游戏中得到感悟，在动手摆小棒中体会，让学生经历了"再创造"的过程。在教学中教师从学生的认知规律和知识结构的实际出发，让他们通过有目的地操作、观察、交流、讨论，从直观到抽象，主动构建自己的认知结构。

☆ 认识人民币 ☆

👉 **【问题解析】** "认识人民币"是西师版小学数学教材一年级下册的教学内容。关注学生的生活经验和已有的知识体验是《义务教育数学课程标准(2011年版)》的重要理念之一。一年级学生对人民币并不陌生,有较丰富的感知经验,也有使用人民币购物的经历,他们的学习起点不是零,因此我们要从学生的生活经验出发进行教学。人民币是生活的素材,它所蕴含的知识很丰富,稍不留神很容易上成认识人民币的生活常识课,因此如何体现出人民币中所蕴含的数学价值,把生活化的素材上出数学味,这就成为教师必须思考的问题。

一、创设情境,问题导入

师:同学们,你们跟爸爸妈妈一起去买过东西吗? 那买东西的时候要用什么?

师:对呀,要用钱,老师这里有几样商品,你们看看值多少钱?

生:书包25元。

师:声音真洪亮。铅笔盒呢?

生:8元5角。

……

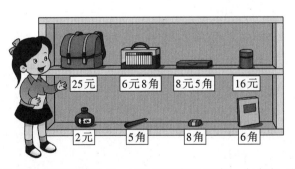

师:这些商品都是用钱来标价的,在我们国家钱还有一个名字,谁知道叫什么?

师:叫人民币。世界上每个国家的钱叫法都不一样,比如说美国的钱叫作美元,英国的钱叫作英镑,俄罗斯的钱叫作卢布。

师:人民币跟我们的生活密切相关,今天这节课我们就一起来认识人民币吧!

二、探究学习,解决问题

师:在生活中,你们都见过哪些面值的人民币?

生:我见过100元和50元。

生:我见过1元和5元。

师:有没有同学见过角或者分?

师:那我们先说到这里,我们一起来观察一下,人民币当中有纸币,也有硬币。元、角、分就是人民币的单位。那么在这三个单位当中,谁最大,谁最小,有人知道吗?

生:元最大,分最小。

师:真棒,刚才同学们说了一些面值的人民币,但是还是没有说全,所以接下来我们就系统地认识一下。

师:我们先来认识以分为单位的人民币,有1分、2分和5分。

师:我们把这个硬币放大观察,在硬币的正面有麦穗,麦穗是劳动的果实,说明钱是劳动所得,所以我们要爱惜每一分钱。

师:还有面值2分的硬币,这里有一个年份。1985说明这枚硬币是1985年制造发行的。我们再来看看,1分是有麦穗的钱币,面值是1分。

生:5分,背面还有国徽。

师:除了这个国徽,还有什么?

生:硬币的背面是国徽和国名。

师:国徽和国名都是我们国家的象征,所以在使用人民币的时候,我们一定要爱护人民币,不能在上面乱涂乱画,或者随意地撕扯。

师:怎么来区分这三种面值的硬币呢?

生:按照它们的大小来区分。

师:谁来说说下图分别是什么面值的硬币?

生：以分为单位的人民币一共有三种面值。

师：如果用更大的单位来表示应该是多少呢？有人知道吗？

师：跟老师一起读一遍，1角等于10分。

师：1角有纸币也有硬币，5角也有硬币，怎么区分它们？谁愿意说说你是怎么区分的？

生：1角比较小，2角中等大小，5角是最大的，也就面值大。

生：我是按颜色分的，1角是深棕色，2角是绿色，5角是紫红色。

生：我是通过汉字来看的。那个1角的写着壹，2角的写着贰，5角的写着伍。

师：真棒，我们可以根据人民币上的数字和汉字来区分，也可以按照它们的大小来区分，还可以根据它们的颜色来区分。

【评析】 这一部分的教学，教师利用课件向学生展示了人民币的各种面额，这些知识，尤其是分币的认识，在学生的生活常识中是没有的，直接用课件展示会让学生有直观的认识。对于角币的认识，教师积极调动了学生的认知，并将其深化。

三、知识拓展，深化理解

师：谁愿意说说以角为单位的人民币有几种面值？分别是什么？给大家总结一下。

生：一共有三种面值，分别是1角、2角和5角。

师：谁愿意来黑板上来排一排人民币的大小？从小到大排，然后其他同学一起读一遍，并帮他验证一下。

师：如果用数学的语言来表示，就是10角等于1元，请跟老师一起读一遍，1元等于10角。那么以元为单位的人民币，也可以通过这个人民币上的数字和汉字来区分，还可以通过它们的颜色和大小来区分。

师:我们现在使用的人民币,你们知道是第几套人民币吗?

生:第五套人民币。

师:我们现在使用的人民币是1999年10月1日发行的第五套人民币,在第五套人民币中没有发行2元,这个2元是在第四套人民币当中发行的,目前还在使用。随着社会的发展和人们生活水平的提高,现在生活当中1分、2分、5分的人民币已经不用了。

师:以元为单位的人民币是使用得最多的,所以同学们是不是经常见到呢?

师:那么在这些人民币当中,面值最小的是哪一种?

【评析】 这一部分的教学,主要是让学生感受元、角、分之间的大小关系。教师根据人民币的关系,让学生用数学语言来表达元、角、分之间的关系,有效地将实际生活中的知识抽象成数学知识,进而得出1元等于10角的结论。

四、运用新知,巩固练习

师:好,那么接下来请同学们拿出自己的学具,把你的学具按照元、角、分三类分类摆放。谁愿意到黑板上来分类摆放?

师:这个游戏的名字叫作快速抢答,当这个屏幕上出现一张面值的人民币时,你们要快速说出它的面值,准备好了吗?

师:5角能换几张1角和几张2角? 先拿你的学具试一试,摆一摆。

 换 1 张  和 2 张

 =  +  +

$$5 = \boxed{1 + 2 + 2}$$

师:这盒彩笔是多少钱? 快帮我算算。

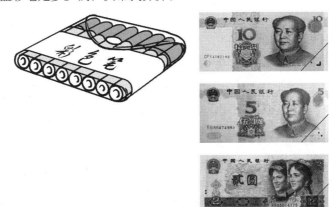

_____元_____角_____分

生:17元0角0分。

师:这个布娃娃是4元5角,我们去买的时候可以怎么付钱呢?

生:2个2元,1个5角。

师:可以,还有其他的想法吗?

生:4个1元,5个1角。

师:还有吗?

【评析】 对于人民币的运用,教师没有完全按照元、角、分来设计练习,而是根据实际生活中的情况,忽略角和分,直接用元来进行练习,而且在练习的过程中,举的例子也是和学生实际生活相关的,让学生感受到数学在生活中的重要作用。

五、回顾反思,梳理全课

师:好了,其实还有很多的付钱方法,我们还可以课下去思考,那么今天这节课跟老师一起学了什么?

师:请同学们利用周末的时间,和爸爸妈妈一起买一次学习用具。

本节课充分体现了新教材的特点和课程标准的新理念,渗透了以人为本的教学思想。重视师生、生生间的相互作用,把数学教学活动建立在学生已有的认知水平和生活经验之上,即从生活实际出发,让学生在实践中认识人民币,并适当地进行爱护人民币,做事有条理等德育渗透,环环相扣,衔接自然。导语部分的设计是让学生联系生活实际,列举自己使用人民币的例子,帮助教师了解学生的生活经验和已有知识水平,找准学生的最近发展区。同时,让学生感知人民币的商品功能和在社会生活中的重要作用,激发其学习兴趣,突出知识生长点。

☆ 倍的认识 ☆

👆 【问题解析】 "倍的认识"是西师版小学数学教材二年级上册的教学内容。倍的认识是在学生认识和理解乘法意义的基础上学习的,学生将通过对已学习的有关乘法的知识进行迁移获得"倍"的概念。"倍"对于学生来说是一个全新的概念,是一种数量之间的关系,学生对倍的认识比较陌生,建立倍的表象有一定的难度。通过对本课内容的学习,要让学生初步建立倍的概念和简单的数学模型,有助于学生深入理解乘法的含义,拓宽应用乘法解决实际问题的范围与能力,培养数感,为今后学习分数、小数和百分数等相关知识奠定基础。

一、创设情境,问题导入

出示图片。

师:从图片中你知道了什么?

生:小白兔拔了3根红萝卜,小灰兔拔了6根白萝卜。

师:你观察得真仔细,小白兔和小灰兔准备比一比拔萝卜的根数,你觉得他们会怎么比?

生:6-3,小灰兔比小白兔多3根。

师:那我们也可以说小白兔比小灰兔少拔了3根,这是我们之前学过的比多少。除了比多少,还可以怎么办?

生:6除以3等于2,小灰兔拔的萝卜根数是小白兔的2倍。

师:今天老师就和大家一起认识"倍"。(板书"倍的认识")

【评析】 为了让学生形象直观地掌握"倍"的知识,开始上课时用红、白两种萝卜让学生比较,发现两个数量之间的关系,继而引发新知,让学生明白两个数量之间还存在一种新的关系——倍数关系。

二、探究学习,解决问题

师:你们是怎么观察的? 能想办法让别人一眼就能看出萝卜中有2倍关系吗?

师:老师给大家准备了一张学习单,你可以在学习单上圈一圈、摆一摆、画一画、算一算,如果你觉得有些难度的,可以和同桌互相帮助一下。

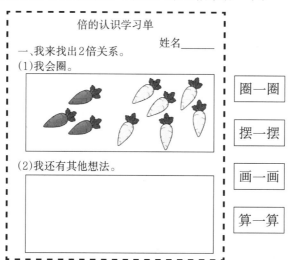

学生动手操作,教师搜集资源。

师:刚才同学们都很厉害,用了各种方法找到了萝卜中的2倍关系,老师这里也有同学们的一些作品,我们一起来看一看。(展示生的作品并标上序号:①②③④⑤。)

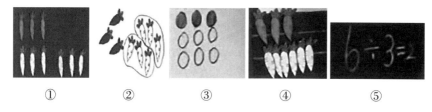

师:这些作品你都看明白了吗？选择其中一幅图说一说你是怎么找到2倍关系的。

生:第二幅图红萝卜有3根,白萝卜有6根,是它的2倍,三个圈在一起,圈成了两堆。

师:意思就是如果我把红萝卜看成一份,白萝卜就是两份,那我们就可以说——

生:白萝卜的根数是红萝卜的2倍。

师:谁还能在这幅图里找到2倍关系,你能完整地说一说吗？

生:红萝卜看成1份,白萝卜就比它多了2倍。

师:多了2倍吗？

生:多了1倍。

师:多了1倍还可以怎么说？

生:白萝卜的根数是红萝卜的2倍。

师:和老师一起再说一说,红萝卜看成一份,白萝卜就是两份,那我们就可以说,白萝卜的根数是红萝卜的2倍。

师:那剩下的几幅图呢？

生:第一幅图,白萝卜比红萝卜多了一组,所以是它的2倍。

师:还是把红萝卜看成一份,白萝卜看成两份,那我们就可以怎么说？

生:白萝卜的根数是红萝卜的2倍。

师:那第三幅图呢？能发现2倍关系吗？和同桌说一说。

师:第四幅图,你能清楚地看出来是2倍关系吗？

生:不能,下面的白萝卜贴得太紧了。

师:你能帮帮他,让我们一眼就看出来2倍关系吗？

生1:把下面的萝卜三根三根地分开。

生2:我们可以圈一圈,三根圈一堆。

师:好,请你上来帮帮他。

师:第五幅,6÷3=2这个算式呢？你们能一眼看出来2倍关系吗？

生:能,6是白萝卜的根数,3是红萝卜的根数。

师:哪些图中藏着这个算式呢？

学生上台说一说,同桌说一说。

【评析】 在探究新知教学中,教师充分创造机会,让学生通过摆一摆、圈一圈、画一画、算一算等学习活动,充分发挥学生的主体作用,让学生在操作活动中获得丰富的感性认识,使抽象的"倍"的概念具体化、形象化。通过操作活动,让学生在"做中学",然后让学生充分表达,这样孩子们既充分理解了知识,形象直观地建立了"倍"的概念,又培养了观察、操作以及获取知识的能力。

三、知识拓展,深化理解

师:贪吃的小白兔吃掉了1根红萝卜,现在是几倍关系?(3倍)

师:你怎么看出是3倍?

生:红萝卜有2根,白萝卜有6根,6÷2=3。

师:这个时候是把谁看成一份?

生:2根红萝卜。

师:你真会动脑筋。现在小白兔再吃掉1根红萝卜,是几倍呢?(6倍)

师:那如果再吃掉1根呢?

生:已经没有了啊。

师:你还想说。

生:已经是0了,难道0还要继续比吗? 是一种不可能的算式。

师:你们都发现红萝卜没有的时候,这个倍就没有了,看来我们的倍数是由两个量同时存在才能产生的呀。

师:那通过刚才的研究我们发现,怎么一会儿是2倍,一会儿是3倍,一会儿是6倍呢?

生:红萝卜的根数在发生变化,但是白萝卜没有变。

师:你们发现红萝卜的根数在变,其实就是每一份的数量在发生变化,所以倍数就跟着发生变化。

生:红萝卜变少了,倍数就变多了。

师:你们的发现非常有价值。通过刚才的学习,同学们明白了红萝卜和白萝卜的数量之间存在倍数关系。

【评析】 倍是一个比较抽象的概念,在教学中,教师通过创设连续的情境,让学生在有趣的"变化"中进一步认识倍,明确谁跟谁比,感受在比较倍数关系时标准的重要性,让学生养成一一对应的观察习惯,学生多次感知谁是谁的几倍。

四、运用新知,巩固练习

师:研究了那么多,你想不想来创造一下倍数呢?请看学习单,你可以画一画,或者做动作来创造倍数关系。

学生汇报。

五、回顾反思,梳理全课

师:看来同学们对"倍"这个新朋友已经有了初步的认识,通过今天的学习,你有什么收获?谁愿意和大家说一说?

生自由说。

师:老师发现今天同学们都表现得很棒,现在请同学们把掌声送给优秀的自己,但老师有个小要求,你们在鼓掌的时候能不能拍出2的3倍。

教学延展

本课教学教师注重渗透数形结合思想,"倍"的概念的感知和理解都从萝卜入手,使抽象的概念直观化、形象化、简单化,从看到摆、画,都反映出数形结合思想的渗透;在探究新知进行拓展时,教师改变比较量——红萝卜的根数,让学生学会在不同的情境中紧扣"倍"的本质,在变化的倍数关系中探寻不变的"几个几就是几倍"的本质内涵,课尾创设的拍掌游戏,也让学生充分体会了"数学离不开生活"。

☆ 万以上数的认识 ☆

👉 **【问题解析】** "万以上数的认识"是西师版小学数学教材四年级上册的教学内容。对低年级学生来说,万以内的数已经是比较大的数了。他们在生活中接触大数的机会不多。但是,学生经历过百以内的数、千以内的数的学习,积累了一些认数的经验和数的知识。在教学中,教师要根据学生的年龄特点和认知规律,在数学学习过程中培养数感。"万"是比较大的计数单位,生活中比较难找合适的实物来代替,教学时以计数器为素材,最后抽象概括数的概念,让学生在经历"一千一千地数"的过程中建立形象的感性认识,体会十进制计数的原理,理解10个一千是一万,一万里面有10个一千,通过认识计数单位"万",在学生数学学习的过程中培养数感。

一、创设情境,问题导入

师:今天我想带大家游览一下我们的家乡重庆市璧山区,好吗?(放映美丽家乡的幻灯片)

生:……

师:我和你一样热爱家乡,想不想再多了解一下家乡?

师:好,我带大家看一下我们家乡的人口和面积。谁会说我们区的人口与面积呢?(让学生事先收集了有关家乡人口和面积的数据)

生:重庆市璧山区面积是915000000平方米,2018年人口约730000人。

师:她读得对不对呢?

师:有同学犹豫,有同学说对,那么今天我们就来学习一下像这样的万以上的数,学完以后我们再来看他读得对不对,好吗?

🔖 **【评析】** 万以上的数对于学生来说是一种不太容易接触的数字。所以,教师帮助学生认识的时候才会运用家乡的面积和人口进行引入,这样复习旧知而引入新知的方式,能让学生感受到学习万以上数的必要性。

二、探究学习，解决问题

师：大家看计数器，在心里说一说它是多少。谁会读？

生：九千九百八十七。

师：读得很好，谁能说说这个数每个数位上的数字各表示多少？

生：个位上的7表示7个一，十位上的8表示8个十，百位上的9表示9个百，千位上的9表示9个千。

师：说得太好了，个、十、百、千是我们学过的计数单位，他们分别在个位、十位、百位、千位，这是我们学过的数位。这四个数位在个级，那么个、十、百、千这几个计数单位之间的关系是什么呢？

生：进率是十。

师：我们集体再继续一个一个地往下数，声音响亮一点，9988，9989，9990，9991，9992，…，9997，9998，9999，10000。再往下数就会比1万怎么样？(更大了)我们今天学的就是比1万还要大的数，你想要学到万以上数的什么知识？

生：万以上数的读法、写法。

生：万以上数的数位。

师：今天这节课我们就先来研究刚才大家提出的计数单位、数的读法，还有一些知识将在以后来学习。根据万以内数的计数单位和数位，大家猜想一下万以上会有哪些计数单位和数位。

生：十万位。

师：你为什么猜有十万位？

生：因为那里有十，十有十位，万的旁边有十万。

师：那他的意思就是个级往上有十，万级往上有十万。

生：百万。

师：能不能再猜？还有没有？

生：千万。

【评析】 要认识万以上的数，学生已有万以内数的认知经验，教师引导学生进行猜想和探究，让学生感受万以内的数和万以上的数的相同之处。

三、知识拓展，深化理解

师：大家猜想得对不对呢？我们要验证，我们今天就在计数器上验证（同桌合作拨动计数器）。谁来汇报一下你刚才验证的结果？万以上还有哪些计数单位和数位？

师：能不能继续往下说？

生：十万，百万，千万，亿。

师：非常好！还有吗？

生：十万位，百万位，千万位，亿位。

生：万级、亿级。

师：和刚才很多同学猜想的一样，有十万，有百万。

师：像这样每4个数位一级，让我们看得更加清楚。我们来数一数，一万一万地数，10个一万是十万。继续……

生：10个十万是一百万，10个一百万是一千万，10个一千万是一亿。

师：好，同学们按计数单位这里应该填什么呢？〔老师指着黑板上的"个（一）、十、百、千、_____"〕

生：万。

师：好，继续说。

生：十万、百万、千万、亿，一万一万地数，10个一万是十万。

师：照这样数下去，10个十万是百万，10个百万是千万，10个千万是一亿。

师：百万、千万、亿。这些叫什么？对，都是计数单位。刚开始有同学说两个计数单位之间的进率是十，应该是每相邻两个计数单位之间的进率是"十"。这里关键的一个词是什么？

生：相邻。

师：为什么相邻这个词很重要？

生：如果不是相邻的话，进率就不是十了。

师：比如……

生：比如个和百，进率就变成了100。

师：我们继续来研究刚才大家提出的有关万以上数的读法。首先我们看这里有6个万以内的数，我们集体读一下。（2496,5400,5040,5004,3003,7007）

师:读万以内的数时要注意什么?

生:从高位读起,中间有多少个零都只读一个零,末尾的零不读。

师:很好,那么大家猜想一下,万以上的数该怎么读呢?(小组讨论)

抽生汇报。

生:从高位读起,每级末尾的零不读。

师:每级是什么意思?

生:每级末尾的零和个位的零不读。

师:很重要的猜想。和以前一样,大家猜想从高位开始读起,那对不对? 我们还是要来验证一下。先试读,听听正确的读法,好吗? 大家大声读出来。

师:现在我们请同学来读一读。谁来读一读?

生:二千四百九十六万二千四百九十六。

生:五千四百万五千四百。

生:五千零四十万五千零四十。

生:五千零四万五千零四。

生:三百万零三百。

生:七万零七。

师:不错。刚才大家都猜从高位读起,看万以上的数是不是从高位开始读起?是从高位开始读起的。先读哪一级呢?(万级)再读个级。那么再看,读万以上的数还要注意什么?

生:读完万级的数之后,在后面加上一个万字。

生:末尾的零也不读,比如说30030300,这里末尾的零不读。

师:还有补充吗?

生:中间无论有几个零,只读一个零。

师:中间不管有几个零都只读一个零是吧? 比如说70007,中间有连续三个零。

生:连续的三个零都只读一个零。

师:那么再看刚才有同学说了,3000300,个级末尾的两个零不读,万级末尾的两个零读不读,为什么不读?

生:万级末尾的零也不读。

生:每级末尾的零都不读。

师:大家讲的每级包括什么级?

生:包括个级、万级。

师:还有以后学的亿级,是不是每级末尾的零(不读)。那么其他数位上有一个或连续几个零都只读一个零。好,通过刚才的验证,我们得出了万以上数的读法,我们来集体读一下。

生朗读规则。

师:很好。这就是我们刚才探索出来的万以上数的读法,我们来练习一下,好吗?

师:这里有4个万以上的数,要想很快地把它读出来,我们应该怎么办?

生:给它们分级。

师:很好。来,我们读一下这里。

生:……

【评析】 对于万以上数的认识,读写是教学重点。教师通过几个具体的数,让学生跟着课件验证万以上数的读写规则。学生在验证的过程中,将万以内和万以上数的读写规则对比联系起来,为今后的学习奠定了基础。

四、运用新知,巩固练习

师:通过刚才的学习,我们再挑战一下自我,好吗? 点击上面的挑战自我,选择畅游奥运和认识中国,读一读上面的大数。声音大一点儿,好吗? 大家可以自由选择。

生自由朗读。

师:谁来说说,你想选择哪里?

生:重庆市2019年总人口约3124万。上海市2019年常住人口约2428万。

师:好,这里还有一个小游戏,点击右边的填数游戏,会出现用0003456这7个数字组成的七位数。一是所有的零都不读,二是只读一个零。来,谁来试填一个?(同桌讨论)

抽生汇报。

【评析】 读数过程中,关于0的读法是数的认识的难点,教师在教学这一难点时,要充分尊重学生,充分让学,学生在自主探索的过程中,得出万以上的数中关于0的读法规则。

五、回顾反思,梳理全课

师:今天这节课我们通过猜想,然后验证,最后得出结论,知道万以上数的计数单位、数位和数的读法。

教学延展

教师让学生充分体验到数学与生活的紧密联系,激发了学生的学习兴趣。一开始,通过谈话引出一些数据,让学生观察它们有什么不同。在数数环节中,由于数字太大,数感不好的学生就会遇到困难,教师选择了用传统教具计数器帮助学生突破难点。通过拨珠子数数,可以让学生将抽象的知识形象化,将学生的抽象思维向形象思维过渡,易于学生理解。

☆ 长方体、正方体的认识 ☆

【问题解析】 "长方体、正方体的认识"是西师版小学数学教材五年级下册的教学内容。本课是学生学习其他立体图形的基础,是学生对图形认识的一个转折点,它从平面图形过渡到立体图形,从计算面积到计算体积,虽然说长方体、正方体在学生的身边随处可见,但是要发现它的特征,还是不容易,特别是对于那些构建空间观念能力薄弱的学生来说,本单元的学习是有一定难度的。而对长方体、正方体特征的充分认识就显得尤为重要。

一、创设情境,问题导入

师:同学们,你们在屏幕上看到了什么?

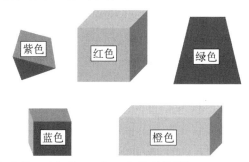

生:我看到了长方体、正方体,还有一些其他图形。

师:好的,那你来指一指。哪些是长方体和正方体呢? 按照颜色分好吗? 什么颜色的是长方体?

师:正方体呢?

师:剩下的是长方体和正方体吗?(不是)

师:为什么这些是,那些不是呢? 看来长方体和正方体是有自己的特征的,今天我们就来进一步研究它们。

【评析】 关于长方体和正方体表象的建立,学生早在低年级就已经建立了,教材这部分的设计除了帮助学生回忆旧知识以外,这里将长方体和正方体展示在课件上是让学生直观感受到长方体和正方体被抽象出来的样子,以区别它们与实物之间的联系。

二、探究学习,解决问题

师:你们看,桌上的每个盘子里都放了一个土豆。

师:今天老师想请同学们切一切,请看题目,先沿着竖直方向切一刀,摸一摸你切出来的面,这是一个?(平面)

师:对,如果把切出来的平面朝下,沿着竖直方向切一刀,看一下,现在又有了什么新的变化?

生:现在有两个面。

生:两个平面。

师:还多了什么?

生:还多了一条边。

师:指给大家看一看在哪里。你真会发现,我们也来摸一摸这条边。想一想,它是怎么形成的。

生:它是由两个面形成的。

师:说得真好,像这样有两个面相交而成的边,在数学上叫作什么呢?(棱)

师:如果把前面朝下,从另一个角度沿着竖直方向再切一刀,使它变成现在的样子。切了第三刀,又有了什么新的变化?

生:还多了一个点。

师:在哪里?指给大家看一看。你真会发现!我们也来指一指这个点,看一看它是由几条棱相交而成的。(三条)

师:像这样由三条棱相交而成的点就叫作什么?(顶点)

师:没错,在切土豆的过程中我们一起认识了什么?

生:面、棱,还有顶点。

师:好,下面请同学们把材料收回抽屉,我们一起看屏幕。如果把这块土豆像这样再切三次就切成了一个?

生：长方体。

师：对，长方体有几个面、几条棱、几个顶点？拿出老师给你们准备的长方体，先数一数。谁来说说你的发现？

生：我发现它有6个面，12条棱以及8个顶点。

师：是的，长方体有6个面。你们是怎么数的？谁来数数？

生：先数上面1个面，底下的1个面，再数前面的1个面，后面的1个面，最后数左边的1个面，右边的1个面。

师：你的数法真巧。同学们注意到他数的时候有什么特点？

生：它是一对一对地数的。

师：一对这个词说得好。上面和谁是一对？（下面）

师：这两个面在位置上是什么关系？（相对的）

师：真会概括，长方体上还有哪些面也是相对的？

生：前面和后面是相对的面，左面和右面也是相对的面。

师：长方体这样相对的面一共有几组？

生：3组，6个面。

师：好，长方体有12条棱，你们又是怎么数的？谁来数数看？

生：这样数的。先是这边有1条棱，然后这里也有1条棱……一共有12条棱。

师：他的数法特别有顺序。同学们看出来了吗？他是先数了左右方向的，接着数了前后方向的，最后数了上下方向的。这样看来长方体的棱根据方向可以分成几组？

生：3组。

师：每组几条？（4条）

师：真好，看每组的4条棱在位置上也是什么位置关系？

生：相对的。

师：说得真好。谁再来数一数长方体的顶点？

生：8个。

师：真棒，请坐。刚才交流得特别好，一起来把我们的发现大声读一读。

生：长方体的面6个，顶点8个，棱12条。

【评析】 对于长方体的点、线、面的认识,教师通过让学生动手操作的方式,在切土豆的过程中去感知面,并理解面与面相交形成了棱,棱与棱相交形成了顶点,让学生通过触觉、视觉等感官去认识和体会长方体的面、棱、顶点及各自的数量。

三、知识拓展,深化理解

师:下面我们就继续从这三个方面来研究长方体。你们看,大楼的建造一般是以长方体框架为基础的,接下来我们也来当一回小建筑师,选择合适的小棒去搭一个长方体框架,一起来看活动提示。

活动提示:材料中配有四种长度的小棒和连接小棒的接头,4人一组,合作完成搭一个长方体框架,仔细观察完成的作品,在小组内交流你的发现。

师:下面我们就以4人小组为单位开始活动。

长度	9厘米	6厘米	5厘米	4厘米
根数	4根	4根	3根	8根

材料说明:材料中配有4种长度的小棒和连接小棒的接头。

小组合作:4人小组合作完成一个长方体框架。

自主探究:仔细观察完成的作品,在小组内交流你的发现。

师:搭成功的请举手,眼看就要成功的也举手。哪一组愿意到前面来介绍一下你们的作品? 就请你们这一组,派两个同学,一人演示,一人讲解,跟大家说说你们是怎么做的,有什么发现。

生:搭一个长方体的框架,一共使用了3种不同的小棒,每种是4根。长度相等的小棒,分别平行,它们是相对的。我们发现长方体相对的棱,它们是平行的,而且相等。

师:大家看,相对的棱平行而且长度相等。是这样吗?(是的)

师:真了不起,不仅搭出了长方体,还有新的发现,掌声送给他们! 还有和他们搭的不一样的吗? 举起手来给大家看一看。他们搭出的这一种与众不同,很有创意对吧? 我还发现你们这组一开始使用了红色的小棒,后来又调整了是吗? 跟大家说说为什么。谁来说?

生:因为红色的小棒只有3根。

师:你觉得至少需要几根?

生:4根。

师:是这样吗? 你看学习就是这样,在不断的尝试修正中获得进步。

师:同学们,如果把刚才他们这一组搭成的长方体框架画下来。从这幅图上你看到了几个面?

生:从这幅图上我看到了3个面。

师:那长方体不是有6个面吗,还有3个面去哪儿了?

生:还有3个面被挡住了。

师:同意吗? 再数一数,从这幅图上还看到了几条棱?

生:9条。

师:数得真准,长方体有12条棱,还有3条棱藏在哪儿? 大概在什么位置,你试着比画比画,来试一试。

师:一下子全找到了,空间感真好,掌声送给她。发现没有,看不见的棱是用虚线来表示的。补上了这3条看不见的棱。原来你们看不见的3个面,现在看到了吗?

师:注意到没有? 上面和下面,左面和右面看起来像什么图形? 有人说是平行四边形,实际上是什么图形? 看看你们桌上的长方体,实际上怎么样? 上面、下面、左面和右面实际上是什么图形?

生:长方形。

师:这是因为透视的效果,看起来像平行四边形,实际上都是长方形。仔细观察这幅图,再闭上眼睛在脑海里回想一下,想好了就睁开眼睛,和屏幕上的比较一下。能想出来吗?(能)

师:如果我去掉1条棱,你也能想象出长方体原来的样子吗?(能)

师:能再去3条棱吗?(能)

师:那想一想。最少保留几条棱,你就可以想象出长方体原来的样子。

生:可以保留3条。

师:你觉得呢?(3条)

师:保留这3条,想一想。可以吗? 和你们想的一样吗? 仔细观察。它所保留的这3条棱有什么特点呢?

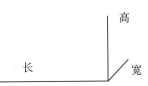

生:这3条棱就是长方形的长、宽和高。

师:你懂得真多。像这样相交于同一顶点的3条棱,我们通常把水平方向的分别叫作长、宽,把竖直方向的叫作高。现在能找到长方体的长、宽、高分别是哪些棱的长度吗?

生:这是它的长,这是它的宽,这个竖着的是它的高。

师:一学就会,真厉害。如果把长方体这么放,长、宽、高又应该是哪些棱的长度呢?

生:这是它的长,这是它的宽,而这是它的高。

师:很棒。这儿也有3条棱,你知道他们所在长方体的长宽高分别是多少吗?

生:长是9厘米,宽是6厘米,高是4厘米。

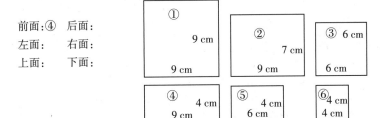

师:根据长、宽、高,你能从下面的图形中找到长方体的6个面吗?这个问题很有挑战,请同学们结合图上的这些数据,边观察边思考,和同桌商量商量。谁来说说你的发现?

前面:④ 后面:
左面: 右面:
上面: 下面:

① 9 cm / 9 cm
② 7 cm / 9 cm
③ 6 cm / 6 cm
④ 4 cm / 9 cm
⑤ 4 cm / 6 cm
⑥ 4 cm / 4 cm

生:我觉得是图④。

师:哪一个面是④号? 是前面、后面、左面、右面、下面中的哪个面?(前面)

师:还有吗?

生:我发现⑤号是右面。

师:右面是⑤号也被你看出来了,其他面呢?

生:我认为图①应该是从上面看到的。

师:你觉得大小是不是正好呢?

生:不对,图②是从上面看到的。

师:他改了,大小是不是正好呢?(不是)

师:你有什么发现? 你说。

生:我发现图④是上面看到的。

师:现在有了3种答案,我们一起来看一看,上面所在的两条棱,这条棱是几厘米?(9厘米)

师:这条棱是几厘米?(6厘米)

师:你觉得上面是几号?(没有)

师:那你觉得应该是什么样子的?

生:我觉得从上面看到的长方形它的长应该是9厘米,宽应该是6厘米。

师:同意吗? 我把②号改一下。现在可以吗?(可以)

师:上面是②号,还有三个面。

生:后面和前面是一样的。

师:你觉得也是④号,不错。

生:然后左面和右面也是一样的,是⑤号。

生:下面和上面是一样的。

师:同学们真会学习。不仅想出了长方体的6个面,而且在想象面的过程中发现了相对的面还完全相同。真厉害。来响亮地读一读我们的发现。

生:相对的面完全相同。

师:如果我把第二个长方体变一变,见过吗? 这就是他们这一组刚才搭出的长方体,仔细观察长方体,关于这个长方体,你有什么新的发现呢? 你觉得长方体有什么特别的地方?

生:长方体的高和长方体的宽都比前面的长方体要短一些。

师:有不同的想法吗? 你给他补充一下。

生:我觉得它的左面和右面是正方形。

师:看出来了吗? 不过高倒是没变,高还是4厘米,看出来了吗? 左面右面变成正方形,那其余的面怎么样?

生:我觉得其余的4个面都相等。

师:你觉得是下面的哪个图形?

生:像第四个。

师:是④号。你们也看出来了吗?

师:好眼力,掌声送给他。像这样有两个相对的面是正方形,其余4个面完全相同的长方体,在你们课桌上也有吗? 找一找,找到了就举起来给大家看一看。他们这一组找到了一个。看符合吗? 这儿还有一个扁扁的,是不是也是这样子?

师:在我们身边这样的长方体还真不少,那如果我把第二个长方体再变,猜一猜可能会变成什么?(正方体)

师:猜得真准。怎么就能变成正方体呢?

生:把它的长变成和宽一样,都是4厘米。

师:说得很好。这样就变成了一个正方体。那正方体的面、棱、顶点有什么特征? 正方体和长方体有什么关系? 结合屏幕上的图形和老师给你们准备的正方体,先仔细观察,和同桌交流你的发现。

师:谁来说说你的发现?

生:我发现正方体的面、棱、顶点的数量,都和长方体的一样。

师:你们的正方体也有这样的特征吗? 还有补充吗?

生:正方体所有的面都是一样的,都是正方形。

生:还有就是正方体是特殊的长方体。

师:说说你的理由。

生:因为它的边数量是一样的。

师:仅仅数量一样就能说是特殊的长方体吗? 有同学想帮助他吗?

生:是因为正方体具有长方体的一切特征,所以正方体是特殊的长方体。

师:多简洁。我们来看一看,正方体有这样的特征吗? 符合吗? 所以他认为正方体是特殊的长方体。真棒! 关于正方体的棱还有补充吗?

生:我发现正方体的棱都是一样长的。

师:是吗? 好极了。刚才同学们提到了正方体是特殊的长方体,如果这个圈里表示的都是长方体,你觉得正方体应该怎样表示?

生:应该在长方体里面再画一个小圈,小圈里填上正方体。

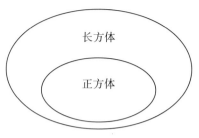

师:棒极了,用图形来表示关系,它让我们体会到了数学的简洁美。

【评析】 教师在教学长、宽、高的知识的时候,通过让学生选择合适的材料制作长方体,学生只有对长方体各条棱之间的关系有了非常深入的认识才能进行有效操作。

四、运用新知,巩固练习

师:同学们,前面我们从面、棱、顶点,进一步研究了长方体和正方体。下面我们再走进生活,继续了解他们。正方体所有的棱的长度统称为棱长。根据所给数据,想想它是什么。

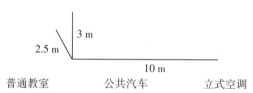

生:一个普通教室。

师:有不同想法吗?

生:我觉得是公共汽车。

师:为什么? 你们觉得哪个数据不符合?

生:我觉得它的宽不符合。

师:你觉得宽怎么样?

生:宽是2.5米,一个普通教室宽2.5米太窄。

师:好的。那这次你选什么?

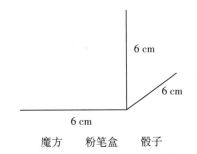

6 cm

6 cm

6 cm

魔方　　粉笔盒　　骰子

生:我选择魔方。

师:最后一个呢,我数1,2,3,你们就大声告诉我你们心中的答案,好不好?

生:数学书。

7 mm

185 mm

260 mm

新华字典　　文具盒　　数学书

师:如果高变为0.1毫米,想想是什么呢?(纸)

师:想象力真丰富! 前几天我们家还新买了一台冰箱,在说明书上有这样一组数据,你能知道冰箱外包装的哪些信息呢?

生:可以知道冰箱包装的长、宽和高。

师:分别是多少呢?

生:长是80厘米,宽是70厘米,高是185厘米。

师:真厉害,知道了长、宽、高,那你知道大约需要包装纸多少平方米吗? 这个问题留给同学们课后思考吧!

【评析】　这部分的练习教师没有让学生自己做题,而是通过长方体长、宽、高之间的关系,让学生通过判断给出数据出自于哪种实物,让学生在充分理解长、宽、高之间的关系和长方体中点、线、面之间的联系的基础上,充分发挥空间想象能力,解决生活中的实际问题。

五、回顾反思,梳理全课

师:我们今天的课上到这儿就快要结束了,谁来说说自己的收获?(抽生自由谈收获)

师:在今天的课堂上,我们进一步认识了长方体,同学们还独立探索了正方体,大家表现都特别棒!

教学延展

整节课充分体现了小组合作,营造生动活泼的课堂学习氛围,调动了学生学习的积极性,教师通过开展数学学习活动,让学生主动参与,亲身经历将实际问题抽象成数学模型并进行解释与应用的过程,充分发挥了学生的自主性和探究性,培养了学生的空间观念。本节课充分保证了学生的主体地位,让学生的动手操作能力、观察比较能力、分析问题和解决问题的能力都得到了训练和提高。

第三节　数学抽象检测

1~3年级数学抽象检测试题

1.一根绳子对折一次,从中间剪断,能分成几段?

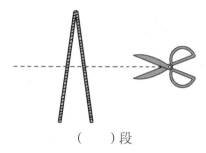

（　　）段

2.动物园里有几只猴子?

（　　）只

3.看图填空。

（　　）个十和（　　）个一组成（　　）。

4.一个两位数,个位上的数是5,十位上的数是6,这个数是( )。

5.先写数,再比较大小。

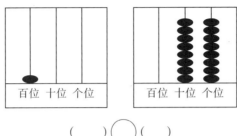

( ) ◯ ( )

可以换( )张和( )张。

7.将下面的数按从大到小的顺序排列。

37, 73, 46, 64, 55, 60

( )>( )>( )>( )>( )>( )

8.

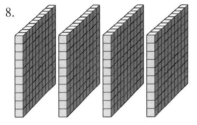

( )个百、( )个十和( )个一组成( )。

9.小明可能有( )块糖。

我的糖比第一袋少得多,比第二袋多一些。

335块   160块

A.100   B.200   C.300   D.400

10.看图填空。

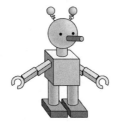

长方体	(	)个
正方体	(	)个
圆柱	(	)个
球	(	)个

11.看图填空。

 比 多( )个,

 比  少( )个。

12.看图写两个乘法算式,两个除法算式。

□×□=□ □÷□=□

□×□=□ □÷□=□

13.用分数表示下面的涂色部分。

  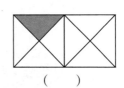

( ) ( ) ( )

14.画 ◯ 表示3×4的意思。

3×4表示( )个( ),还可以表示( )个( )。

15.把一根绳子平均分成5段,每段是这根绳子的( )。

A.$\frac{1}{10}$ B.$\frac{1}{5}$ C.2

4~6年级数学抽象检测试题

1.用数对表示。铅笔( ),钢笔( ),毛笔( )。

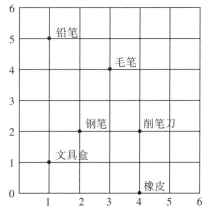

2.阴影部分用小数表示为( )。

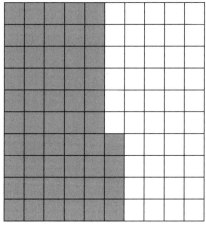

3.将下面的三角形分类。

①   ②   ③   ④   ⑤   ⑥

(   ) (   ) (   )

4. $\frac{3}{4}$吨表示把1吨平均分成(　　　)份,取这样的(　　　)份;还可以表示把3吨平均分成(　　　)份,取这样的(　　　)份。

5. 写出下面各图形的名称。

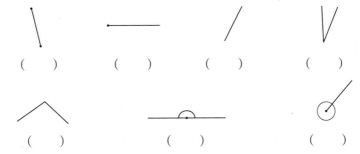

(　　　)　　　(　　　)　　　(　　　)　　　(　　　)

(　　　)　　　　　　(　　　)　　　　　　(　　　)

6. 循环小数5.60808…也可以写作(　　　),保留两位小数是(　　　)。

7. 连线。

$S=2(ab+ah+bh)$

$V=abh$

$S=6a^2$

$V=a^3$

表面积　　体积　　表面积　　体积

8. 看图写算式。

加法算式:(　　　)+(　　　)+(　　　)+(　　　)+(　　　)=(　　　)。

乘法算式:(　　　)×(　　　)=(　　　)。

9. 一座雕塑的基座底面是圆形,半径为15 m,在它的周围植上5 m宽的环形草坪(如图),草坪面积是多少平方米?

10.根据下面的立体图形,指出从前面、上面、右面看到的相应图形,并填一填。

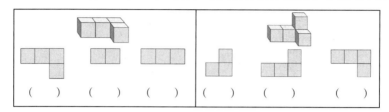

(　　) (　　) (　　)　　(　　) (　　) (　　)

→ 第二章　逻辑推理

第一节　逻辑推理概述

一、什么是逻辑推理

数学是一门描述和刻画现实世界数量关系和空间形式的科学,其发展历程绵延数千年,这得益于数学思想的产生与应用。史宁中将数学基本思想归结为三个核心要素:抽象、推理、模型[1]。推理可以帮助人们从已知判断推出未知判断。推理,可帮助人们得到更多结论,使得数学可以不断向前发展。

推理的作用绝不仅仅是在于其可以帮助数学学科不断得到发展,可以毫不夸张地说,如果没有推理,我们今天生活的世界绝不会有这样巨大的发展。学生发展核心素养就涉及"理性思维"和"勇于探究","能大胆尝试,积极寻求有效的问题解决方法"无疑需要学生掌握、运用推理能力。而推理是数学认知活动中基本的,也是最主要的思维方式之一。因此学生在主动学习数学知识的过程中,可以很好地感受、了解、运用推理。在数学中使用的推理方法与思想,可以培养逻辑推理能力。那逻辑推理具体是什么?

逻辑推理的内涵也经历了长期的发展过程。19世纪以前,数学推理普遍被认为就是纯演绎的逻辑推理,但数学家彭加勒对这个问题有不同的见解,他认为数学推理不能只理解为纯粹分析,因为它在某些方面一定程度上和三段论式的推理是有差别的,具有归纳的特征,在具有创造性的同时也保持着严格。[2]

数学教育家波利亚将数学推理概括为证明推理与合情推理[3]两大类。其中证明推理拥有严格的逻辑形式;合情推理则带有猜测性。合情推理以数学事实和结论为基础,再结合推理人本身的经验、知识结构等因素做出推断。因此合情推理不可避免地带有明显的个性化特征。波利亚承认在数学命题真伪的辨别以及在帮助

①史宁中.数学思想概论:数量与数量关系的抽象(第1辑)[M].长春:东北师范大学出版社,2008.
②谢丽倩.初中数学资优生数学核心素养调查研究—以数学推理为例[D].南京师范大学,2017.
③孙名符,蒙虎.波利亚合情推理的成功与不足[J].数学教育学报,1998,7(3):43-46.

其科学体系建构中,发挥着不可替代的重要作用的是证明推理,不过证明推理只是数学推理的其中一方面。事实上,在准备对数学命题进行论证前,论证的方向及主线的确定离不开论证人的猜测,这就意味着合情推理是猜想发生的助推器。合情推理是对演绎推理的进一步延伸,两者的关系互为补充,相辅相成,共同为数学论证活动提供帮助与支撑。

具备心理学家和数学教育家双重身份的斯滕伯格基于自身研究,认为数学推理可分为分析性推理、创造性推理和实践性推理,它们同时起着重要作用。斯滕伯格强调,这三种推理方式都很重要,但作为逻辑推理的基本要素的只有分析性推理,因为其中的演绎特性决定了它对其他两种推理方式有着促进和制约作用。

对逻辑推理的上述几种认识反映了逻辑推理内涵是如何发展的,但其本质仍然是一致的。即都承认逻辑推理不仅局限于纯演绎的逻辑推理,然而由于逻辑推理本身的严格与无可争论,又都把演绎推理视为逻辑推理的根本特性。因此演绎推理才是逻辑推理的本质,其他的则是对演绎推理的丰富与发展。

在《逻辑学大辞典》中,推理是指"由一个或一组命题推出另一个命题的思维形式",其中"逻辑推理是保持真值的推理"。[①]

新课标强调"推理能力的发展应贯穿于学生整个数学学习过程中……推理一般包括合情推理和演绎推理"。

我们认为逻辑推理包括从已有知识出发,结合经验等得出结论的合情推理。还包括从已有事实和规则出发,按照规定的法则进行证明和计算,甚至推出新的命题。

(一)合情推理

"合情推理的起点仍然是事实,凭借自身经验和直觉,通过归纳和类比等推断某些结果"[②]。可以分为类比推理和归纳推理。由于合情推理是从前提出发的非常主观的推断,其结论不一定正确。比如教师在介绍长方形较长的边叫作"长"时,在学生的认知中,长对应短,因此学生常常会抢先说"较短的边叫作短"。尽管如此,合情推理对于小学生数学学习依然十分重要。在小学阶段的推理中,合情推理占比最大,是小学生自主探索学习强有力的支持。

①严卿.从ＰＭＥ视角看逻辑推理素养及其培养[J].教育研究与评价(中学教育教学),2017(2):19-24.
②中华人民共和国教育部.义务教育数学课程标准(2011年版)[M].北京:北京师范大学出版社,2011.

1.类比推理。

类比推理指当两个或两类对象间具有某些相同或相似属性时,可推出它们在其他方面也具备相同或相似的属性。

比如在教学《圆的周长》时,学生将圆对折后,发现半圆弧比直径长,学生就会认为圆的周长比直径的2倍还多,学生会认为:如果将4条直径接在一起,能够拼成一个正方形,如果将圆对折再对折,那么$r+r=l$,$r+r=$直径,4个l组成整个圆的周长。由此可以猜想,圆的周长绝不超过4倍直径,通过这样的猜想,学生的合情推理能力得到很大提升。

2.归纳推理。

归纳推理以个别(个性)化对象的属性为前提,推出此类对象一般(共性)属性的结论。归纳推理根据考察的对象是否全面,又可以划分为不完全归纳推理和完全归纳推理。

(1)不完全归纳推理。

不完全归纳推理是仅就某类事物的部分对象进行考察,以对象的个别属性为前提,推出关于事物一般属性的结论。不完全归纳推理在小学生的归纳学习中用得最多。

(2)完全归纳推理。

完全归纳推理是考察某类事物的全部对象,以对象的属性为前提,推出关于事物的一般属性的结论。

(二)演绎推理

"演绎推理是从已有的事实(包括定义、公理、定理等)和确定的规则(包括运算的定义、法则、顺序等)出发,按照逻辑推理的法则证明和计算"[①]。常用于对猜想的验证和结论的证明。

---

①丁煌.政策执行阻滞机制及其防治对策[M].北京:人民教育出版社,2002.

综上所述,可用下图展示有关逻辑推理的分类与关系。

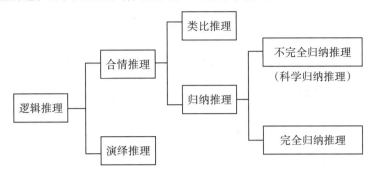

二、逻辑推理的作用

逻辑推理的作用有很多,但对于学生,特别是小学阶段的学生,主要体现为思维的训练。

在众多学科的学习过程中,数学中的推理对学生逻辑思维的启蒙与发展有着重要影响,数学学科中的推理思维也是数学学科得以发展的根本。通过逻辑推理能力的培养,可以让学生的思维更加敏锐、严谨。逻辑推理是让孩子拥有对世界进行科学探究的能力,它能帮助学生用一种更正确的方式去观察事物,能帮助学生更好地理解身边的人和事,激发学生通过逻辑推理进行分析,然后发掘其解决生活中各种问题的潜力。

数学的教学不仅仅是数学知识的教授,更重要的是对学生的数学思维进行培养,让学生学会如何思考,这就需要学生掌握逻辑推理。掌握逻辑推理能力,能帮助学生厘清事物间千丝万缕的联系,将事物进行有机联系,学生通过独立的推理分析,他们收获的不仅仅是单纯的一个数学问题的答案,更是一种分析问题、解决问题的方法,这是在以后的学习和生活中不可缺少的思维品质。

数学学科在培养学生的推理能力方面有着其他学科难以超越的地位。数学家们早已总结道:"逻辑推理能够集中、加速和强化人们的注意力和思考力;从深度和广度两方面解释隐藏在表面现象后面的客观规律和思想要素。几乎没有其他环境能像数学那样使学生如此直觉地感到思想的重要性。"

对学生进行逻辑推理培养后,学生不仅可以对数学信息进行有效分析,并与数学问题紧密结合,最终得出解决问题的方法。同时,学生可以根据已学知识,结合自己的数学自觉对数学问题进行猜想,再通过各种形式的验证,得出相关结论,体会成功的喜悦。更重要的是通过逻辑推理这种思维的训练,学生在以后的学习与生活中能更加科学有效地解决问题。

三、小学逻辑推理的分学段目标

小学是逻辑推理教学的启蒙和起步阶段,小学生身心发展规律决定了小学数学中的推理及其教学有自己的特点。小学阶段是为学生整个学习过程奠定基调的重要阶段,也是学生思维的启蒙和养成阶段,因此要从一年级开始就注重对学生的推理能力进行培养,引导学生提取、分析数学信息,养成爱思考、敢猜测、会验证的学习习惯。因此,培养和发展学生的逻辑推理能力是当今小学数学教学的重要目标之一。

逻辑推理包括演绎推理和合情推理。然而其推理方式的选择、推理层次的深浅以及具体如何进行推理,都要符合小学生的年龄特征。《义务教育数学课程标准(2011年版)》中将逻辑推理课程目标表述为"在参与观察、实验、猜想、证明、综合实践等数学活动中,发展合情推理和演绎推理能力,清晰地表达自己的想法",并根据不同的学段提出了相应的具体要求(如下表)。

"逻辑推理"课程目标学段分布表

学段	目标
第一学段	在观察、操作等活动中,能提出一些简单的猜想
第二学段	在观察、实验、猜想、验证等活动中,发展合情推理能力,能进行有条理的思考,能比较清楚地表达自己的思考过程与结果
第三学段	体会通过合情推理探索数学结论,运用演绎推理加以证明的过程,在多种形式的数学活动中,发展合情推理与演绎推理能力

四、培养小学生逻辑推理的原则

1.结合学生身心发展特点,尊重教学规律。

小学阶段是学生逻辑推理能力的启蒙与发展阶段。学生将初步感知逻辑推理,并在学习中运用逻辑推理,因此,教师在教育教学过程中需要结合学生的身心发展特点,尊重教学规律。

小学各年级根据学生年龄和知识点难易程度可分为低段、中段和高段。不同学年段孩子的身心发展水平是不一样的,对逻辑推理能力的认知与运用能力也不同。因此,教师在具体的教育教学中,要结合实际,设计教学环节,设置合理的推理目标,选取合适的教学素材,开展相应的数学活动。结合学生的最近发展区,让学生的逻辑推理能力得到真实提高。

2. 对学生推理能力培养要持续进行。

"罗马不是一天建成的",学生逻辑推理能力的掌握也不是短期就能达到的。逻辑推理,无论是演绎推理还是合情推理,都要基于学生自身,是学生对数学对象的一种主观能动反应,对学生而言是一种具有挑战性的深层智力活动,体现学生对数学对象的理性认识过程。

因此从小学一年级开始,教师就要注意培养学生的逻辑推理意识并贯穿于整个小学阶段。在教育教学过程中,通过语言的引导,如"你觉得""你认为""为什么""你的理由是什么"等,培养学生的逻辑推理意识以及逻辑推理能力。事物的发展是一个过程,学生逻辑推理能力的获得,也需要长期持续的训练。

3. 处理好合情推理和演绎推理的关系。

合情推理具有猜测的成分,演绎推理则是依据已有的事实与数学法则进行计算与论证,二者虽不相同却互相补充,共同构成了逻辑推理。然而在小学阶段,由于小学生的身心发展特点,学生要达到演绎推理的层次还有一定难度。在小学阶段,学生在对数学问题进行观察与思考后,较多的运用合情推理解决问题。因此在对学生进行推理能力的培养时,要注意处理好合情推理与演绎推理的关系。

注意培养学生用演绎推理对自己的合情推理进行验证与补充,建立"推理与证明"意识,培养学生严谨的思维能力。

五、培养小学生逻辑推理的具体策略

在学生逻辑推理能力养成的过程中,除了尊重学生的主体地位,还要重视教师对学生的引导,帮助学生更好地掌握逻辑推理。

1.潜移默化,培养逻辑推理意识。

逻辑推理能力与学科知识不同,它不是单纯通过几节课的讲授就能让学生掌握和使用的。在小学阶段,教师在教育教学过程中要让孩子充分感知逻辑推理。在小学数学教材中,数学的公式、法则、性质等的发现过程充分蕴含着逻辑推理。逻辑推理为数学问题的起点和终点搭起了桥梁。每一次解决数学问题的过程,就是逻辑推理的过程。因此,教师在讲授时,要注意向学生展示完整、严谨的逻辑推理思维与过程,让学生能够在这个过程中,潜移默化地接受逻辑推理的培养,为独立运用逻辑推理打好基础。

2.自学和小组合作,培养逻辑推理能力。

在实际教学过程中,教师要注意合理运用教学环节,让学生有时间、空间进行逻辑推理。在教学中,自学和小组合作是体现学生学习主体地位的重要环节,也是培养学生推理能力的重要环节。

(1)学生自学。

学生自学的过程,是学生充分观察、思考的重要环节。通过自学,学生可以运用推理能力尝试解决数学问题。

(2)小组合作。

在小组合作中,学生可以将在自学过程中完成的逻辑推理通过语言以及组内展示等方式进行外化。逻辑推理尚未完成的同学在小组的帮助下,逻辑推理能力也会有所提高。

这两个环节层层深入,为学生提高逻辑推理能力提供载体。

3.营造课堂氛围,鼓励学生逻辑推理。

课堂氛围关乎一堂课的教学效果。良好的课堂氛围不仅有利于营造良好的师生关系,同时也让学生在民主轻松的氛围中,循着教师的引导,不断提高自己的能力。逻辑推理能力的培养与提高也离不开良好的课堂氛围。在课堂上,教师要鼓励学生探索、发现,用逻辑推理去解决问题。让学生敢于尝试逻辑推理,敢于展示和表达逻辑推理的过程。让他们能够在实践中愿意进行逻辑推理,并在这个过程中感受到学习的快乐。

第二节　逻辑推理教学案例

☆ 11减几 ☆

【问题解析】　"11减几"是西师版小学数学教材一年级上册的教学内容。低年级是建立数学思想和方法的启蒙阶段,如何将推理的思想根植于学生的脑海之中,如何让学生在开始接触计算时就能理解算理,并利用演绎推理将算理运用于具体的数学计算之中,是值得教师深思的问题。"11减几"是退位减法的初始课程,在教学设计中将退位计算的算法和原理运用于数学计算当中,将会对学生推理能力的培育提供帮助。

一、激趣导入

教师出示图片,学生观察。

师:你能根据这幅图提出一个数学问题吗?

生:河里有11只白鹅,游走了2只,还剩几只?

师:你会列式吗?

生:11-2=9。

师:你是怎样算出来的呢?

生1:数出来。

生2:我会计算。

师:这节课我们就来学习"11减几"的问题。

【评析】　如何建立学生的现实生活与数学知识之间的联系,从实际出发比较容易。教学情境的创设让学生感受到了来自现实生活中的数学。对于实际物体的个数,学生能根据已有经验数出白鹅的数量。

二、教学例1

1.自主探究。

师:(展示例1情境图)同学们能说说这幅图的意思吗?

生:小男孩有11支铅笔,送给小女孩2支。

师:你怎么知道有11支铅笔?

生:因为图上画的是1捆零1支铅笔,1捆就是10支,再加1支,就是11支。

师:要从1捆零1支铅笔中,拿出2支送给小女孩,你遇到了什么新问题?要怎样解决呢?

生:要拿出2支铅笔,零的1支不够,需要把1捆打开。

师:这是他的想法,你们的呢?请小朋友思考并用小棒代替铅笔摆一摆,自己想一种或几种解决的办法。(学生思考并动手操作)

【评析】 学生通过操作实践,发现从11支铅笔中拿走2支的不同办法。由于铅笔的数量表示方式是1捆和1支,所以学生在动手操作的过程中能找到"拆"的办法,并推理出退位的含义和方法,在实际生活问题的解决之中感受到退位减法。

2.交流汇报。

师:小朋友们找到解决的办法了吗?请在小组内交流你的方法。(学生小组交流,师巡视)

师:谁愿意在班上介绍一下你的方法?(请学生上台交流演示)

预设:

(1)连减法;

(2)倒着数两个数;

(3)拆11为10和1,先用10去减;

(4)画图观察法;

(5)因为9+2=11,所以11-2=9。

生1:把1捆打开,拿出2支给小女孩,还有8支和零的1支合起来,还剩9支。

生2:把1捆打开,只拿出1支,与零的1支合起来刚好2支,还剩9支。

【评析】 从学生的汇报中可以看出,学生能找到两种方法来解决不够分的问题。第一种方法是从10支中直接拿走2支,剩下的8支再和1支合起来变成9支。另一种方法是从10支当中拿出1支和单独的1支组合成2支,剩下9支,所以就是9。两种方法各有优劣,学生在汇报的过程中体会了算法的多样化。

三、教学例2

1.自主探究。

师:展示例2情境图,说说你从图上看到些什么。

学生回答。(略)

师:要算还剩多少个茶杯,怎么列式?

生:11-8。(学生在教师的引导下作答,教师板书算式)

师:用自己喜欢的方法算一算,11-8得多少?

学生独立计算。

2.交流汇报。

组织小组交流、汇报算法。

师:请你把自己的算法给同桌说一说。

生1:8加3等于11,所以11减8等于3,11减3等于8。

生2:10减8等于2,2加1等于3。

生3:我先用11减1得10,然后再用10减去剩下的7,得3。

教师及时评价。

【评析】 例2的教学是在学生已有的分10个的基础上进行的,学生已经对退位有了感性的认识,知道当个位不够减的时候需要把1捆小棒拆成10根来进行计算,学生完全可以利用已经掌握的知识和能力解决这个问题,学生经过演绎推理,掌握了退位的道理和方法,并能将这些方法运用到其他"11减几"的计算之中。

四、教学例3

课件出示例3。

师:说说你从图上都看到些什么。

学生回答。(略)

师:根据这幅图你能提出两个用减法来计算的数学问题吗?(引导学生说出两个问题)

师:怎样列式解决这两个问题?

生:11-6,11-5。(教师板书算式)

分组讨论,探讨解决问题的方法和步骤,然后全班交流。

师:用自己喜欢的方法计算这两道题。

学生独立计算后,教师抽学生说说自己是怎样计算的。

师:看来利用一道加法算式就能帮助我们计算两道减法习题呢!

【评析】 当学生掌握了"11减几"的计算方法和算理之后,对于计算的掌握已经越来越熟练,但加减法之间的关系是教学的重点,教师如此设计符合学生的认知特点。

五、学以致用

1.数学书第85~86页练习十七第1~5题。

(1)第1题学生独立完成,教师巡视辅导。待学生完成后,师生评议。

(2)第2题是"11减几"的练习。学生独立完成后可与同桌说一说自己的算法。

(3)第3题要引导学生看懂图,用学生自己的语言描述"? 个""? 本"所表示的意义,再独立列式计算。可有多种列式方法。

(4)第4题学生理解有一定困难,教师可以根据学情指导学生用学具帮助直观理解。

(5)第5题可以指导同桌共同做一张点子图,让学生在课内课外都可以做这个游戏。

2.这节课学习了什么内容？从中你知道些什么？你觉得你最大的收获是什么？还有什么问题，说出来大家一起探讨。

教学延展

　　教学设计熟练地运用"导探汇用"的教学范式，充分尊重学生的思维发展现状和知识掌握情况，让学生通过各种操作对退位减法有了感性的认识。教学过程以学生的自主学习、自主探究、小组合作等多种形式进行，极大地提高了学生的自主探究和交流能力，让学生在探究的过程中感受抽象、推理等数学思想方法。

☆ 加法运算律 ☆

【问题解析】 "加法运算律"是西师版小学数学教材四年级上册的教学内容。新的课程理念提出:数学教学,要紧密联系学生的生活环境,从学生的已有经验和知识出发,创设有助于学生自主学习、合作交流的情境。如何由生活情境引导学生进行数学思考和推理,从"加法运算律"一课中我们可以得到一些启示。

一、游戏引入,激发兴趣

师:同学们,我们来玩个语言游戏,请认真听老师说的这一组词,想想他们有什么特点。奶牛,牛奶。

生:它们是相反的。

师:什么是相反的?

生:就是交叉过来。

师:嗯,意思就是字交换了位置后组成了?

生:一个词。

师:那这样的词语你会说吗?

生:雪白,白雪;上马,马上;喜欢,欢喜;互相,相互……

【评析】 课堂从小游戏开始,用学生喜欢的方式展现和加法交换律类似的情境,激发学生学习的兴趣,便于推理活动的开展。从"相反的""交叉过来"这样的词语到"交换了",这样更接近数学运算定律的词语可为接下来的推理做铺垫。

二、小组合作,探究新知

师:我们现在来进行一个数学比赛。请同学们完成下面的计算,比一比,看看谁算得又对又快。(请同学展示)

师:我想问一下,为什么你算得这么快呢?

生:因为第一列和第二列的算式数字一样,只不过第二列算式是把第一列算式的数字交换了位置。前面算式的得数,也就是后面算式的得数。因此只算第一列就可以了。

师:每一排的结果相等,我们就说这两个算式相等,用等号将它们连接起来。既然第一排的算式可以用等号连接起来,那么下面的算式呢?

生:也可用等号连接起来。

师:这样的式子你还能写吗? 30秒的时间,看谁写得最多? 开始。

师:我们请写得最多的同学上来展示。同学们,看看他写的这些算式,你有什么发现? 同桌之间说一说。

【评析】 这一部分的教学,学生经历了从特殊到一般的归纳推理过程,全程学生在用举例的方式得出一般的结论"因为第一列和第二列的算式数字一样,只不过第二列把第一列的数字交换了位置。前面算式的得数,也就是后面算式的得数。"这是学生通过自己的观察、推理得出的结论,是对归纳推理的原始感知。

师:请你来说一说你的发现。

生:等号前后的两个算式交换了加数的位置,和不变。

师:你们发现了吗?

生:发现了。

师:你们写的算式和他的一样吗?

生:不一样(摇头)。

师:这样的算式我们能写完吗?

生:不能。

师:那同学们,你们可以用一个算式来表示所有这样的算式吗? 有想法的举手。

生:这些算式可以用字母、图形和汉字等来表示。

师:现在请你选择一种喜欢的方式,把它写下来。请这位同学说说你是怎么表示的。

生:我是用五角星+圆形=圆形+五角星来表示的。

师:你能说说圆形和五角星分别表示什么吗?

生:五角星和圆形各表示一个数。五角星表示一个数,圆形表示另一个数。

师:我们请这位同学来说说他的。

生:王+薪=薪+王。我是用"王"代表一个数,"薪"代表另一个数。

师:我们请这位同学来说一说。

生:$A+B=B+A$。A代表一个数,B代表另一个数。

师:同学们,我们来比较一下这三种写法,你喜欢哪一种呢?

生:字母这种。

师:因为用字母更简洁。孩子们,在数学中,我们经常用字母来表示发现的规律。我们用a表示一个加数,用b表示另一个加数。这样的算式我们就可以写成?

生:$a+b=b+a$。

师:这就是我们今天要学习的加法交换律。我们一起来读一读加法交换律。

生齐读。

【评析】 从加法交换律的表示方法可以看出,学生在经历了合情推理后,能顺其自然地将得出的结论用各类符号表示出来,用学生的话说就是"这些算式可以用字母、图形和汉字等来表示。"这充分展现了学生的创造能力,为今后学习用字母表示数打下了基础。

师:孩子们,你们会运用刚才学习的加法交换律了吗?我们一起来试一试。想一想下面的括号里应该填什么?

(   )+107=107+96   36+132+64=36+(   )+132

生:第一个空应该填96,因为加数是96和107。第一个算式左边少了96,所以要填96。

师:那第二个空呢?你来说一说。

生:填64,因为第一个加数36位置没有变,第二个加数132和第三个加数交换了位置,所以第二个加数的位置应该填64。

师:那这样,交换了加数的位置有什么好处?

生:用36+64可以凑成整百,再计算会很方便。

师:真会发现。凑整可以让我们的计算更方便。孩子们,回忆一下,我们在发现加法交换律的过程中,先进行了大胆的猜想,然后举例验证,发现了这些算式共同的特征,总结出了规律,最后用符号表示规律。像这样,大胆猜想、举例验证、说出规律、符号表示,正是我们数学中常用的方法。现在我们继续练习,同学们请看,你们发现了哪些数学信息?

◇ 【评析】 对数学知识的运用是将数学知识运用于生活的表现,数学是源于生活的学科,最终也要运用于生活,这样才能发挥数学学科的本质作用,对于加法交换律的运用,学生能想到"用36+64可以凑成整百,再计算会很方便"便是将所学运用于生活的最好体现。

师:三年级有89人,二年级有86人,一年级有114人。

师:同学们能提出数学问题吗?

生:三个年级一共有多少人?

师:你们能列式解决吗? 写一写。完成了的孩子想一想还有没有其他方法。我们请这个同学说说他的算式。

生:我的算式是(89+86)+114。

师:同学们,有什么问题吗?

生:请问你是先算的什么? 再算的什么?

生:我先算三年级加二年级,然后再加一年级。

师:还有别的方法吗?

生:我是89+(86+114)。因为86+114,可以凑成200。再计算会很方便。

师:请把你的算式拿到讲台上展示。你们觉得哪种方法好呢?

生:第二种。

师:孩子们,这两个算式结果一样,我们就说这两个算式?

生:相等。

师:他们中间用什么符号连接?

生:用等号连接。

师:孩子们,请观察这两个算式,你有什么发现呢? 请同学们观察之后,小组交流。

学生完成后请一个小组上台展示。

生：我们小组认为它们的相同点是，都是加法，并且加数相同。但是它们的顺序不同。我们发现的规律是，不管是先算前面的两个加数还是先算后面的两个加数，最后和不变。我们小组的表示是$(a+b)+c=a+(b+c)$。

师：真会总结。孩子们，他们的发现就是我们的加法结合律。我们用a,b,c来表示加数。请孩子们一起来读一读加法结合律。

生齐读。

师：孩子们，我们今天学习的加法交换律和加法结合律是加法运算当中的基本定律，我们称它们为加法运算律。我们再来读一读他们的字母表示。

生齐读。

【评析】 从加法交换律到加法结合律，让学生从已有的认知拓展到了未知领域，同样地运用了合情推理，通过不完全归纳的推理方法得出了加法结合律，并用字母表示出来了，这是对学生推理能力的一种应用和升华。如此一来，加法运算律的教学在学生的自主学习和推理过程中得到了完善。

三、巩固练习，内化掌握

师：孩子们，记住了吗？我们一起来闯关。请同学们看看下面的等式，写出它们运用了什么加法运算律。孩子们，来看看这三个同学的答案，第一小题他们都写的加法结合律，同意吗？

生：同意。

师：第二个小题，只有一个同学说用了加法交换律和加法结合律。请你来说一说你是怎么看出来的？

学生回答，教师及时评价。

师：孩子们，其实，这样的算式我们一年级的时候就已经见过。请看：1+4=5,4+1=5。用的就是？

生：加法交换律。

师：9+5，先把5分成1和4。算式变成9+1+4，这运用的是？

生：加法结合律。

四、课堂总结，回忆复习

师：孩子们，你们通过这堂课的学习有什么收获呢？我们今天学的知识有什么用呢？

生回答。

师：孩子们，我们今天学习的加法交换律和加法结合律，可以让我们的计算更简便。著名的数学家高斯，就用我们今天学习的内容完成了一道难题，同学们可以在数学书上阅读这个故事。

教学延展

整堂课从学生已有认知出发，利用学生的已有经验，通过教师的点拨，让合情推理在学生观察和思考的过程中自然发生，让逻辑推理素养在数学运算的学习过程中得到很好的培养。教师的引导触发学生思考，通过学生自行推理得出的数学知识与结论，会帮助学生很好地理解与掌握相关知识点，同时将学生的推理内化成推理能力。

☆ 商不变的性质 ☆

【问题解析】 "商不变的性质"是西师版小学数学教材四年级上册的教学内容。推理能力是数学十大核心概念之一,也是新课程标准里提出的学生的六大核心素养里面的重要内容之一,在数与代数的教学中,培养学生的推理能力是教师不能忽视的内容。在教学运算定律或运算性质的过程中,学生经历从特殊到一般的合情推理过程和将结论运用于解决实际数学问题的演绎推理过程,将极大提高学生的推理能力。

一、游戏引入,激发兴趣

师:孩子们,咱们来玩一个猜数的游戏,有兴趣吗? 请看第一组数:160和1,第二组数:80和2。你能猜到第三组数是谁和谁吗?

生:40和4。

师:我们继续,下一组数呢?

生:20和8。孩子们同意吗?

生:同意。

师:下一组呢?

生:10和16。

师:孩子们还能猜吗?

生:能。

师:孩子们真棒,你们为什么猜得这么准呢?

生:我们发现了规律。

【评析】 一节课的开端很重要,如果所有学生都能兴趣高涨地开始上课,对提高课堂效率有极大帮助。从猜数开始,学生能在游戏过程中感受到基本的规律意识,为新课学习做好铺垫。其次,合理的过渡会让学生在学习过程中自然领略新课的魅力。

二、小组合作,探究新知

师:掌声送给他。抓住规律,有根据地思考,这是重要的数学思想。孩子们,这些数有规律,我们的除法也有规律。想学习吗?

生:想。

师:那今天我们就从除法算式开始学习。请孩子们认真观察老师写的除法算式。$8÷2=4,80÷20=4,800÷200=4$。下一个算式你们猜得到吗?

生:$8000÷2000=4$。

师:真会猜。孩子们,这样的算式写得完吗?

生:写不完。

师:对了。你有什么发现?

生:被除数和除数同时扩大相同的倍数,商不变。

师:真棒。这位同学既看到了有变化的地方,也看到了不变的地方。请孩子们认真观察,看看谁变了,谁没变。

【评析】 以特殊例子 $8÷2=4,80÷20=4,800÷200=4$ 为载体,让学生通过观察,推理出下一个算式。然后再观察这几个算式,学生推理出被除数和除数同时扩大相同的倍数,商不变的规律。

生:被除数和除数都扩大了10倍,商不变。

师:孩子们,这节课我们就来探索商不变的规律。看到这个课题,你想知道什么?

生:怎么样才能使商不变? 商不变的规律是什么?

师:孩子们真会提问。我们今天就来解决你们的疑问。同学们,请看这些算式,从上往下,认真观察被除数和除数,你发现了什么?

生:我发现被除数和除数依次扩大到10倍。

师:孩子们,扩大到10倍,我们就可以说?

生:乘10。

师:能说得更具体一些吗? 谁变成谁要乘10?

生:$8×10=80,80×10=800,800×10=8000,2×10=20,20×10=200,200×10=2000$。

师:真会观察。这里的被除数和除数只有这个变化吗？还有什么变化？

生:第一个算式和第三个算式相比,被除数是扩大到100倍。

师:真棒,他观察的是哪两个算式?

生:第一个算式和第三个算式。

师:8变成800扩大了?

生:100倍。

师:孩子们还能继续观察吗?

生:我发现只要被除数和除数扩大的是相同的倍数,商就不变。

师:掌声鼓励他。其他同学都看清楚了吗? 这里的变化有?

生:被除数和除数乘10,乘100。

师:还有其他的变化吗?

生:第一个算式变到第四个算式是被除数和除数乘了1000。

师:孩子们,我们刚才是从上往下看,还可以怎么看呢?

生:从下往上看。

师:孩子们真会学习,从下往上看,你们看到了什么变化呢?

生:被除数的变化是,第四个算式到第一个算式是除以一千。第三个算式到第一个算式是除以一百。第二个算式到第一个算式是除以十。

师:掌声送给他。孩子们,被除数有这样的变化,那除数呢?

生:除数和被除数的变化是一样的。

师:孩子们,我们还可以怎么看呢?

生:从左往右看。

师:那你们有什么发现?

生:$8÷2=4,80÷20=4,800÷200=4,800÷2000=4$。

师:孩子们,比较被除数和除数的变化,被除数和除数同时乘10,商不变。被除数和除数同时乘100,商不变。继续。

生:被除数和除数同时乘1000,商不变。

师:孩子们,我们刚才是从左往右看的。还可以怎么看呢?

生:从右往左看。

师:你有什么发现呢?

生:除数和被除数的同时除以10,100,1000,商不变。

师:孩子们,我们观察了这么多,现在你能大胆地猜一猜,被除数和除数要怎样变,商才不变呢? 先独立思考,再写下猜想,最后同桌交流。

学生思考、猜想、交流。

师:老师收集了几个同学的猜想,现在请他们来给大家说一说。

生:被除数和除数乘10,商不变,例子8÷2=4,8×10=80,2×10=20,80÷20=4。我还收集了一个同学的作品,请她上来介绍她的猜想。

生:在除法算式里,被除数和除数同时乘相同的数,商不变。

师:孩子们,比较一下刚才这两个同学的猜想,你们有什么想说的吗?

生:我觉得第二个同学的说法,要完整一些。

师:为什么要完整一些呢?

生:因为他说了"同时"。

师:孩子们,听明白了吗?

生:听明白了。

师:请下一个同学介绍自己的猜想。

生:在除法算式里,被除数和除数乘相同的倍数,商不变。

师:乘相同的倍数是什么意思呢? 你能给老师说说吗?

生:比如8÷2=4,被除数和除数同时乘10,8×10=80,2×10=20,80÷20=4,商不变。

师:那可以把这句话,再说简洁点吗? 因为我们的数学追求简洁美。

生:我们可以说被除数和除数乘相同的数。

师:非常好。请下一位同学介绍自己的发现。

生:在除法算式里,被除数和除数同时乘或除以相同的倍数,商不变。

师:掌声送给你。老师把你的猜想写下来,在除法算式里,被除数和除数?

生:乘或除以相同的数,商不变。

师:孩子们,这只是你们通过这一组算式提出的猜想。这个猜想到底对不对呢? 接下来我们还要进行?

生:验证。

师:那怎么验证呢?

生:用算式来验证。

【评析】 这一部分的教学是对性质的猜想和验证过程,学生从简单的 $8÷2=4,80÷20=4,800÷200=4$ 入手,猜想被除数和除数乘相同的数,商不变。并变换例子,验证猜想。这样的猜想验证的过程就是推理中不可或缺的部分。

师:那要写哪些算式呢?

生:先写乘之前的算式,再写乘之后的算式。

师:最后?

生:最后再比较商。

师:这个同学说得真棒。老师也特别带来了验证提示,我们一起来读一读。

生:(齐读)先写一个除法算式,再把被除数和除数同时乘或除以相同的数,算出结果,最后再比较商。

师:孩子们读懂了吗?

生:读懂了。

师:我有一个问题,孩子们,我们只能乘相同的数吗?

生:我们还可以除以相同的数。

师:那我们只能同时乘或除以 10,100,1000 吗?

生:被除数和除数可以同时乘或除以很多相同的数。

师:说得真棒。我们班这么多同学,举例子,只能举相同的例子吗?

生:我们可以举不同的例子。

师:我们就来看看,谁能举出最与众不同的例子? 现在请孩子们自己写算式验证。待会请同学来说一说。

生:$10÷5=2$。把被除数和除数同时乘2,变成 $20÷10=2$。我发现商还是等于2。

师:这位同学是把被除数和除数同时乘2。孩子们,请看这位同学的算式。

生:被除数和除数同时乘5。

师:商变了没有呢?

生:没变。

师:还有把被除数和除数同时乘其他数的吗?

生回答不同的数。

师:最后商都变了吗?

生：没有。

师：那孩子们，被除数和除数同时乘相同的数，商不变。这里，相同的数是包括所有的数吗？有没有特殊的情况？

生：当被除数和除数同时乘零时，它们都变成零了，但是0不能当除数。

师：掌声送给这个同学。说的真棒。除数2×0等于0，但是，0能做除数吗？

生：不能。

师：那被除数和除数同时乘相同的数，能包括0吗？

生：不能。

师：那谁来修改一下这句话？

生：在相同的数后面，打一个括号写上0除外。

师：说得真棒，孩子们，我们刚才验证了乘，我们还要验证除。看看这位同学，他把被除数和除数，同时除以2。算式的商变了吗？

生：没变。

师：孩子们，在除法算式里，被除数和除数？

生：同时乘或除以相同的数，0除外，商不变。

师：刚才通过我们的猜想与验证。这句话最后成立吗？

生：成立。

【评析】　验证的过程中，教师不断变换问法，让学生对自己的推理进行不断完善，并让这些推理一一得到验证。这样的过程可以是教师来引导，也可以让学生用质疑的方式将推理不断完善，并得到验证。最终得出的结论就是会接近结论甚至和结论一样。

师：孩子们，请看看数学书，找到这句话，圈一圈。你们能告诉老师哪些词很重要吗？

生："同时""0除外""商不变""相同"这些词很重要。

师：孩子们真会学习，现在我们再来重新读一读这句话。

生齐读并着重读出关键词。

师：这是我们数学中非常重要的一个规律，叫作商不变的性质。孩子们，我们除了可以通过列算式来验证,还可以用别的方式来验证。老师把 8 个苹果平均放在 2 个盘子里。每个盘子都有 4 个苹果。现在老师把苹果和盘子的数量都乘 2。就变成?

　　生:16个苹果,4个盘子。

　　师:把苹果平均放在盘子里,每个盘子里有?

　　生: 4 个苹果。

　　师:每个盘子里的苹果数量变了吗?

　　生:没变。

　　师:如果我把苹果和盘子的数量都乘 5 ,每盘放几个呢?

　　生: 4 个。

　　师:商变了吗?

　　生:没变。

　　师:同学们想一下,以此类推,只要苹果和盘子数量同时乘相同的数,0除外,商?

　　生:不变。

　　师:孩子们,如果把苹果和盘子的数量同时除以相同的数,0除外,商会变吗?

　　生:不变。

　　师:那么我们便把这两种情况合起来,可以说?

　　生:被除数和除数同时乘或除以相同的数,0除外,商不变。

【评析】 通过与数学书的对比,学生将"被除数和除数同时乘或除以相同的数,0除外,商不变"的性质内化成所学知识,并通过苹果和盘子的例子进行演绎推理,进一步巩固。与接下来的巩固练习进行有效衔接。

三、巩固练习,内化掌握

　　师:孩子们真棒! 商不变的性质有什么作用呢? 我们一起来看看。请孩子们翻开书第87页例3"试一试",根据第一个算式的得数,直接写出后面两个算式的商。孩子们真棒! 这么快就算出来了。第一组的结果是多少?

　　生:都是12。

师:第二组的结果呢?

生:都是15。

师:第三组呢?

生:都是3。

师:第四组呢?

生:都是7。

师:全对的孩子请举手,做得真棒。老师有个问题,为什么你们可以根据第一个算式,直接写出后面算式的商呢?

生:根据商不变的性质。

师:同学们看看这道题,你能解释这么做的原因吗?

生:用商不变的性质。

四、课堂总结,设置悬念

师:孩子们,这节课我们学习了什么?

生:商不变的性质。

师:我们是怎么学的呢? 先?

生:猜想。

师:再?

生:验证。

师:然后得到?

生:结论。

师:最后我们再运用这个结论。孩子们,我们今天探讨的都是没有余数的除法。请看,62÷7商是?

生:商8余6。

师:这两个算式的被除数和除数同时乘10,乘100后,余数变不变呢? 请孩子们用我们今天的方法,课后自己去探究。

　　本堂课在研究商不变的性质的时候,学生经历了从特殊到一般的推理过程,并且在教师的引领下经历了"猜想—验证—修改猜想—再验证"这样的推理过程,学生感受到了推理在数学运算中的重要作用,还利用得出的结论来解决了实际问题。在这一堂课中,教师没有提推理,学生却在做着实实在在推理的事情,这就是规律教学在培养学生推理能力方面的优势。

☆ 三角形三边之间的关系 ☆

【问题解析】 "三角形三边之间的关系"是西师版小学数学教材四年级下册的教学内容。本课通过巧妙设置问题引发学生的思考,使学生经历"猜想—验证—得出结论"的学习过程,关注学生在获得知识的过程中提高推理能力,从而达到发展学生思维能力的目的。

一、以疑导入

师:请个同学来说一说什么是三角形? 这些图形是三角形吗?

生回答。

师:今天我们继续学习三角形的知识,猜猜我们要学习三角形的什么知识?

生:周长、面积、内角和……

师:同学们说的内容都挺重要的,但是今天我们学习的知识与三角形的边有关。(教师板书课题)

师:大家都认识三角形,那如果给你三根吸管,你能围出一个三角形吗?

生:能。

师:确定吗? 有同学不确定了。

师:开始出现不同意见了,怎么办?

生:我们动手试试看。

二、自主探究

1.出示小组合作要求。

教师课前给每个小组发放长度分别是12厘米、10厘米、7厘米、5厘米、4厘米的五根小棒,小组一起,任意选择其中的三根,尝试围一个三角形,并将围成三角形的吸管长度和不能围成的吸管长度记录在表格里。看哪个小组得到的数据多,不能重复哦!

2.小组合作,完成任务单。

三、交流汇报

学生动手操作后,老师选择一个小组的任务单进行展示。并请学生交流汇报。

能围成三角形			不能围成三角形		
①	②	③	①	②	③
12	10	7	12	4	7
7	4	5	4	5	10
10	7	5	12	4	5
10	4	7	12	7	5
5	12	10			

生:老师,我认为12厘米、7厘米、5厘米这三根吸管不能围成三角形。

师:(故作惊讶)哦?真的吗?那有没有小组利用这三种长度的吸管围成了三角形呢?

师:看来大家是英雄所见略同呢,我们一起看看。(课件演示当三角形两边长度和等于第三边时不能围成三角形这一情况。)

提问,引发思考。

师:你现在还认为这三根吸管能围成三角形吗?

生:不能。

合情推理,归纳规律。

师:在数学学习中,提出问题、提好问题、多问几个为什么非常重要。在刚才的活动中,我们得到了很多数据,根据这些数据,大家有什么想法?或者想提出什么问题?

生:为什么左边的能围成三角形,右边的就不能?

(1)同桌讨论交流。

(2)汇报交流、各抒己见。

生1:第一条边加第二条边大于第三条边时可以围成。

生2:两条边的差小于第三条边时可以围成。

生3板书:$a+b>c$(能),$a+b<c$或$a+b=c$(不能)。

师:几个同学的表达都各不相同,你看懂了吗?不明白的可以向他们提问。

生:请生3解释一下他的板书。

生3:如果三角形的两条边的和大于第三边,就能围成三角形,如果两条边之和小于第三边或等于第三边,就不能围成三角形。

生:我来举个例子,比如上表中,7加10等于17,17大于12,所以能围成;4加7等于11,11小于12,所以不能围成;7加5等于12,也不能围成。

师:通过大家动手操作,大家发现了三角形的一个重要特性——三角形任意两条边的长度和一定大于第三条边。

四、学以致用

1.判断下列每组小棒是否能围成三角形。

(1)13 cm   5 cm   8 cm

(2)12 cm   5 cm   8 cm

(3)5 cm   2 cm   8 cm

2.用数学知识解释老师为什么走这条路近。PPT出示三角形形状的道路。

3.师:同学们,在今天的课上,大家通过自己的实验操作、讨论交流发现了三角形的三边关系。那么,同学们还有没有什么想知道的或者想问的问题?

生1:三角形还有没有别的性质?

生2:其他图形会不会也有类似这样的关系?

师:真会思考!三角形还有很多重要的性质等待大家去研究、去发现,留到我们下节课继续学习吧。

教学延展

本堂课设计了大量动手操作的活动,让学生去猜想、验证三角形三条边之间的关系,进而推理出三角形两边之和大于第三边的结论。大量的事实让学生有素材进行合情推理,也让学生在数学活动中发展推理能力。

☆ 分数的基本性质 ☆

【问题解析】 "分数的基本性质"是西师版小学数学教材五年级下册的教学内容。归纳推理是合情推理的一种形式。在小学阶段,合情推理是小学生推理素养培养的主要方式。在小学阶段利用合情推理培养学生的推理能力是教育教学的一大重点。在数感的培养方面,学生通过适当的归纳推理,能将生活中对数的认识提升为对数的感知和运用,实现对数感的培养。在分数的教学中,学生在对分数的认识和基本性质的理解上,归纳推理能够帮助学生顺利建立对分数的数感,进而提升推理能力,培养学生的核心素养。

一、复习引入

师:孩子们,我们今天继续学习分数。谁来说说之前学习的分数的意义?

生:把物体看作单位"1"。把单位"1"平均分成若干份,取其中的1份或者几份就是分数的意义。

师:你真棒!现在请同学涂色表示下面的分数。

生:第一个是把一个长方形平均分成了8份,取其中的3份就是 $\frac{3}{8}$,所以要涂3份。第二个是把一个圆平均分成7份,取其中的5份就是 $\frac{5}{7}$,所以要涂5份。(生边说边涂,教师及时评价)

【评析】 以旧知为引,让学生在熟悉的知识的基础上,找到归纳推理的切入点,在学生涂色的过程中,复习分数及分数的意义,便于接下来从个别情况归纳出分数的基本性质。学生对涂色表示分数的描述其实也是对分数基本意义的深入理解和运用。

二、小组合作，探索新知

师：这就是我们前面学习的怎样表示分数。现在我们来学习新的知识。有一位数学老师让4个孩子办数学小报。他们拿到的小报大小是一样的。其中，数学趣题分别占了数学小报的$\frac{1}{2}$，$\frac{2}{4}$，$\frac{3}{6}$以及$\frac{4}{8}$。他们小报的数学趣题所占的小报版面是一样的吗？现在请同学们读一读学习要求。

自学，小组交流、汇报。

生1：第一个同学将数学小报平均分成2份，数学趣题占其中的1份，用分数表示为$\frac{1}{2}$。从图中可以看出，数学趣题占小报的一半。第二个同学将数学小报平均分成4份，数学趣题占其中的2份，用分数表示为$\frac{2}{4}$，用图可以看出数学趣题占小报的一半。第三个同学将数学小报平均分成6份，数学趣题占这张小报的3份，用分数表示为$\frac{3}{6}$，从图中可以看出数学趣题占小报的一半。第四个同学将数学小报平均分成8份，数学趣题占其中的4份，用分数表示为$\frac{4}{8}$，从图中可以看出数学趣题占数学小报的一半。我们发现数学趣题都占数学小报的一半。所以我们可以得出结论，4张小报的数学趣题所占的版面一样大。我们小组汇报完毕，请问其他同学有补充或质疑吗？

生2：补充。既然四张小报的数学趣题所占版面一样，那么$\frac{1}{2}$，$\frac{2}{4}$，$\frac{3}{6}$，$\frac{4}{8}$之间，应该用等号连接。你们同意我的看法吗？

生：同意。

生1：请问还有补充或质疑吗？

生3：我有一个发现。$\frac{1}{2}$分子和分母都乘2得到$\frac{2}{4}$。$\frac{1}{2}$分子和分母都乘3得到$\frac{3}{6}$。$\frac{1}{2}$分子和分母都乘4得到$\frac{4}{8}$。所以我得出一个结论，分数的分子和分母同时乘一个相同的数，分数的大小不变。大家同意我的想法吗？

生4：那我有一个问题，如果反过来，用除法可以吗？

生3：可以，$\frac{4}{8}$分子和分母除以4得到$\frac{1}{2}$，$\frac{3}{6}$分子和分母除以3得到$\frac{1}{2}$，$\frac{2}{4}$分子和分

母除以2得到$\frac{1}{2}$。所以我也得出了一个结论,分数的分子和分母同时乘或除以相同的数,分数的大小不变。大家同意我的看法吗?

生:同意。

师:对了,从左往右看,$\frac{1}{2}$,$\frac{2}{4}$,$\frac{3}{6}$,$\frac{4}{8}$就是把分数的分子和分母同时乘一个相同的数,分数的大小不变。从右往左看,就是把分数的分子和分母,同时除以一个相同的数,分数的大小不变。

生5:我有补充,分数的分子和分母在乘或除以一个数的时候要把0除外,因为0不可以当分母。

生1:我们小组的汇报完毕,谢谢大家!

师:好,同学们。经过小组的交流、汇报,我们得出了结论。分数的分子和分母同时乘或除以相同的数,0除外,分数的大小不变,这叫作分数的基本性质。我们齐读一遍。

学生齐读。

师:同学们说分子和分母在同时乘或除以相同的数时,0要除外,为什么?

生:因为0不能做除数,也就是分母。

师:对了,分母不能为0,因为分母要为0的话,分数就没有意义了。孩子们,我们学习了分数的基本性质。现在我们来试着应用一下。

【评析】 教学过程通过小组合作的方式,让学生探究数学小报各部分之间的关系,从分数的意义入手,感知$\frac{1}{2}$,$\frac{2}{4}$,$\frac{3}{6}$,$\frac{4}{8}$之间的关系,发现四个分数相等。同时将多个特殊情况经过归纳推理,从而总结出分数的基本性质,并经过对特殊情况"0"的论证,进一步完善了分数的基本性质,即分数的分子和分母同时乘或除以相同的数,0除外,分数的大小不变。这一过程能够帮助学生建立良好的数感,提升逻辑推理能力。

三、巩固提高

师:孩子们,请用你们刚才学到的知识,把$\frac{3}{4}$,$\frac{15}{24}$化成分母都是8而大小不变的分数。完成的同学可以在组内说说你的做法。我请一个同学来说说你的做法。

生:因为$\frac{3}{4}$要变成分母是8而大小不变的分数。因此,分母要乘2,分子也要乘2。所以$\frac{3}{4}$分子、分母同时乘2变成$\frac{6}{8}$。$\frac{15}{24}$要变成分母是8而大小不变的分数,分母要除以3,所以分子也要除以3。所以$\frac{15}{24}$的分子、分母同时除以3等于$\frac{5}{8}$。

师:他注意到了,要把分母化成8。$\frac{3}{4}$的分母是?

生:4。

师:要把它化成分母是8的分数,$\frac{3}{4}$的分母就要?

生:乘2。

师:要让分数的大小不变,分母乘2,分子也要?

生:乘2。

师:$\frac{3}{4}$就变成了?

生:$\frac{6}{8}$。

师:表扬这位同学,把我们的过程也写出来了。写出过程可以帮助我们更准确地计算。我们的过程就是分母和分子同时乘或除以相同的数,0除外。这样就能保证分数的大小不变。那$\frac{15}{24}$怎么变呢?

生:$\frac{15}{24}$要化成分母是8而大小不变的分数,分子和分母就要同时除以3,变成$\frac{5}{8}$。

师:说得真棒,同学们,请看这道题,把下面的分数化成分子是8而大小不变的分数。$\frac{1}{2}$和$\frac{24}{36}$。观察这道题和刚才那道题有什么不同。

生:这道题是把分子化成8而大小不变的分数。

师:那刚才呢?

生:刚才是把分母化成8而大小不变的分数。

师:那现在请同学们做一做这道题。同学们,$\frac{1}{2}$要化成分子是8的分数。分子从1到8要?

生:乘8。

师:那分母呢?

生:也要乘8。

师:那结果是多少?

生:$\frac{8}{16}$。

师:那第二个$\frac{24}{36}$怎么变成分子为8而大小不变的分数?从哪一个数入手?

生:分子。

师:为什么?

生:因为我们是要把分子化为8。

师:那24怎么变成8呢?

生:除以3。

师:分子除以3,要使分数大小不变,分母也要?

生:除以3。

师:最后的结果是多少?

生:$\frac{8}{12}$。

师:看来同学们对分数的性质掌握得非常好。现在请同学们接着做一做。在下面的括号里填适当的数。

学生做题,教师及时评价。

师:表扬班上的同学大部分都做对了,我们来看下一题。下面的算式对吗?如果有错,错在哪里?

生:分母除以6,分子没有除以6。

师:$\frac{6}{42}$,分母除以6,要保证分数大小不变,分子也要?

生:除以6。

师:第二个呢?

生:错,因为分数的基本性质是分子和分母同时乘或除以相同的数,0除外,分数的大小不变,没有加和减。

师:你能证明一下不能用加和减吗?

生思考。

师:同学们,我们可以用画图的方式来表示$\frac{7}{8}$,以长方形为例。是把长方形平均

分成8份,取其中的7份。那$\frac{11}{12}$呢?

生:把同样大的长方形,平均分成12份,取其中的11份。

师:他们最后都剩了几份呀?

生:1份。

师:分的份数越多,每一份就越小,那同学们$\frac{7}{8}$和$\frac{11}{12}$能是一样的吗?

生:不一样。

师:对了,同学们再看下一道题。

生:是对的。

师:$\frac{9}{12}$的分子和分母同时除以3,分数的大小不变。没问题吧?

生:没有。

师:好,那我们看下面一道题。在下面的分数中,谁与$\frac{2}{3}$相等呢? 同学们,怎样

才能最快找到这个分数呢?

生:与$\frac{2}{3}$相等的是$\frac{10}{15}$,分子和分母同时乘5,分数的大小不变。

师:其他分数不行吗?

生:不行。

师:为什么呢? 举例说一说。$\frac{7}{12}$为什么和$\frac{2}{3}$不相同呢?

生:$\frac{2}{3}$的分母乘4变成12,分子2乘4应该变成8,但是$\frac{7}{12}$的分子是7,所以不相等。

师:剩下的分数也是因为同样的道理与$\frac{2}{3}$不相等。同学们看下一道题,这道题有

一定的难度,做完之后可以小声交流一下。我请做完的同学上来讲一讲他的做法。

生:在这一排分数当中,只有$\frac{4}{20}$是完整的。所以我们就从它入手。往前看,分

子变成1,分子除以4,所以分母也要除以4,所以它前面的分数是$\frac{1}{5}$。

师:好,接着往下说。

生:再往前看,$\frac{1}{5}$ 的分母5变成80,要乘16,所以分子1也要乘16,这里就是 $\frac{16}{80}$。

师:那除了从 $\frac{1}{5}$ 开始看还可以从哪里看呢?

生:也可以从 $\frac{4}{20}$ 开始看,$\frac{4}{20}$ 的分母乘4变成80,分子也要乘4变成16。所以这里还是 $\frac{16}{80}$。

师:看哪一个更简单呢?

生:$\frac{4}{20}$。

师:对了,分母20变成80,我们一眼就能看出要乘4。所以分子也要乘4。

生:我们再往后面看。$\frac{4}{20}$ 的分母乘2变成40,所以分子4也要乘2变成8,所以后面的分数是 $\frac{8}{40}$。

生:最后一个空是2除以几。

师:这是我们学过的什么知识?

生:分数与除法的关系。

师:分数与除法有什么关系呢?

生:a 除以 b 等于 b 分之 a,b 不能等于0。

师:所以,孩子们,2除以几就可以写成几分之二。我们现在就是要找这个分母。

生:我们还是从 $\frac{4}{20}$ 开始看,分子变成2,要除以2,所以跟20也要除以2变成10,所以这里就应该填10。

师:看看自己填对没有。这是有难度的地方。

生:大家同意我的想法吗?

生:我有补充,$\frac{4}{20}$ 就是 $\frac{1}{5}$,$\frac{1}{5}$ 就是0.2,所以2就要除以10,括号里填10。

师:这位同学从 $\frac{1}{5}$ 入手,$\frac{1}{5}$ 就是0.2,他就想2除以几等于0.2,所以就是2÷10。同意吗?

生：同意。

【评析】 本堂课的练习部分，学生通过大量的练习，将分数的基本性质运用于分数大小的比较和通分等实际运用之中，这样的过程实际上就是从一般到特殊的过程，也是对分数基本性质的深入理解和内化的过程。在这样的过程中，学生能感受到推理能力的提高，也能感受到分数的数感在练习中的提升。今后，他们还能将分数的基本性质运用到与分数相关联的小数领域和除法领域。

四、学习收获

师：孩子们，今天我们学习了分数的基本性质，谁能完整地说一说？

生：分数的分子和分母同时乘或除以相同的数，0除外，分数的大小不变。这就是分数的基本性质。

师：看来孩子们对分数的基本性质已经有很充分的认识了，以后我们会经常用到它。

教学延展

本堂课教师在教学分数的基本性质时，充分尊重学生的已有认知，在对分数的意义的理解和内化之后，让学生通过小组合作的方式，自主探究特殊分数 $\frac{1}{2}, \frac{2}{4}, \frac{3}{6}, \frac{4}{8}$ 之间的区别与联系，进而利用归纳推理，从特殊到一般，得出分数的基本性质：分数的分子和分母同时乘或除以相同的数，0除外，分数的大小不变。并通过不同形式的练习，让学生将探索出来的分数的基本性质内化成学生自己的知识。这样的教学过程，不但培养了学生的数感，让学生对分数的认识更加透彻，也让学生的推理能力和素养得到了培养和提高。

☆ 梯形的面积 ☆

【问题解析】 "梯形的面积"是西师版小学数学教材五年级上册的教学内容。推理是数学思考的重要方式,推理思想是数学的基本思想之一,其主要包括归纳思想、转化思想、演绎思想和类比思想等。在有关几何图形的教学中,教师在教学时可以从已有的事实出发,让学生凭借经验和直觉,通过归纳、转化、类比推断某些数学结果。这样才能养成学生的推理能力,提高思维水平。在图形与几何的面积方面,教师如何培养学生的转化思想呢?

一、问题引入,激发兴趣

师:孩子们,在前面我们学习了平行四边形和三角形的面积。今天我们来研究梯形的面积。看到这个课题,你想到了什么?

生:梯形的面积怎么求? 梯形的面积公式是什么? 如何推算出梯形面积的算法? 可以用其他的图形求出吗?

师:真是爱动脑筋的孩子,今天这节课我们就重点来研究梯形的面积,并且还要弄明白它的计算公式是怎么来的。

【评析】 课题的引入直截了当,学生根据"梯形的面积"提出问题,并尝试解答,在解答过程中利用已有的知识进行推理。教师对问题进行了把握和提炼,首先提出了本堂课的总体目标。

二、小组合作,探究新知

师:下面我们就带着这些问题开始今天的研究旅程,在桌面上,老师给大家准备了一些学具,你能借助以前的经验研究梯形的面积吗?

生:能。

师:真有信心,下面请听操作要求。先独立思考梯形的面积应该怎样求,有问题,可以和小伙伴一起交流。得出结论后就将它记录在研究卡片上。最后再在组内说一说,你是怎样操作得出梯形面积的。好,现在开始。

学生自主探究,小组交流,教师巡视。

【评析】 提示"你能借助以前的经验研究梯形的面积吗?"强调研究方法可以参照以前的方法,为接下来的研究做好铺垫,学生自然会想到求平行四边形和三角形的面积时要用到的转化思想。

师:很多同学都已经有发现了,咱们先来欣赏这几位同学的发现。请你说说你是怎么操作,怎样求出梯形面积的。请其他同学认真听,可以提问和补充。

生1:我用两个梯形拼成一个平行四边形,求出平行四边形的面积,再除以2,就可以得到一个梯形的面积。

师:他的方法可行吗?

生:可行。

师:你们有没有什么疑问?

生:应该说是两个完全相同的梯形,因为这样才能拼成平行四边形。

师:孩子们同意吗?

生:同意。

师:说得真棒,还有谁有问题或者补充?

生:你是怎么拼成平行四边形的底的?

师:请汇报的同学指给大家看看。

生1指。

师:孩子们看明白了吗?

生:看明白了。

师:平行四边形的底是由什么组成的吗?

生1:梯形的上底和下底。

师:孩子们还有疑问吗?

生:为什么要除以2呢?

师:问得好。有同学知道为什么吗?

生1:因为梯形的面积是平行四边形面积的一半,所以要除以2。

师:孩子们,大家听明白了吗? 同意他的说法吗?

生:同意。

师:好,感谢汇报的同学,我们掌声送给他。请回到位置上。刚才他用拼的方法得出了梯形面积的计算方法。现在请第二个同学上来汇报。请你把这个图形回到原来梯形的样子。给大家说说你是怎么操作的。

生2:这是一个梯形。我沿着这条线剪下一部分移到另一边,变成平行四边形。

师:他的方法有点儿与众不同。你能再说说有什么发现吗?

生2:我的发现是拼成的平行四边形的高是原来梯形高的一半。

师:还有谁有疑问和补充?

生:可以说沿着梯形两腰的中点连线,把梯形的一半剪下来,然后再拼成平行四边形。

师:嗯,这样说更准确了。孩子们,老师有一个疑问。刚才那个同学求梯形的面积要除以2,为什么这里也要除以2呢?

生:因为这个平行四边形的高只有梯形的一半。

师:对了,因为平行四边形的高只有梯形高的一半,所以要除以2。孩子们,请看屏幕,刚才我们沿梯形两腰的中点连线剪开,拼成平行四边形。你们发现了吗? 平行四边形的底是什么?

生:梯形的上底加下底。

师:继续看,平行四边形的高呢?

生:是梯形的高的一半。

师:所以我们仍然能得出梯形的面积等于?

生:(上底+下底)×高÷2。

师:这种方法也可以求出梯形的面积。现在来看看第三位同学是怎么做的。

生3:我把梯形分成了两个三角形。其中一个三角形的底就是三角形的上底,另一个三角形的底是梯形的下底。然后把这两个三角形的面积合起来,即(上底+下底)×高÷2,就是梯形的面积。

师:这个同学把梯形分成了两个三角形。梯形的形状变了,但是它的面积没有变。两个三角形的面积就是梯形的面积。孩子们,你们来说说这个三角形的面积是怎么算的。

生:梯形的上底×高÷2。

师:那这个三角形的面积呢?

生:梯形的下底×高÷2。

师:对了。把两个三角形的面积相加,经过化简,可以写成(上底+下底)×高÷2。孩子们听明白了吗?

生:听明白了。

师:好,孩子们,梯形的面积还有很多其他的研究方法。下课后你们可以再思考一下。刚才这几个同学的方法都不一样,梯形变成了?

生:三角形、平行四边形。

师:孩子们,我们研究梯形,为什么把梯形变成这些图形呢?

生:因为这样便于计算梯形的面积。

师:也就是说,因为我们已经会算平行四边形和三角形的面积了。就把梯形变成了我们会算面积的图形。这就是我们之前学过的转化的方法。今天我们又一次用它解决了梯形面积的求法。那孩子们,以后遇到新问题,你觉得可以怎么做呢?

生:把没学过的图形转化为学过的图形来解决。

师:对。就是把新问题转化为旧问题。运用学过的知识来解决它。孩子们,刚才我们用不同的方法,都得出了相同的结论。梯形的面积等于?

生:(上底+下底)×高÷2。

师:同学们再在小组说一说,这个结论是怎么得出的。开始!

学生分小组说一说。

【评析】 学生结合以前学习的平行四边形和三角形的面积知识与转化思想,通过动手操作,把梯形的面积转化成了平行四边形的面积,教师在教学这部分时,把课堂充分交还给学生,让学生通过小组合作的方式探究了梯形的面积公式。这是对转化思想的重新演绎,是将以前所学知识和技能进行练习并升华的过程。在整个过程中,不同学生的交流和思想碰撞产生了不同的验证方法,但最终都推算出了梯形面积的计算公式。

师:孩子们,其实关于梯形面积的计算方法,早在两千年前的《九章算数》中就有记载。我国伟大的数学家刘徽对此进行了研究。我们一起来了解一下。

学生观看相关视频。

师:孩子们,刚才通过动手操作、仔细观察、积极思考,推导出了梯形的面积公式。老师为你们点赞。我们来看看这是什么?

生:一条线段。

师:再看看这是什么?

生:还是一条线段。

师:这两条线段有关系吗?

生:互相垂直。

师:孩子们,如果把它们两想象成一个图形的底和高。你能想到哪个图形?

生:平行四边形。

师:你真会思考。孩子们,找找平行四边形的底和高在哪里。指一指。

生指。

师:平行四边形的面积等于什么呢?

生:底×高。

师:你们还能想到哪个图形?

生:三角形。

师:那三角形的面积怎么算?

生:底×高÷2。

师:你们还能想到哪个图形?

生:长方形。

师:真会思考。想想,长方形的面积是长×宽,就相当于这里的底×高。还想到哪个图形了?

生:正方形。

师:孩子们找找正方形的底和高。

生:就是边长。

师：正方形的边长×边长同样可以看成底×高。还能想到别的图形吗？

生：直角梯形。

师：可以是一般的梯形吗？

生：可以。

师：我们刚才研究出，梯形的面积等于什么？

生：(上底+下底)×高÷2。

师：孩子们，梯形的上底和高？

生：垂直。

师：下底和高？

生：垂直。

师：孩子们真棒。由互相垂直的线段想到这么多的图形。所以，我们求这些图形的面积，关键是找到什么信息啊？

生：底和高。

师：什么样的底和高呢？

生：互相对应的底和高。

师：孩子们，互相对应的底和高就是互相垂直的底和高。我们求这个图形的面积时，就是要找到互相垂直的底和高。孩子们，在前面的学习中，我们用转化的方法得出了梯形的面积公式，并且找到了求多边形面积的关键。

【评析】 这一部分可以看作是对知识的回忆，教师巧妙地运用两条互相垂直的线段，让学生充分发挥自己的想象力，并通过想象成不同的图形，将之前所学的平面图形的面积进行了横向联系，感知各种图形面积计算公式之间的区别与联系。

三、巩固练习，内化掌握

师：现在我们就一起来用一用。做做这道题(教师出示课件)。好，孩子们都算完了。请你来说一说。

生：(2+5)×4÷2。

师：最后的结果是？

生:14。

师:(表扬孩子们,都做对了)现在请孩子们把数学书翻到第86页,做一做练习二十一—"第1题"。

学生说算式和得数。

师:全对的举手。孩子们真棒。现在请同学们来说说,计算梯形的面积时,我们要找到哪些信息。

生:上底、下底和高。

师:请看网格里的这3个梯形,没有给出梯形的上底、下底和高,你能比较它们的大小吗? 小组内讨论讨论。有发现的同学举手。你说。

生:我发现它们的上底、下底和高一样。

师:有补充吗?

生:它们的面积相同。因为它们等底、等高。

师:对了。我们可以把它们称为等底等高的梯形,它们的面积相等。孩子们再看看这个梯形和刚才的3个梯形,你有什么发现?

生:它们面积相等。

师:可以再具体一点儿吗?

生:这4个图形,上底加下底的和相同,高也相同。它们的面积也相同。

师:说得真好。孩子们,你们现在能告诉老师梯形面积公式中的等底是什么意思吗?

生:上底加下底的和相等。

师:对了。梯形面积公式中的等底就是指上底加下底的和相等。在高不变的前提下,它们的面积相等。

【评析】 通过巩固练习,学生将梯形的面积公式运用到实际图形之中,并了解了计算梯形面积所必须的条件以及这些条件之间的关系。这种演绎推理能帮助学生尽快熟悉梯形的面积计算公式,将所学知识迅速内化。

四、课堂总结,回忆复习

师:孩子们。我们今天的研究任务就结束了。回头看看我们最开始提出的问题,你们都知道了吗?

生：知道了……

师：在今天的课堂上，老师看见了孩子们在认真思考，积极探索。希望孩子们在以后的学习中也带着这种精神，你们会发现更多的数学奥秘。好，同学们，下课！

教学延展

本堂课教师将课堂充分交还给学生，让学生利用转化思想，在已有的解决平行四边形和三角形面积计算公式方法的基础之上，通过剪、拼、画等多种活动方式，自主探究梯形的面积公式。这是学生进行演绎推理的宝贵经历。同时，学生通过手中的特殊梯形的组合，得出了梯形面积计算公式的初步猜测，并通过各种操作进行验证，这也是合情推理的形式。所以，在小学数学的图形与几何方面，要培养学生的推理能力，不能单方面使用某一种类型的推理形式，而是要结合课堂实际，根据学生的学情选择合适的方法来培养学生的推理能力。

☆ 圆的周长 ☆

【问题解析】 "圆的周长"是西师版小学数学教材六年级上册的教学内容。新课程理念指出:动手实践、自主操作与合作交流是学习数学的重要方式。学生应当有足够的时间和空间经历观察、实验、猜测、计算、推理、验证等活动过程。推理是数学的基本思维方式之一,只有让学生亲身去经历逻辑推理的全过程,才能积累逻辑推理的活动经验和逻辑推理的方法,发展其逻辑推理能力。小学是推理教学的起步阶段,合情推理在探索思路、猜想、发现结论中经常使用,是小学生自主探索学习强有力的支持,发展学生合情推理也有助于培养学生的创新能力。

一、观察猜想

师:同学们,今天我们学习关于圆周长的知识。你能说一说什么是圆的周长吗?

生:根据以前学过的周长的知识,我认为圆的周长是圆一周的长度。

师:屏幕上有三个圆,周长最长的是几号圆呢?

生:3号。

师:那圆的周长和什么有关呢?

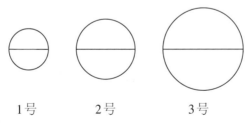

1号　　　　2号　　　　3号

生:和圆的直径有关。(师板书:圆的周长和直径有关)

师:那圆的直径和周长到底有什么关系呢?

生:我认为圆的直径越短,周长越短;直径越长,周长越长。

【评析】 以问题开课,先复习什么是周长,引出圆的周长,接着让学生观察周长和什么有关。学生猜想:与直径有关。教师追问:圆的直径和周长到底有什么关系呢?揭示出本课的核心问题,并引发学生思考,激发学生进行逻辑推理的兴趣和探索的欲望。

二、观察推理

师:是的,从直观上,我们可以判断出,直径越长,圆的周长就越长,但是圆的周长与直径究竟有什么数量上的关系呢?我们还得来继续深入研究。

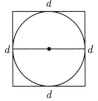

圆和正方形比,谁的周长长?

师:请看大屏幕。相信会观察、会思考的同学总有独到的见解。

生:我觉得这个正方形的边长和这个圆的直径是一样长的。

师:那正方形的周长呢?

生:正方形的周长是圆的直径乘4。

师:也就是?

生:4个直径。

师:我们可以简单地记作4d。(板书:4d)比较这两个图形,谁的周长长一些呢?

生:我认为是正方形的周长更长。

师:也就是说圆的周长比正方形的周长短,根据学生的回答板书:圆的周长<4d。

师:我们继续往下看。一个圆,画上其中的两条半径,当这个夹角是60°的时候,可以构成一个什么三角形?(PPT演示)

生:等边三角形。

师:每条线段我们用半径r表示,继续往下看,这是一个正六边形。圆和正六边形相比,谁的周长长呢?

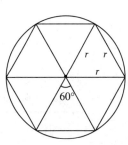

生:我发现圆的周长比正六边形的周长长一些。

师:那正六边形的周长是多少呢?

生:正六边形的周长是6r。

师:圆的周长比6r要长,6个半径换算成直径怎么表示?

生:3d。

师:也就是圆的周长比3d要长。(板书:圆的周长>3d)

【评析】 这一部分教学采用的是合情推理,对于六年级的小学生来说,并不是所有的学生都有那么强的推理能力,所以直观的演示,引导学生进行简单的推理,帮助学生厘清思路,鼓励学生大胆说出自己的想法,并在全班分享自己的个性想法,这样有利于发展学生的创新能力和逻辑推理能力。

三、操作验证

1.合作探究。

师:通过刚才的学习我们发现圆的周长范围在直径的3倍和4倍之间,那么怎样才能够更精确一些呢? 数学家们在这个时候会推荐大家使用测量的方法。现在我们要研究圆的周长与直径的关系,你觉得应该测量哪些数据呢?

生1:圆的直径。

生2:圆的周长。

师:同学们真会动脑筋。为了帮助大家记录,老师给大家准备了一个表格,请大家看要求。(学生读探究单上的要求)

探究单:探索圆周长与直径的关系

1.拿出学具,量出圆的直径和周长。

物体	圆1	圆2	圆3
周长			
直径			
周长除以直径的商 (保留两位小数)			

2.4人小组合作,确定记录人员、计算人员各1名。

3.观察表格数据,大家发现了什么?

师:计算的同学使用计算器计算,另外两人合作测量数据。

学生合作学习,教师巡视,抽生完成表格。

2.交流汇报。

师：请同学们观察黑板上表格中的数据，先独立思考，说说有什么发现。再在组内说一说你的发现。

生1：老师，我发现每一个圆的周长除以直径的商都是3点几。

生2：我发现圆的周长除以直径的商都比3大，比4小。

生3：我发现这些数据虽然都在3和4之间，但是有的接近3，有的接近4，我觉得可能是同学们在测量的时候有误差吧。

师：孩子们不但会观察，还善于思考，为你们点赞！是的，咱们之前推理出圆的周长在 $3d$ 和 $4d$ 之间，现在通过你们的操作验证，发现这个推理结论是正确的。

【评析】 在学生推导出"$3d$<圆的周长<$4d$"后，继续抛出问题："我们找到了圆的周长范围在直径的3倍和4倍之间，那么怎样才能够更精确一些呢？"引起学生思考，我们的推理结论是还需要验证的。给学生提供可行性强的探究单，明确小组分工，学生在任务的驱动下展开了小组合作探究验证。学生通过动手操作验证，将枯燥的数学知识转化为数学活动，这一环节学生经历了逻辑推理的全过程，既丰富了学生的感性经验和逻辑经验，又让学生更加明确合情推理的方法，并将其内化为能力，而且也有利于学生学习和掌握知识，并发展学生的逻辑推理能力。

四、生活运用

师：图中的小朋友想知道水池的直径，你有什么办法吗？

这个圆形水池的中央是喷泉。

怎样才能知道水池的直径呢？

生:先求出半径,乘以2,就可以了。

生:我觉得不行,因为中间是喷泉,不能准确地找到圆心。

生:我们可以先量出圆的周长,再除以π,就得到直径了。

师:孩子们真会动脑筋,能根据实际情况寻找问题解决的方法,这个问题是我们下节课要学习的内容,我们下节课来解决,好吗?

生:好。

【评析】 在练习环节,让推理来到生活里——怎样求水池的直径? 学生围绕这个问题展开讨论。最后,学生自然地运用圆的周长公式进行推理,找到求出圆的半径或直径的方法。

教学延展

数学课堂教学活动应该多给学生提供探索、交流的时间和空间,为学生创设探索情境,让学生经历数学活动的过程。本节课以"圆的周长与直径有什么关系?"为核心问题展开教学,为学生创设推理的情境和时机,对学生逻辑推理能力的培养贯穿在整个数学学习过程中,学生经历了观察、猜测、实验探究、数据计算、归纳推理、验证、发现结论等活动过程,在这样的过程中,学生学会了推理,逻辑推理能力得到了发展。

第三节　逻辑推理检测

1~3年级逻辑推理检测试题

1.我会填。

(1)1,3,5,7,_____,11。

(2)20,18,16,_____,12。

(3)  _____ , _____ 。

(4)

(5)问号处填什么图形合适呢?

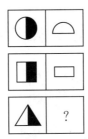

2.我会选。哪一行的规律与其他行不一样,画"×"。

A:3, 4, 5, 6 (　　)　　　　B:2, 5, 7, 9 (　　)

　　7, 8, 9, 10 (　　)　　　　1, 3, 5, 7 (　　)

　　1, 3, 2, 3 (　　)　　　　2, 4, 6, 8 (　　)

　　1, 2, 3, 4 (　　)　　　　5, 7, 9, 11 (　　)

3. 我会算。

(1)如果 $\triangle - 7 = 5$，$\bigcirc + \triangle = 17$，那么 $\triangle = ($ $)$，$\bigcirc = ($ $)$。

(2)$\bigcirc + \triangle = 17$，$\bigcirc - \triangle = 1$，那么 $\bigcirc = ($ $)$，$\triangle = ($ $)$。

4. 我会猜。

算式中的每个图形均代表一个数,你知道它们分别代表几吗?

$\triangle + \square = 9$ $\bigcirc - \triangle = 1$ $\triangle + \triangle + \triangle = 9$

$\triangle = ($ $)$ $\square = ($ $)$ $\bigcirc = ($ $)$

5. 我会推理。

(1)1只狗的质量+1只猴子的质量=8只鹅的质量

    3只狗的质量=9只鹅的质量

    1只猴子的质量=(   )只鹅的质量

(2)四个小朋友比体重。甲比乙重,乙比丙轻,丙比甲重,丁最重。

    请你将小朋友的体重进行排序:(   )>(   )>(   )>(   )。

(3)明明、美美、萱萱、月月在跳绳比赛中荣获前4名。已知月月不是第一名,但她的名次比美美、萱萱都高,此外萱萱的名次不比美美高。问:她们各是第几名?

4~6年级逻辑推理检测试题

1. 我会找规律。

(1)1,4,9,16,_____,_____,49,_____,_____。

(2)0.1,0.2,0.3,0.5,0.8,_____,2.1。

(3)0.5,$\frac{2}{5}$,37.5%,$\frac{4}{11}$,$\frac{5}{14}$,_____(填分数),_____(填百分数)。

2. 我会填空。

(1)四(2)班一共有50人,其中35人会打篮球,38人会打乒乓球,43人会跳舞,46人会写书法,至少(   )人四项都会。

(2) $\frac{1}{7}$ 是循环小数, 小数点后第2016位上的数字是( )。

(3) 按照下面的规律, 第⑩个方框内一共有( )个点。

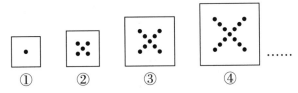

① ② ③ ④ ......

(4) 趣味竞赛规定答对一题得10分, 答错一题扣2分, 共10题。小丽全部完成后得了64分, 她答对了( )道题。

(5) A, B, C 三个数的平均数是66, $A:B:C=1:7:3$, 则C是( )。

(6) 如下图摆95个三角形, 白色的有( )个。

(7) 一个大长方形被分成四个小长方形, 其中阴影部分的面积是( )cm²。

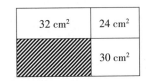

(8) 一串彩灯, 每两盏白灯之间有紫、蓝、橙灯各一盏, 那么第66盏灯是( )灯。

(9) 有 A, B, C, D, E 五个自然数, 其中 $A>B, E>C>D, D>B, D>A$。那么( )<( )<( )<( )<( )。

(10) 一个正方体, 各个面分别标注着字母A~F, 请你根据它的摆法, 求出相对的两个面的字母分别是什么?

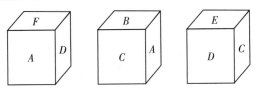

(11) 循环小数 $0.1\dot{9}925\dot{1}7$ 与 $0.\dot{3}456\dot{7}$, 这两个循环小数在小数点后第( )位首次同时出现在该位中的数字都是7。

(12) 如下表, 把自然数依次排列, 那么数"2020"在( )列。

第一列	第二列	第三列	第四列	第五列
1	2	3	4	5
	9	8	7	6
10	11	12	13	14
	18	17	16	15
…	…	…	…	…
…	…	…	…	…

（13）一个数，3个3个地数剩2个，5个5个地数剩3个，7个7个地数剩2个，这个数最小是(　　　)。

3.我会推理。

（1）用0，2，3，5，6，7，9组成约等于590万的最大的数，它是＿＿＿＿＿＿＿＿＿。

（2）学校的WI-FI密码是由五个不同的数字组成。乐乐说："它是73152。"芳芳说："它是15937。"蕾蕾说："它是38179。"李老师说："谁说的某一位上的数字与WI-FI密码上的同一位数字相同，就猜对了这位数字。现在你们都猜对了位置不相邻的两个数字。"这串数字是＿＿＿＿＿＿＿＿＿＿＿＿。

（3）有一个5位数，除最高位外，后一个数位上的数是前一个数位上数的2倍，最高位上是9。它的各个数位上的数字加起来是4的6倍，这个数是＿＿＿＿＿＿＿。

（4）某学校有3个兴趣组，分别是足球队、游泳队、民族舞队。已知：

①斌斌没有参加足球队；　②琳琳没有参加游泳队；

③每人参加两个队；　　　④每个队有斌斌、琳琳、丽丽中的两人。

斌斌参加＿＿＿＿队，琳琳参加＿＿＿＿队，丽丽参加＿＿＿＿队。

（5）王老师、张老师和严老师分别担任下表中6门学科的教学，每人教两门学科，其中：

i）王老师下课经常与体育老师、音乐老师聊天；

ii）张老师不会说英语，但常与音乐老师交流如何进行教学设计；

iii）数学、英语老师常和王老师一起去图书馆。

①是某个学科的老师，就在下表中用"√"表示，不是就用"×"表示，根据上面的条件填写下表。(表中每格都要画一个"√"或"×")

	语文	数学	英语	体育	音乐	美术
王老师						
张老师						
严老师						

②结论：王老师教(   )和(   )；

严老师教(   )和(   )；

张老师教(   )和(   )。

4.计算。

(1)将下列分数按从小到大的顺序排列。

$$\frac{2015}{2016} \quad\quad \frac{2015}{2014} \quad\quad \frac{2012}{2013} \quad\quad \frac{2012}{2011}$$

(2)脱式计算。

①9999×2222+3333×3334；

②$\frac{1}{2015} + \frac{2}{2015} + \frac{3}{2015} + \frac{4}{2015} + \cdots + \frac{2015}{2015}$。

5.我会问题解决。

(1)假设蜜蜂飞到花丛中要3秒,第一秒飞3米,之后每秒飞的距离都比前一秒飞的距离多5米,蜜蜂最初距离花丛多少米?

(2)一条毛毛虫在20米的葡萄藤上爬,白天爬4.6米,晚上下滑2.1米,毛毛虫第几天可以爬上葡萄藤顶?

(3)有一根长10 dm的竹子,自左起每隔5 cm做一个标记,同时自右起每隔6 cm也做一个标记,然后沿标记处将木棍逐段锯开,你知道有多少根竹段长1 cm吗?

(4)A,B,C三个孩子打碎了杯子,A说:"是C打碎的。"B说:"不是我打碎的。"C说:"是B打碎的。"只有一个人说谎,你知道是谁打碎杯子的吗?

(5)放假了,有3个同学,如果两两互相写一张贺卡,一共要写多少张贺卡?

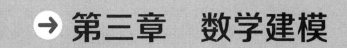

第三章 数学建模

第一节 数学建模概述

　　数学是一门极其抽象的学科,重视实用性和生活性,强调数学知识的简单运用。数学建模强调对实际问题的抽象和概括,并形成数学模型,以及检验模型和运用模型解决实际问题。由此看出小学数学学习与建模活动的开展存在着契合点。《中国教师杂志社》副社长秦荃田指出:"不会建模就不会学习,不会用模就不会生活。"在经济飞速发展的今天,人类社会正全面进入信息化时代,数学建模正飞速向自然科学、社会科学、科学技术的各个领域渗透。今天,数学界、科学技术界都高度重视数学建模,我们有理由相信未来将是属于数学建模的时代。

　　《普通高中数学课程标准(2017版)》提出核心素养的概念,明确数学建模是学生应具备的六大核心素养之一。《义务教育课程标准(2011版)》在课程设计思路中明确指出:义务教育阶段数学课程的设计……在呈现作为知识与技能的数学结果的同时,重视学生已有的经验,使学生体验从实际背景中抽象出数学问题、构建数学模型、寻求结果、解决问题的过程。可见,我国教育部对数学建模是非常重视的,数学建模在小学数学学习中举足轻重。数学建模的过程就是学生独立思考、自主探究、与同伴合作交流质疑的过程。

一、相关概念

　　数学模型:指用数学的语言、符号或者图形等对部分现实世界存在的、特定的问题或事物之间的关系进行抽象、概括的数学结构。广义地说,数学模型包含数学教学中的一切知识点。

　　数学建模:将要解决的实际问题,经过抽象、简化等形式想方设法找出解决这个问题的数学框架,构建出数学模型,求出模型的解,并对这一模型进行验证,再利用模型解决相关问题的过程。

　　小学数学建模:在小学数学教学中,从数学的视角,使用数学语言、方法将生活中的实际问题抽象成数学问题,通过研究寻找解决这一问题的模型,形成解决这类问题的模型,再对这一模型进行验证与应用的过程。

模型思想:第一,能感悟到生活中数学模型的广泛存在,意识到数学模型在生活中的价值;第二,掌握建立数学模型的一般步骤和方法,会利用数学模型解决一些简单的实际问题;第三,遇到生活中的"非数学问题"时,能有意识地尝试利用数学关系或结构解决。

二、数学建模的意义

模型思想的渗透必须依托于数学建模活动。数学建模历史悠久,1,2,3,…都是人类建构的一个又一个数学模型。可以说有了人类就有了数学,数学与人类生活息息相关。数学学科之所以能在人类的生产生活中占据如此重要的地位,数学建模功不可没,它让数学学科具备了其余学科无法取代的工具性。数学建模是让数学问题得以解决的有效方法,在整个数学课程的改革和发展中,数学建模已经成为小学数学学习的目标。从学生学习和发展的角度看,数学建模能促进学生对数学与外部世界联系的理解,它既是学生学习的数学思想方法,也是学生学习数学知识、解决问题的一种能力,它能激发学生对数学学习的极大兴趣,提高数学学习的效率,培育学生的数学运用和创新意识。

三、数学建模课程目标内涵解析

"数学建模"课程目标学段分布表

学段	建模能力
低年级	让学生在具体情境中感受、了解简单的数学模型,渗透模型思想
中年级	让学生在解决具体问题的过程中建构数学模型,渗透模型思想
高年级	让学生学会从模型的角度去思考问题、解决问题,渗透模型思想

小学数学中的典型模型

知识领域	知识点	模型
数与代数	数的表示	$1, 2, \cdots, \dfrac{1}{2}, \dfrac{5}{9}, \cdots, 0.4, 3.9, \cdots$
	数的运算	加法、减法、乘法、除法
	运算定律	加法交换律、加法结合律、乘法交换律、乘法结合律、乘法分配律、减法的性质、除法的性质……
	数量关系	时间×速度=路程 单价×数量=总价 工作效率×工作时间=工作总量 ……
	其他	用字母表示数、方程……
图形与几何	图形的概念	长方形、正方形、圆形、三角形、平行四边形、梯形、周长、面积、体积、长方体、正方体、球、圆柱体、圆锥、轴对称
	图形的周长	长方形的周长=(长+宽)×2 正方形的周长=边长×4 圆的周长=$2\pi r$
	图形的面积	长方形的面积=长×宽 正方形的面积=边长×边长 三角形的面积=底×高÷2 平行四边形的面积=底×高 梯形的面积=(上底+下底)×高÷2 圆的面积=πr^2
	图形的体积	长方体的体积=长×宽×高 正方体的体积=棱长×棱长×棱长 圆柱的体积=底面积×高 圆锥的体积=$\dfrac{1}{3}$×底面积×高
	方向与位置	上、下、左、右、前、后、东、南、西、北…… 数对
	图形的运动	平移、旋转

四、数学建模的过程

数学承载着独有的育人功能,而这一功能必须通过学科核心素养的培养来实现。数学建模素养作为学生必须具备的核心素养之一,它的培养必须依靠学生在建模过程中积累数学活动经验,逐步渗透、培养。

1.创设情境,提出问题。

好的开始意味着距离成功又近了一步,创设好的情境导入新课的学习是课堂成功的重要一环。教学情境是指为了让学生更好地投入学习而创设的学习环境。小学生课堂注意力时间短,自我管控能力不强,但对于身边的事物很容易产生兴趣;因此,可将要解决的问题置于他们熟悉的生活情境中,通过创设情境,引起学生的共鸣,让学生在感兴趣的情境中发现问题,进而提出问题,为模型的构建打下基础。

2.主动探究,构建模型。

主动探究学习就意味着学生不停地、积极主动地参与学习的全过程。模型的构建必须让学生亲自参与全过程,这样的建模过程才是真实的、有意义的。在建模的过程中,需调动学生的学习积极性,让他们产生学习需求,从而主动去探究、构建。

3.返回问题,验证模型。

数学模型建立之后一定要引导学生对模型的正确性和合理性进行验证,从而真正接受建立的数学模型,为后续的模型应用做好准备。如何验证模型呢?需要将模型返回之前提取出的问题中,对比模型求解的结果与实际问题情境,如果与实际问题情境相匹配,表明模型是正确的;反之,模型是有问题的,需要重新求解。

4.回归生活,应用模型。

练习是学生巩固新知、内化新知的一个重要的环节。要想将刚建立的模型真正让学生理解、内化,进行一定量的练习是最好的方法。对于小学生来说,注意力集中的时间很短,如果只是单纯地应用模型解决问题无法引起学生的兴趣,而小学生对于自己身边的事物有特殊的感情,如果将模型的应用融入他们的生活情境中,对提高学生的学习积极性,提高学习效率必定会起到很好的作用。

五、数学建模的策略

在小学数学教学中进行数学建模教学,初步培育学生的数学建模素养,不但题材宽泛,而且内容也十分丰富。建模素养的培育要基于模型思想的渗透,因而教师应强化用数学思想方法教学的观念,把握数学模型思想的本质。在教学中,注意数学和实际生活之间的关联,让学生感受数学的使用价值,重视让学生体验问题解决的全过程,培养学生的创新精神和数学抽象、逻辑推理等数学能力。

(一)创设问题情境,提出建模问题

数学模型是抽象的,充满趣味的情境便于寻找教学的切入点和生长点,有利于学生主动参与学习,去经历从生活原型到数学模型的抽象过程,有利于学生主动体验数学模型。

1.创设有趣情境,激发建模兴趣。

有了学习的兴趣就自然有了学习的动力,学习就不再是被动地接受,学习效果自然事半功倍。小学生注意力集中时间短,自主学习意识薄弱,让学生在兴趣的引领下白主学习至关重要。

2.突出情境理解,引导建模方向。

有效理解问题情境是完成数学建模的首要环节。课堂教学中创设问题情境,在激起学生学习趣味的同时,必须增强学生对问题情境的理解,一方面让学生在对情境的理解中联系相关的知识经验,另一方面学生通过理解问题情境确定探索的方向。

3.设置问题情境,提出建模问题。

培养学生发现和提出问题的能力是课程标准提出的重要目标之一。数学建模的本质就是解决问题,而解决问题首先应重视培养学生发现和提出数学问题的能力。以问题为驱动,引发学生探究的愿望,明确探索的任务,让学生依据实际情境抽象出数学建模问题,实现数学抽象。

(二)经历思维过程,体验模型建构

数学课程能发展学生的思维,培育学生的思维能力是数学教学的重要任务。数学模型的建构与数学思维活动密不可分,在数学建模过程中,学生经历操作、观察等一系列思维过程来完成模型的构建,在建构数学模型的同时,促使学生直观行动思维、具体形象思维、抽象逻辑思维发展。

1.借助经验,猜想模型。

美国心理学家拉塞尔认为各种思维活动都要经历建立思维的定向或指导阶段。在数学建模教学中,猜想数学模型的过程就是建立思维的定向或指导阶段。学生在学习新知识前,基本上都具有一定的与该知识有关的生活经验或数学活动经验,在教学中注意让学生借助经验猜想模型。

2.操作想象,感悟模型。

皮亚杰认为小学生的思维水平进入了具体运算阶段,但往往还需要一些具体性形象做支撑。在教学中可设计一些操作活动,并让学生及时想象,借助动作思维促进模型的理解。

3.观察推理,构建模型。

推理是数学的基本思想,培育逻辑推理能力是数学教学的核心任务。学生根据已有经验经过演绎推理得到新知识的过程,既是模型的归纳推导过程,也是促使学生逻辑推理能力发展的过程。学生在推理的实际体验中,积攒推理的思考经验,促使逻辑推理能力发展,在推理思维活动中构建模型。

4.抽象概括,表达模型。

数学抽象反映了数学的本质特征,是数学的基本思想。在抽象的基础上进行概括,就是将个别事物的本质属性推广到同类事物中去,构成这类事物的普遍认识,形成理性思维。在教学中要注意让学生在一系列素材中抽象概括,一方面提升概括水平,另一方面在概括中表达模型以实现对数学模型的进一步理解。

(三)解决具体问题,理解内化模型

数学建模就是为了解决问题。通过运用模型解决不同的具体数学问题,既可以促使学生进一步内化数学模型,也可以使数学模型具体化,同时提高学生对模型的理解程度,提高问题解决能力。

1.加强变式练习,深化理解模型。

变式练习是教学中常用的练习形式,通过练习达到灵活运用模型的目的,同时进一步感悟模型的本质。

2.变化问题情境,迁移应用模型。

数学模型是概括性的,具有较高的迁移功能,学生学习数学建模的根本目的在于能灵活运用数学模型解决不同情境的但具有相同本质的一类问题,从而提升学生迁移运用模型的能力。变化问题情境的练习与应用,不仅让学生感悟到了问题情境虽然发生了变化,但基本数学模型并没有改变,沟通变化情境后的问题与例题的内在联系,进一步把握问题的实质,有助于提升学生迁移应用模型的能力。

3.解决实际问题,拓展应用模型。

实践能力是指实际动手能力或者将理论运用于实际生活中处理问题的能力。提高学生的实践能力是数学课程的重要目标,而应用所学知识解决实际问题是学生实践能力强弱的重要指标。构建数学模型的根本目的就是实践应用,因此,教学中还应重视设计体现模型的综合练习,以提升学生的实践能力。

第二节　数学建模教学案例

☆ 认识加法 ☆

【问题解析】 "认识加法"是西师版小学数学教材一年级上册的教学内容。本部分内容是在学生认识了1~5各数,掌握了5以内数的顺序及各数的组成的基础上进行教学的。这是一年级学生在数学学习中第一次接触计算,不清楚为什么要用加法计算,也就是学生对加法的含义不理解。

一、创设情境,导入新课

师:孩子们今天的坐姿特标准,老师给你们带来了小礼物。(先出示3朵花,再出示1朵花)

【评析】 一年级学生的学习注意力不易集中,教师利用学生喜欢礼物的特点,创设了带礼物的情境,让学生迅速被吸引住,同时将生活中的事物带入数学课堂中,而这些事物正好是承载模型的素材,为数学模型的抽象埋下伏笔。

二、提供素材,抽象模型

1.实践体验。

师示范将花合起来。

师:哪个小朋友发现我刚才做了什么?

生:老师先拿了3朵花,又拿了1朵花,合起来有4朵花。

多让几个小朋友说,重音强调"合起来"。

学生按照教师的做法摆小棒。

学生摆,师巡视指导。

学生汇报的同时,教师适时在黑板上摆出圆片。

2. 对比抽象模型。

师:小朋友们,刚才老师拿花,你们摆小棒,老师还用圆片摆了摆,有什么相同的地方吗?

生:都是合起来。

生:都是3和1合起来是4。

师:谁能写一个算式?

师根据生的发言板书算式,并介绍加法、加号、读法。

生读。

师:孩子们,在老师摆花的时候,这个3代表什么? 1代表什么? 4呢? 在你们摆小棒的时候,它们又各代表什么? 老师摆圆片的时候呢?

师:看来,3+1=4我们可以讲好多故事呢。

3. 算法探究。

出示小车图。

生编故事并列式。

师:孩子们,你怎么知道3+2=5?

生1:我是从3开始接着数:4,5。

生2:3和2组成5,所以3+2=5。

优化算法。

同桌交流算法。

4. 揭示模型。

师:孩子们,今天我们认识了加法,什么情况下用加法计算呢? 加法怎样计算呢?

【评析】 通过教师拿花、学生摆小棒、教师与学生共同摆圆片的活动,让学生发现它们之间的共性,通过实物—图形—符号,逐步抽象出加法的模型,再引导学生理解加法各部分的含义,加深学生对加法模型的认识,通过学生解决小车图的问题,进一步丰富加法的意义及加法的算法,通过呈现不同的算法,体现算法的多样性,同时也注意对算法的优化,促使学生内化对加法这一模型的认知。

三、课堂活动,巩固模型

1.生摆小棒说算式。

让学生在自己的5根小棒中,随便挑几根来像之前那样摆一摆,并说出算式。让他们同桌交流摆法和算式,再汇报。

2.说图意并列式计算。

师:孩子们,你们能说说下面这幅图讲了个什么故事吗?

师:算式? 如何计算?

3.游戏:抢算式卡片。

第一轮:教师口述故事,学生寻找相应的算式。

第二轮:1名学生根据卡片上的算式,口述数学故事,其余学生寻找相应的算式卡片。

【评析】 教师设计了3个不同层次的活动让学生巩固应用新知,充分调动手、口、脑等多种感官参与学习,积累活动经验,在活动中内化模型,充分感受到模型的应用价值,提高学习数学的兴趣,提高学生解决问题的能力。

四、总结

师:孩子们,这节课你们学到了什么?

师:孩子们,刚才你们编了好多故事,请大家选一个故事画一幅画送给爸爸妈妈,并且要跟他们讲一讲你的故事哟。

教学延展

本课不是单纯的学会加法计算,更重要的是在学习加法的过程中能够培养学生的语言表达能力。本节课用讲故事的形式增强了趣味性,吸引学生的注意力,同时让孩子能流利、准确地用数学语言表达出加法算式的意义,感受数学与生活之间的联系,增强学生学习数学的兴趣和建立初步的数学意识。

☆ 认识长方形和正方形 ☆

【问题解析】 "认识长方形和正方形"是西师版小学数学教材一年级下册的教学内容。这部分内容是在学生认识了正方体、长方体的基础上进行教学的。需要调动学生学习的积极性,让学生通过亲身经历将实际问题抽象成数学模型并进行解释与应用,充分发挥学生的自主性和探究性。

一、猜谜激趣,引入新课

活动一:将长方体、正方体放入袋子中,让学生猜是哪一种形状的物体。

活动二:让学生用手摸,描述摸的感觉。

揭示谜底。

生拿出自己的长方体、正方体摸它们的面,感受面是平平的,体中有面。

【评析】 新课伊始,教师设计猜谜活动,有效激发了学生的学习兴趣,同时猜谜活动中涉及的图形又与新课紧密联系,在游戏中让学生对长方形和正方形有一个初步的感知,同时还初步让学生感受到面与体的关系。

二、主动探究,构建模型

1.印画长方形、正方形。

师:孩子们,长方体和正方体可调皮了,瞧!他们在沙地上玩,还留下了一串串脚印呢。你们想在纸上留下它们的脚印吗?请选择一个在纸上留它的脚印吧。

生用长方体或正方体在纸上印画出它们的面。

展示教师的作品:几个长方形和正方形,乱摆在一起。

2.分类,明确模型。

生将教师的作品分为2类。板书课题。

师引导生感知长方形、正方形的不同之处。

师:长方形是什么样的? 正方形呢?

师引导生边说边比画。

生:长方形是长长的、方方的。正方形是正正方方的。

同桌介绍认识的长方形、正方形的样子。

3.形从体来。

展示学生作品,并引导学生感受形从体来。

同桌交流:我画出的是**形,我是用**体画出来的。

师:观察你们的长方体或正方体,快看看、摸摸,它的面都是什么形状的?

课件演示,引导学生明确长方体中有长方形也可能有正方形,正方体中只有正方形。

【评析】 一年级的学生好动,对事物充满好奇,教师利用学生的年龄特点设计了画一画、看一看、分一分、说一说、摸一摸的活动,调动多个感官参与学习,让学生在这一系列活动中不断体验,不断感知,自主构建起长方形和正方形这两种图形的模型。

三、拓展应用,巩固模型

1.寻找生活中的长方形、正方形。

生交流,注意引导学生明确物体的面是什么形状,强调平面图形是一个一个的面。

2.给图形分类(数学书第29页练习六第1题)。

生独立完成再汇报,让学生说明分类的理由。

猜一猜。

师将长方形、正方形、圆形放入一个袋子里,只露出一部分让学生猜是什么图形。

【评析】 有效的练习可以使教学事半功倍。这个环节设计了三个活动,学生特别感兴趣,积极性高,主动应用新知解决问题,不断深化对长方形和正方形的认识,不断巩固模型。猜谜活动是学生特别感兴趣的,在这个活动中,学生的空间观念得到培养,核心素养得到提高。

四、全课小结

师:今天你学到了什么?

教学延展

新课程理念提出"应密切联系学生的生活实际,通过观察、测量、拼摆、画图等实际活动,认识常见的简单的几何形体特征。"因此教学设计需要充满浓厚的生活情趣,让孩子们在各种体验、游戏中调动多个感官参与学习,自主探索、构建起长方形和正方形这两种图形的模型,让学生的空间观念、核心素养得都到培养。

☆ 倍的认识 ☆

👉 【问题解析】 "倍的认识"是西师版小学数学教材二年级上册的教学内容。"倍"的概念非常抽象,是学生第一次接触,目的是让学生建立"倍"的概念,理解它是两个量之间的数量关系。因而,这部分教学内容是低年级数学教学的重点,也是难点。

一、创设情境,明确问题

师:同学们,周末我到公园去逛了逛,公园里的花儿们竞相开放,美极了,瞧,我还拍了几张照片呢。

出示图片如下。

红花

黄花

师:从数学的角度观察,你有什么发现?

生1:红花和黄花一共有9朵。

生2:红花比黄花少3朵。

师:黄花和红花之间的关系还可以用倍来描述。

师:这节课我们就一起来认识倍。

👉 【评析】 公园是学生非常熟悉的场所,通过创设学生感兴趣的生活情境,在实际情境中抽象出数学信息:红花有3朵,黄花有6朵,进一步提出数学问题,让学生感受数学模型来源于生活,提高学生学习的兴趣。

二、体验感知,探究模型

1.感知倍的含义。

师:如果把红花看作1份圈起来,黄花可以怎样圈?

生试圈。

师:有什么发现?

生:发现黄花里有2份红花的数量。

师介绍:黄花的朵数是红花的2倍。

师:谁知道为什么黄花是红花的2倍呢?

生:因为黄花里有2份红花的数量。

2.抽象倍的含义。

师引导学生将红花、黄花抽象成数,明确6里面有2个3,6是3的2倍。

结合图让学生表述为什么6是3的2倍。

3.体会倍的含义。

(1)第一排2朵红花,第二排4朵黄花,先圈一圈再填空,黄花的朵数是红花的( )倍。( )是( )的( )倍。

生独立完成后交流。

师:为什么把这些花2朵2朵地圈起来? 为什么黄花的朵数是红花的2倍?

生:因为把红花圈在一起作为1份,1份就有1个2,黄花里有2个2,所以黄花的朵数是红花的2倍。4里面有2个2,4是2的2倍。

(2)第一排4朵红花,第二排8朵黄花,先圈一圈再填空,黄花的朵数是红花的( )倍。( )是( )的( )倍。

过程同上。

对比:为什么每一道题里红花和黄花的数量都是不一样的,但黄花的朵数都是红花的2倍?

生:虽然黄花和红花的数量在变,但它们之间的关系是没变的。6里面有2个3,4里面有2个2,8里面有2个4。所以它们都是2倍的关系。

及时练习:红花和绿花的倍数问题。

(3)红花有4朵,绿花有12朵,乱摆放,让生先圈一圈再填空,绿花的朵数是红花的( )倍。( )是( )的( )倍。

师:为什么绿花的朵数是红花的3倍?

生:因为1份里有1个4,绿花里有3个4,所以绿花的朵数是红花的3倍。12是4的3倍。

4.改变比较量、变量,体会倍的含义。

出示:红花2朵,蓝花8朵。

生寻找两种的倍数关系。

师:如果蓝花增加1个2,蓝花的朵数是红花的几倍?

生:蓝花的朵数是红花的5倍,因为蓝花里有5个2。

师:如果蓝花再增加1个2呢?

生:蓝花的朵数是红花的6倍。

师:你们有什么发现?

生:有多少个2,就是多少倍。

将蓝花12朵不变,红花变成3朵、4朵、6朵、1朵、12朵。让生体会倍数的不同。

5.抽象概括,构建模型。

出示问题:8是2的( )倍?

生尝试在学习单上画图表示,同桌交流。

生汇报。

师在学生画的图的基础上将实物图、示意图抽象成直条图。

师:如果第一排表示乒乓球,第二排表示网球,你能根据这幅图说一说它们的关系吗?

生交流。

师:除了表示乒乓球和网球之间的关系,这幅图还可以表示什么?

生交流。

师:看来这样不管是乒乓球还是其他什么东西,这幅图表示的都是8是2的4倍。

【评析】 本环节教师设计了一系列数学活动,层层递进,逐步揭示倍的含义,并让学生不断加深对倍的含义的理解。通过实物黄花和红花间的2倍关系,抽象成6和3的倍数关系,然后通过改变红花和蓝花的数量,巩固学生对倍的认识,接着改变比较量和变量,让学生再次体验倍的含义,最后,用直条图来表示红花和蓝花的数量,最终抽象概括,构建倍的模型。

三、巩固提高,应用模型

1.摆一摆,说一说。

数学书第83页课堂活动第1题。

2.用你喜欢的方式表示出2倍。

生1:我们是用叫声来表示的,他叫啊啊,我们叫啊啊啊啊。

生2:我们是用拍桌子来表示的……

生3:我们是通过画图来表示的……

【评析】 第1题是基础练习,便于检测学生的基础掌握得如何。开放式的练习让学生的发展空间更大、自主性更强,课堂的生成更丰富,更能检验学生对新知的掌握情况,同时,让学生利用生活中一些日常的方式如叫声、拍桌子的声音表示出2倍,体现了模型的应用价值。

四、总结反思,内化模型

师:经过这节课的学习中,你学到了什么?

师:孩子们,倍表示两个数间的一种关系,两个数间的关系还有很多种,在今后的学习中我们还将继续探究。

　　这节课教师利用大量的感性材料,设计了一系列数学活动,并让学生通过观察思考、动手操作、比较,不断加深学生对倍的含义的理解,从而得出倍是两数之间的数量关系。通过实物之间的关系,抽象出倍数关系,再用抽象的直条来表示两种实物的数量,最终抽象概括,构建倍的模型。

☆ 有余数的除法 ☆

☞ **[问题解析]** "有余数的除法"是西师版小学数学教材二年级下册的教学内容。这部分内容是表内除法知识的延伸和拓展,也是为以后学习多位数除以一位数做铺垫。本知识点需要让学生通过观察、操作、讨论、抽象、概括等数学活动,认识到平均分物体时会有"剩余",以便帮助学生初步了解有余数的除法的意义。

一、复习导入,唤醒经验

1.数学比赛。

师:孩子们,咱们来比一比,看看谁能又快又对地回答这些题。

15÷3=(　　) 想:三(　　)十五

48÷8=(　　) 想:(　　)八四十八

45÷9=(　　) 想:(　　)九四十五

64÷8=(　　) 想:八(　　)六十四

30÷5=(　　) 想:五(　　)三十

36÷9=(　　) 想:(　　)九三十六

2.分一分。

出示6朵红花。

师:这6朵红花,每人分2朵,可以分给几人?

生拿出学具摆一摆,分一分,然后全班汇报。

师:分给了几人? 红花分完了吗? 请用一个算式表示刚才分的过程。

生:6÷2=3(人)。

师:为什么用除法计算?

生:平均分。

师:这个算式表示什么意思? 各部分分别表示什么? 名称是什么?

师:今天咱们接着学习除法的知识。

【评析】 以比赛的形式引入新课,意在复习旧知用乘法口诀求商和平均分的含义的同时激发学生的学习积极性,唤起学生的知识经验,用乘法口诀求商和平均分都是有余数的除法的知识基础,设置一系列复习题为模型的构建打下基础。

二、动手实践,构建模型

1.理解有余数的除法的意义。

师:现在有7朵红花,每人还是分2朵,可以分给几人? 请试着摆一摆。

同桌说一说分的结果。

生对比两次平均分的结果。

同桌交流两次摆法有什么不同。

生汇报:第一次的平均分能分完,没有剩余,第二次平均分不能分完,有剩余。

师:现在有7朵红花,每人分2朵,分给了3人,红花分完了吗? 还剩几朵?

生:还是分给了3人,但是红花没有分完,还剩1朵没有分。

师:是啊,之前红花全部分完了,你们列出了一个除法算式,现在能用除法来记录刚才分的过程吗?

生:能。

师:为什么?

生:因为也是在平均分。

师:可现在红花没分完,该怎样用一个除法算式表示刚才你们分的过程呢? 剩下的1朵花怎样在算式中表示呢?

生同桌交流,尝试解决汇报。

生:剩下1朵花与前面结果不同,所以我就在后面添上1朵。7÷2=3(人)······1(朵)。

师:3表示什么? 1表示什么?

师:你在3人后面添上6个点(省略号)再写上1朵,表示这样分了后还剩下1朵红花没有分,这种做法真棒,与咱们书上的方法是一样的。

师:剩下的1叫余数,在这道题里表示还剩下1朵红花没有分。这就是我们今天要一起学习的有余数的除法。

生说各部分的名称及意义。

师范读算式,生再读。

师引导生对比总结:将6朵花每人分2朵,可以分给3人,用算式6÷2=3(人)表示;将7朵花每人分2朵,可以分给3人,还剩下1朵花,用算式7÷2=3(人)……1(朵)表示。

师:为什么3和1的单位不同? 3代表什么? 1表示什么?

小组讨论:平均分的结果有什么不同? 写出的2道除法算式有什么不同?

2.余数与除数的关系。

出示2道练习题,生圈一圈,填一填。

(1)有23个桃子,3个3个地圈。　　(2)有22支笔,4支4支地圈。

圈了(　　)组,剩下(　　)个。　　圈了(　　)组,剩下(　　)支。

23÷3=□(组)……□(个)　　　　22÷4=□(组)……□(支)

生汇报,师引导生质疑为什么有余数,余数代表什么。

师引导生对比观察4个算式,发现余数与除数间的关系。

生小组讨论交流。

生1:我们发现除数是2时,余数是1,除数是3时,余数是2,除数是4时,余数又是2。

生2:余数好像都比除数小。

师:是吗? 咱们再来验证一下。

以第(2)小题为原型,每份分的数量不变,总数分别是20支、21支、23支、24支、25支、26支、27支。

师:用小棒代替笔来分一分,每个小组完成一种情况,然后咱们一起来观察发现规律。

生小组汇报分的结果。

师引导生对比算式,小组交流,发现规律。

师:余数可能是4,5,6吗? 为什么? 余数和谁有关系? 有什么关系?

总结:余数小于除数。

【评析】 余数的意义和余数与除数的关系是本节课教学的重点也是难点,在教学中加强直观教学,通过摆学具,学生质疑,让学生感受到余数的产生,同时合作讨论,不断观察思考,最终发现余数与除数的关系,学生经历了知识的形成过程,数学活动经验有效地支撑了数学学习,学生充分参与了数学模型的构建过程。

三、精选练习,巩固模型

1.有21张彩纸,每个小朋友分2张,最多可以分给几个小朋友?
重点引导生明白余数的单位是什么,进而体会余数的意义。

2.判断:$11÷3=2……5$。

3.用一堆小棒摆五边形,如果有剩余,可能会剩下几根小棒? 为什么?

【评析】 练习中,以余数的单位为突破口,实现了学生对余数的理解,通过判断题及推测剩下几根小棒这两个练习,有效地巩固学生对余数及除数间关系的理解,并让学生学会灵活地运用模型解决问题。

四、总结提升,内化模型

师:同学们,通过这节课的学习你们学到了什么?

师:之前我们学习了表内除法,今天又认识了有余数的除法,它们都记录了平均分的过程和结果,只不过表内除法能平均分完没有剩余,而有余数的除法不能平均分完,还有剩余。

【评析】 本环节让学生回顾与反思,让学生感受数学知识间存在着紧密联系,帮助学生形成知识网络;同时通过反思,加深学生对有余数的除法这一数学模型构建过程的梳理,这样的设计有利用学生积累学习方法的经验模型,再次巩固有余数的除法的模型。

　　本课的教学加强了直观教学,通过摆学具、学生质疑,让学生感受到余数的产生,在合作讨论中不断观察、思考,学生充分参与了数学模型的构建过程,让学生感受数学知识间存在着紧密联系,帮助学生形成知识网络。

☆ 长方形、正方形的周长 ☆

👉 **【问题解析】** "长方形、正方形的周长"是西师版小学数学教材三年级上册的教学内容。这部分内容是在学习周长的概念后进行教学的,属于"图形与几何"的范畴。数学知识的学习是无味的,周长的概念在小学生看来是抽象的,但又与我们的生活息息相关。学生之间存在差异,自我约束力缺乏,因此教学中需要把课程内容与学生已有的生活经验结合起来,并遵循儿童学习数学的规律,采用多种教学手段、形式进行互动教学,使学生更好地认识、理解自己赖以生存的空间,发展学生的空间观念和推理能力。

一、情境引入,激发兴趣

师:同学们,熊大和熊二今天来到了咱们的课堂和我们一起学习,你们高兴吗?熊大和熊二种了两块菜地,这两块菜地是什么形状的?

生:长方形和正方形。

师:长方形和正方形有什么特征?

生:……

师:为了保护蔬菜,它们决定给菜地围上栅栏,可它们不知道该准备多长的栅栏,同学们,你们能帮帮它们吗?

师:孩子们,栅栏的长度指的是什么?

生:菜地的周长。

师:什么是图形的周长?

生:围图形一周的长度叫作图形的周长。

师:瞧,长方形、正方形的菜地它们的一周在哪儿?

生指后,课件出示。

师:长方形和正方形的周长怎样计算呢?这节课咱们就一起来研究长方形和正方形的周长。(板书课题)

【评析】 创设动画情境,一方面熊大和熊二是学生极熟悉且喜欢的动画形象,它们的出现极大地提高了学生的学习兴趣,另一方面利用情境中的问题复习旧知,唤醒学生的知识储备,为新知的探究拉开序幕。

二、探究长方形的周长公式

1.制造冲突。

师:咱们先来研究一下长方形的周长吧。瞧,这是长方形菜地的平面图,你能算一算它的周长吗? 快算算。(只有长方形没有数据)

当学生提出需要知道长和宽后,出示2条长和2条宽的数据(板书时要写上长和宽)。

2.尝试计算周长并汇报。

师:现在请同学们在你的学习单第一个方框中写出你的算式。

师:接下来,请同学来汇报。

生1:2+3+2+3=10(米)。

出示小棒(磁性)。

师:如果这是这个长方形的长,这是它的宽,你能借助小棒说说你是怎样算出这个长方形的周长的吗?

生:我先把它的1条宽和1条长合起来,再和另一条宽合起来,最后和另一条长合起来,这样就把它的4条边都合起来了,算出来的就是长方形一周的长度。(生边说边贴)

师:你是依次把4条边加起来,你利用周长的意义来解决这个问题。

生2:2×2+3×2=10(米),我是先把它的两条长合起来,再把两条宽合起来,再把2条长、2条宽合起来,一共加了4条边,也就是长方形一周的长度。(生边说边贴小棒)

师:你利用长方形的特点来解决问题。

生3:(2+3)×2=10(米),因为长方形对边相等,就先算这里的2+3=5,长方形里面还有一个2+3=5,所以要乘2得到周长是10米。

师:2加3算的是什么?

生3:是1条长和1条宽的和。

师:为什么要乘2?

生3:因为把1条长和1条宽组合起来,有两个这样的组合,所以要乘2。

生4:为什么要加小括号?

生3:因为不加小括号算的只有3条边,就不是长方形的周长。

以上部分由学生边说边贴小棒。

师:再请一位同学来边指着小棒图边说。

师:请同学们指着学习单上的这道题把这种算法说给你的同桌听。

3.优化算法。

师:这三种方法不一样,但实际都是算这个长方形的周长,也就是它4条边的长度和。看来要计算长方形的周长只需要知道几个数据就行了。

师:比一比,这三种方法哪一种最简洁?

生:第三种,因为第三种只需要算2步,而其他算法都需要算3步。

师:这种简洁的方法是怎样计算长方形的周长的?

生:先算出一组长和宽的和,再乘2就算出了4条边的和,也就是长方形的周长。

师:你能用这样简洁的方法来算一算下面2个长方形的周长吗? 请同学们拿出学习单,找到第2题,赶快用这种简洁的方法来算一算这两道题吧。

生计算后汇报。

4.揭示模型。

将三道题算周长的算式出示在一张幻灯片中。

师:同学们,我们用这3个算式算出了3个不同大小的长方形的周长,观察一下这几种算法有什么共同的地方,请同学们小组讨论交流后汇报。

生:都是用长加宽的和乘2来计算长方形的周长的。

师:谁能再来说一说。

师:长方形的周长可以怎么计算?

生:长方形的周长=(长+宽)×2。

生齐读。

师:同学们,你们这个伟大的发现就是数学家们发现的长方形的周长计算公式。今后咱们就可以用这个公式来计算长方形的周长了。

师:我们计算长方形周长时只需要知道哪些信息?知道了长和宽就能算出什么?(擦掉板书里的一组长和宽)

【评析】 对于长方形周长公式模型的探究,教师充分调动学生的学习积极性,发挥学生的主体作用,教师只是适时进行引导点拨,学生在讨论交流中明确不同算法的共同点,巩固对周长的认识,在对比中发现用长加宽的和乘2来计算最简便,逐步构建公式模型。

三、探究正方形的周长

师:同学们,长方形的周长咱们只需要2个信息就能算出来,那这个正方形的周长呢?哪一个信息?(出示数据:边长5米)

师:你能算出它的周长吗?

生计算后汇报。

师:这根小棒代表这个正方形的一条边,请一边说一边用小棒摆一摆你是怎么计算这个正方形的周长的。

生:因为正方形四条边相等,所以我用5×4就算出它的周长是20米。

师:5指什么?4呢?

师:谁能结合刚才我们概括长方形周长计算公式的经验,概括一下正方形的周长该怎样算?

师:计算正方形的周长需要知道什么信息?

生:边长。

师:为什么长方形需要知道长和宽2个信息,而正方形只需要知道1个信息?

生:因为长方形对边相等,所以需要知道长和宽2个信息,而正方形四边相等,所以只需要知道边长这一个信息。

【评析】 在学生有了探究长方形周长公式的经验后,教师放手让学生去独立发现正方形周长公式模型,学生将旧知迁移到新知,学习有挑战性但又能完成,满足了学生的成就感。

四、巩固新知,内化提升

师:你们发现的公式能帮我们解决哪些问题呢? 让我们一起拭目以待吧。

1.算一算。

篮球场的周长:长28米,宽15米。餐厅饭桌面的周长:边长1米。

先出示抽象出来的长方形和正方形,在学生算出结果后再还原成生活中的物品。

师:生活中还有哪些时候需要用到今天学的知识来解决?

2.比一比。

长方形游乐场　　　　　正方形游乐场

长:7米　宽:5米　　　　边长:6米

哪个游乐场需要的防撞条长?

3.选一选。

李老师用一根长24米的绳子围了一个长方形的活动区域,如果这个长方形活动区域的长是8米,它的宽是多少米?(借助小棒来帮助学生理解)

【评析】 适当的有层次的练习能有效地巩固新知,内化新知。本环节教师设计了一系列生活中的问题让学生在解决问题的过程中一方面内化模型,另一方面也感受到模型的应用价值。

五、小结探究过程,构建学习方法模型

师:同学们,回顾刚才我们寻找长方形和正方形的周长计算公式的过程,咱们从熊大、熊二围菜地的过程中发现了问题,要算长方形和正方形的周长,然后咱们

通过尝试找到了不同的计算方法,通过对比发现了最简洁的计算方法,就是用长加宽的和乘2来计算长方形的周长,接着你们还利用这样的思路发现了正方形的周长的计算公式,真了不起。

教学延展

　　根据新课标的要求,我们必须结合具体生活中的问题情境,在巩固周长含义的基础上,让学生在自主探索中发现并掌握长方形、正方形的周长计算方法,适当有层次的练习能有效地巩固新知,内化新知,从而培养学生的几何空间观念和推理能力。

☆ 三位数除以一位数的笔算除法 ☆

【问题解析】 "三位数除以一位数的笔算除法"是西师版小学数学教材三年级下册的教学内容。这部分内容是在学生掌握了两位数除以一位数的基础上进行教学的,它是为后面学习较复杂除法打基础,也是学习数与代数的基础之一。教学要符合学生的年龄特征,需要将抽象的算理直观化,让学生经历"实物操作中感悟算理算法—结合小棒图解释算理算法—脱离小棒图解释算理算法"等过程,既发挥了直观手段对算理算法的支撑作用,也有助于对算法模型的抽象。

一、沟通联系,激活经验

出示研学旅行的问题情境1(如下图所示):

平均每辆车坐多少名学生?

旅行社准备了3辆车。

三年级两个班84名学生参加研学旅行。

生理解题意并列式。

生:84÷3。

师:为什么用除法算?

生:因为需要把84名学生平均分成3份。

生计算。

师:怎样笔算两位数除以一位数呢?

生1:从最高位算起。

生2:除到了哪一位,商就要写在哪一位。

生3:每一步除后的余数都一定要比除数小。

师:今天我们将在两位数除以一位数笔算除法的基础上继续学习三位数除以一位数的笔算除法。(板书课题)

【评析】 严密的逻辑性是数学的主要特点之一,数学知识之间具有密切的内在联系。针对本节课教学内容的特点,新课前教师将两位数除以一位数的问题与学生经历过的、喜欢的研学活动题材结合,创设复习问题情境,不仅有效激发了学生的学习兴趣,而且激活了学生两位数除以一位数除法的经验,为三位数除以一位数的模型构建提供了直接的知识经验支撑。

二、创设情境,探究新知

1.理解算理,探索算法。

出示问题情境2(如图所示):

旅行社准备了4辆车。

四年级三个班136名学生参加研学旅行。

师:谁来提一个数学问题?

生:平均每辆大客车坐多少名学生?

师:算式。

生:136÷4。

师:该怎样把这136名学生平均分成4份呢?

生:我们可以用小棒代替学生来分一分。

出示小棒图(如下图所示):

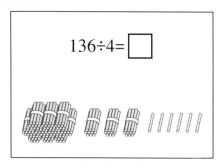

师:你能在小棒图里找到136名学生的影子吗?

生:这1大捆就代表100名学生,3小捆就代表30名学生,6根就代表6名学生。

师:请同学们利用老师给你们准备的小棒图来分一分,并借助分小棒的过程和两位数除以一位数的笔算经验,试着笔算一下这道题吧。出示探究卡(如下图所示):

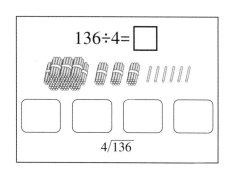

【评析】 算法需要算理做理论依据,它能保证计算的正确性和合理性,但算理的抽象性又使学生理解有困难。为此,结合三年级学生的年龄特征,教师设计了分小棒图这一数学活动,将抽象的算理直观化,有助于学生对算理的理解,有助于学生构建计算方法模型。

2.展示交流,促进理解。

选择1名学生交流。

师:说说你分的过程吧!

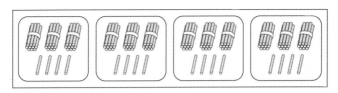

生1:(如上图所示)先把1个百(1大捆)拆成10捆,也就是10个十。

生2:为什么要把1大捆拆成10捆?

生1:因为这1个百平均分成4份,每份不够分1个百。10个十和之前的3个十合起来是13个十,每份就可以分得3个十,就是3捆小棒;剩下的1个十不够每份分1个十,于是我又把它拆成10个一,与6个一合起来就有16个一,每份可以分得4个一,也就是4根小棒。

师:谁能再来说一说他是怎样分的?

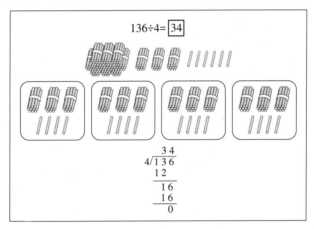

生3交流。

师:谁能看懂他的竖式?

请一生指着竖式结合小棒图交流(如上图所示)。

生3:他先分这一大捆小棒,不够分,就把它拆开,现在一共有13个十,平均分成4份,每份最多分3个十,所以对着被除数的十位写3表示商3个十,分了后还剩1捆,再与6根小棒合起来就是16根小棒,也就是16个一,每份分得4个一,所以对着被除数的个位写4表示商4个一。

师:对于这个竖式,你有什么要问的吗?

生4:3为什么写在十位上?

生1:因为是把13个十平均分成4份,每份最多分到3个十,所以3要写在十位上。

师:下面让我们再结合小棒图来感受三位数除以一位数的笔算除法是怎样计算的。课件演示分小棒的过程,生说分的过程,师板书竖式。

师:你能不看小棒图,说一说笔算的过程与方法吗?

生:136除以4,先看百位上的1除以4不够商1个百,再与……

【评析】 独立思考与合作交流是一组对立统一的数学学习方式。让学生在操作体验、独立尝试笔算三位数除以一位数的基础上再开展合作交流,生生互动质疑,不但促进了学生积极参与,彰显了学生在学习活动中的主体潜能,而且有助于学生对算理的理解和算法的掌握。同时,学生经历"实物操作中感悟算理算法—结合小棒图解释算理算法—脱离小棒图解释算理算法"等过程,既发挥了直观手段对算理算法的支撑作用,也有助于对算法模型的抽象。

3.巩固练习,内化方法。

笔算下列各题。

288÷4=   276÷2=   639÷3=

第1题,生展示后教师追问:7为什么写在十位上?

生:因为28个十除以4得7个十,所以7要写在十位上。

第2题展示。

师:你遇到了什么困难?

生1:(展示见下图)我不知道该从哪儿开始算? 我不知道该先算什么?

```
        276÷2=

            9
        2)276
          18
          96
```

生2:(展示见下图)笔算都是从最高位除起的,先算2个百除以2,商1,然后把76落下来,用7除以2,商3余1,6落下来,用16除以2,商8。

```
      276÷2=138

          138
        2)276
          2
          76
          6
          16
          16
           0
```

生3:(展示下图)我是先算2个百除以2,商1,写在百位上,然后把7落下来,除以2商3,写在十位上,余1,6落下来,用16除以2,商8。

$$276 \div 2 = 138$$

$$\begin{array}{r} 138 \\ 2\overline{)276} \\ \underline{2} \\ 7 \\ \underline{6} \\ 16 \\ \underline{16} \\ 0 \end{array}$$

师:孩子们,这两位同学的得数相同,但竖式的写法不同,你有什么看法?

生:我觉得第二个同学写得更好,因为他算什么就写什么,从他的写法中一眼就能看出他在算什么,很清晰。

出示3道题的正确写法,生对照。

师:观察这三道题,你有什么发现? 小组讨论交流一下。

生1:我们小组发现第1题的商是两位数,第2、3题的商是三位数。

师:为什么会出现这种情况?

生2:被除数的百位比除数大或与除数相同时,商是三位数,比除数小时,商是两位数。

师:能举例说一说吗?

生3:你看,第1题被除数百位上的2比除数4小,不够商1个百,所以商是两位数……

师:大家还有什么发现?

生1:我们还发现每次都要从最高位开始除,每次除得的余数都要比除数小。

生2:计算时,除到哪一位,商就相应地写在哪一位上。

生3:我们还发现笔算三位数除以一位数的方法与笔算两位数除以一位数的方法是相同的。

师:是啊,笔算两位数除以一位数和笔算三位数除以一位数时都是从被除数的最高位除起,除到哪一位商就写在哪一位,每次除得的余数要比除数小。

【评析】 通过例题的学习,学生初步理解三位数除以一位数的算法,随即通过三道具有代表性的练习,既是及时帮助学生内化笔算方法,更是利用课堂生成的资源让学生对三位数除以一位数何时商是两位数,何时商是三位数有比较清晰的认识,从而促进学生全面掌握三位数除以一位数的笔算方法,构建方法模型。同时,通过反思交流,沟通三位数除以一位数的笔算与两位数除以一位数的笔算方法的联系,促进学生认知结构的进一步完善,提升笔算除法的思考经验。

三、练习应用,巩固模型

1.先分一分,再用竖式计算,最后结合分的过程,说一说每一步的意思。

$$248 \div 2 =$$

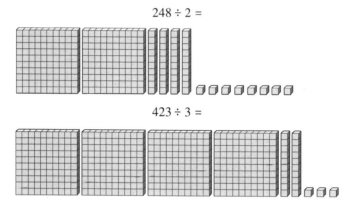

$$423 \div 3 =$$

2.先估一估商是几位数,再计算。

384÷2=   678÷6=   336÷8=

3.小明说:"我这本书有798页,我准备一周看完。"小红说:"我这本书有550页,我准备用5天看完。"谁每天看得多?

【评析】 练习是数学课堂的必要环节。本练习设计围绕强化算理、巩固算法展开,不但关注计算结果的正确性,也注意展示学生练习时的思维过程,关注学生亲自参与模型的构建过程,巩固模型。同时,将计算技能的训练与数感培养结合,将三位数除以一位数与现实生活结合,有助于学生面对计算问题时结合计算经验灵活选择解决方法,培养学生的运算能力,体验数学知识的应用价值。

四、全课总结，反思提升

师:这节课你学到了什么? 有哪些收获?

生1:如何笔算三位数除以一位数的除法。

生2:它与两位数除以一位数的笔算方法是一样的。

师:是啊,数学知识间并不是孤立的,它们之间有着很多联系,我们在数学学习中,一定要注意用联系的眼光来看待它们,这样的学习就会更加有效。

师:(课件出示本节课的学习过程,教师小结)回想起来,这节课我们在研学活动中发现数学问题,结合分小棒图帮助我们理解了三位数除以一位数的算理,并借助两位数除以一位数的笔算方法迁移类推出三位数除以一位数笔算除法的计算方法,还用所学的数学知识解决了实际问题。你对今天的学习感到满意吗? 还有什么疑问或问题呢?

教学延展

《义务教育数学课程标准(2011年版)》指出:"动手实践、自主探索与合作交流同样是学习数学的重要方式。"给学生留足创造性地解决问题的空间是教师在教学设计中应遵循的原则,"体验—提炼—迁移"是学生学习的方式,同时也是学生建构数学模型的基础。

☆ 加法交换律 ☆

👉 **【问题解析】** "加法交换律"是西师版小学数学教材四年级上册的教学内容。本课是在学生掌握了四则混合运算顺序的基础上,进一步学习运算定律,为后面的"用字母表示数"打下基础。学生虽然有应用经验,但是缺乏理论归纳,还需教师利用学生的已有经验,在学生算出算式的得数后,引导其观察发现特征,再仿写类似的算式,进一步推广到用图形、字母表达的形式,进而让学生体验加法交换律这一模型的构建过程,积累数学活动经验。

一、创设情境,提高兴趣

师:同学们,森林小学正在举行口算比赛,瞧,小松鼠获得了第一名。咱们也来比一比好不好。请同学们拿出数学书翻到第30页,找到例1的主题图,然后把得数直接写在书上,看谁算得又对又快。

📝 **【评析】** 童话故事是学生喜闻乐见的,课堂上,教师利用森林小学口算比赛创设故事情境,将学生迅速带入课堂,在不知不觉中,学生已开启了对新知"加法交换律"这一模型的探究。

二、探究特征,构建模型

1. 观察算式,初探模型。

师:请这一组的同学依次说出每一道题的得数。

采访最先算出得数的学生。(如果他说出只算其中4道题,问:你真会发现。孩子们,这样的算式有什么特点? 如果他说不出,师:请同学们再次观察这些算式,你发现了什么?)

生:顺序变了,加数不变,和不变。

师让生解释或举例。可多请几个学生来说。

2.仿写算式,再探模型。

师:同学们,你还能写出这样的加法算式吗?

生说,师板书。

师:孩子们你们写的算式里加数都是整数,还能写其他的吗?

引导生写小数、分数加法算式。

师:如果要算我们班的总人数需要把男生和女生(加起来),也可以把(女生和男生加起来)。师相应板书。

生尝试写类似的式子。

3.总结归纳,提示模型。

师:孩子们,观察你们写的这些式子,不管是整数、小数、分数,这些数的加法算式,它们都有什么特征? 把你的发现在小组里说一说。待会儿我们在班上再交流交流。

师引导生概括:加数不变,顺序变,和不变。师相应板书,揭示课题。

师:对于加法交换律你想给同学们提个什么醒?

师:你能用其他什么来代替这些具体的数,写出这样的式子吗?(图形、字母)

如果生说到字母表达式,师:你们知道它是怎么表示这样的算式的? 谁来解释一下。

如果没说到,就直接介绍。

师:数学家们就是经过你们这样慢慢探索,终于找到了用字母来表示它们的方法。瞧,我们可以用字母 a 表示一个加数,那么字母 b 就表示……

生:另一个加数。

师:那么 $a+b$ 可以交换成……

生:$b+a$(板书)。

师:交换了加数的位置,但是什么不变?

生:和不变。

师:我们可以给这两个算式画上等号表示相等。一起来读一读。

生:$a+b=b+a$,$b+a=a+b$。

同桌互相说什么是加法交换律。

【评析】 对于加法交换律这样的算式学生已有学习经验,因此课堂上,教师善于利用学生的已有经验,在学生算出算式的得数后,观察发现特征,再仿写类似的算式,进一步推广到用图形、字母表达的形式,进而让学生体验加法交换律这一模型的构建过程,积累数学活动经验。

三、练习运用,巩固模型

1.填空:数学书第31页"课堂活动"第1题。

2.填空:$57+29+43=57+($ 　　$)+29$

3.补充算式:$32+46+28=($ 　　$)+($ 　　$)+($ 　　$)$

【评析】 为了让加法交换律这一模型在学生脑海中扎根,教师利用一系列有层次的练习及时巩固新知,学生在这一系列练习中不断加深对模型的认识,不断巩固新知。

四、小结反思,内化模型

师:今天我们学习了加法交换律,回忆一下,我们是如何发现加法交换律的?

师:其实加法交换律只是加法运算律的一种,下节课我们继续学习加法运算律。

教学延展

新课程理念指出:"数学中,研究数的运算,在给出运算的定义后,最主要的基础工作就是研究该运算的性质。"而在运算的各种性质中,"运算定律"又是最基本的性质,可见,运算定律在数学学习中的地位和作用。本课例1主题图结合生活情境,依托已有知识经验,能更好地帮助学生理解运算定律,教学中通过"猜测—验证"引导学生进一步猜想、探究"为什么"和"为什么这样做",带领学生探究特征,构建模型,感悟数学研究的一般方法。

☆ 平均数 ☆

【问题解析】 "平均数"是西师版小学数学教材四年级下册的教学内容。平均数是在学生学习了平均分及除法运算含义的基础上教学的,它在生活中应用广泛,因此它也是统计中一个非常重要的内容。本课需要掌握"移多补少""先总后分"两种求平均数的方法,应从关注学生的兴趣出发,运用平均数,感知它的现实意义。

一、创设情境,导入新课

师:同学们,你们拍过皮球吗? 昨天我遇到一群孩子,他们分成人数相同的2个队举行拍球比赛,5秒时间看哪个队拍球的总数最多,哪个队就获胜。

【评析】 小学生由于年龄小,心智不够成熟,特别喜欢活动,热衷于比赛,于是一开课就创设了小朋友们进行拍球比赛的情境,学生迅速被带入情境中,学习积极性高涨,为新课的学习做好了情感铺垫。同时,这一情境中的数据也是接下来构建模型的基础,使后面的教学环节水到渠成。

二、探究新知,建立模型

师:瞧,这是他们比赛的结果。哪个队胜利了? 你是怎么知道的?(师板书2个加法算式,并将得数画横线写出来)

师:通过比总数,甲队拍了21个,乙队拍了20个,我宣布结果:甲队胜利。

师:乙队同学有点儿气馁,站在一旁观战的小明赶快去帮助他们。瞧,小明拍了4个。

师:那乙队再加上4个,看看一共多少个了?

师:甲队拍了21个,乙队拍了24个,我宣布:乙队胜利。

师:你们有什么想法?

生:不公平。

师:怎么不公平?

师:既然你们觉得参赛人数不同时比总数不公平,那比什么? 或者怎么比?

师:在我们生活、学习中,经常遇到这样的事情,比如说:我们班和*班的人数不一样,那我们就没有办法比较出这两个班某一项成绩的高低吗? 你有没有更好的办法?

(用5来比行不行? 10呢? 是啊,它们各不相同,用其中哪一个数比都不太可行,要是它们能变得同样多就可以比了。)(1.学生说移多补少:出示课件,并板书。2.学生说平均分,板书除法算式。)

师:你说怎么平均分? 21平均分成几份? 你的意思是把21平均分成3份? 那24呢?

师:7个是什么意思? 6个呢? 用7和6分别代表这两个队的拍球水平行吗?

师:真的行吗? 咱们还是再来琢磨琢磨吧。

师:同学们,我们以甲队为例,你们说7表示什么? 是谁拍的呀?(出示拍球统计图)

师:请看甲队1号选手,他拍了几个?(5个)你们刚才说他们每人拍了7个,怎么回事? 他多的2个哪里来的?

师:甲队2号选手拍了几个? 你们说他们每人拍了7个,他多的那几个哪里去了呢?

课件演示移多补少。

师:同学们,把多的给了少的,我们称为移多补少(板书:移多补少),慢慢大家拍的数量都是7个了。

师:7个能代表甲队拍球的水平吗? 7就是5,10,6这一组数的平均数。(板书:平均数)

师:我们还可以通过计算把每份变得同样多,找出平均数,我们是怎样计算的?(板书:求和、平分)

师:那这一组数4,7,9,4的平均数是多少呢? 6代表什么?

师:同学们请将甲队每个数据与它的平均数比一比,乙队的每个数据与它的平均数比一比,你们发现了什么?

师:瞧,这组数据中有的比平均数大,有的比平均数小,还有的和平均数一样大。平均数不是指某一个具体的数,我们计算平均数时把每个数据都用到了,因此平均数代表一组数的平均值,这个平均数比较好地反映了这一组数据的平均水平。

师:那用7和6这两个平均数来比可行吗? 比一比,甲队和乙队哪个队的总体水平稍稍高一些呢?

师:尽管小明很努力了,很可惜还是没能挽救乙队失败的结果。想一想,如果小明拍的数量为多少乙队才是胜利队?(更多一些,8个以上)

师:刚才我们比总数,大家认为当人数不相等的时候,比总数不公平。那么在这种情况下,你们发现了什么?

师:你们通过探索发现了平均数,请它帮我们解决了这个难题,你们真是一群了不起的探索家。

师:平均数是怎么算出来的呢? 我们还可以通过"移多补少"找出平均数。

【评析】 平均数是学生认识的一个新的统计量,对于它的认识必须让学生经历它的形成过程。在教学中,教师通过制造冲突,为平均数的出现埋下伏笔,在学生的质疑中,平均数这一新的统计量应运而生。虽然平均数这一名称学生了解了,但学生其实还没有清楚它的含义,于是教师通过一系列的活动,让学生参与其中,不断思考、不断交流、不断更新认识,最终构建出平均数这一数学模型。

三、联系生活,拓展模型

1.说平均数的意义。

师:想一想,在过去的学习中、生活中,你在哪里碰到过平均数,什么时候需要算平均数?

师:有的同学一时想不起来,没关系,咱们慢慢体会,我为你们提供了一些素材,请看。(师展示素材)

师:50名是什么意思? 9个班你怎么理解?

师:下面请同学们选择自己感兴趣的1个数,跟同桌说说它的意思。同桌要注意倾听哟!

师:谁愿意来给我们分享一下你感兴趣的数?

师:越感受越到位了。好,其实在网上,还有好多关于平均数的介绍呢,平均数就在我们身边。

2. 身高统计。

师:刚才拍球的那群小朋友又在排队比身高呢。一起来看看。

师:这是那7位同学的身高统计表,从这个表中你想知道些什么?

师:猜猜他们的平均身高。你为什么猜这个数?

师:把你猜的结果记在心里。我们还是算一算吧!你准备用哪种方法计算?算式是什么?

师:老师已算出结果,请看。

(选择猜得不合理的2位同学来研究)

师:也就是说平均数不能大于一组数据的最大数,也不能小于一组数据的最小数,它必须界于最大数和最小数之间。真了不起,你们又探索出了平均数的一个重要特点,老师为你们点赞。(板书)

师:请同学们起立,我选2位同学出来。如果这2位同学是一个兴趣小组里最高和最矮的,请问,A可能是这个兴趣小组所有同学身高的平均数吗?B呢?你认为自己是这个平均数吗?跟同桌说说理由。好了,孩子们,只有你们的身高怎样才可能是这个平均数?

3. 水池玩耍。

师:小明身高130厘米在这7位同学中算矮一点儿的,但有时候他还是蛮高的。请看。

师:小明家旁边有一个水池,瞧,平均水深110厘米,谁来读读小明的话?(虽然我不会游泳,但我的身高可是130厘米,如果我在这个水池里玩耍,有危险吗?)

师:有危险吗?

师:理由。(深水区,浅水区)

师:天气炎热,孩子们一定要注意安全,千万不要私自到河塘等地去玩,如果要去也一定要让家长陪同。

4. 招聘广告。

师:小明同学有点儿犯难了,因为他的爸爸老出差,什么时候才能陪他呢?这不他爸爸又出差去了。小明的爸爸开车到机场去,路上休息时发现两张招聘服务员的广告。快乐餐厅:平均工资3000元;实惠餐厅:最低工资3000元。如果是你去应聘,你会选择哪个餐厅?为什么?

师:真是一群细心的孩子,而且表达时有理有据,棒棒的。

5.选路线。

师:小明爸爸继续出发,来到一个路口,现在有2条同样长的路线可供他选择。根据交警统计,下午1时,1号路线平均每辆车通过需要15分,2号路线平均每辆车通过需要20分。小明的爸爸要想尽快到达机场,他应选择哪条路线?

师:有的车快有的车慢,的确2条路线似乎都差不多。但是同学们,15分、20分是通过统计大量车辆行驶时间后得出的平均时间,因此我们可以判断1号路线车辆整体用时要少一些,因此我们建议小明爸爸选择1号路线。

师:选1号路线一定能按时到达机场吗? 也可能遇到特殊情况,比如堵车或其他特殊情况。

【评析】 平均数的意义如何才能让学生体会得更到位? 借助生活中的具体实例,让学生去分析、去体会,让知识变得更立体。通过这样的训练,学生的表达能力、分析能力也得到了提高。同时,通过这样的训练,学生对于平均数这一模型的理解更加深刻。

四、小结

师:同学们,在这节课的探索中,你们都知道了些什么?(公平,平均数的意义、作用、取值……)

师:同学们,平均数还有许多有趣的奥秘,期待你们用智慧进一步去揭开它神秘的面纱!

教学延展

根据学生的身心发展和认知结构,引导学生通过"2个队人数不同不能用总数比较"这一思维矛盾,引起学生学习的积极性,再通过一系列的活动,让学生参与其中,不断思考、不断交流、不断更新认识,理解平均数的概念、意义及作用,最终构建出平均数这一数学模型,从而发现用平均数做比较的必要性。

☆ 平行四边形的面积 ☆

【问题解析】 "平行四边形的面积"是西师版小学数学教材五年级上册的教学内容。这个知识点是在学生已经掌握了面积的概念、面积单位、长方形与正方形面积的计算,以及认识了平行四边形、梯形的基础上进行教学的,它是三角形、梯形面积的基础。几何图形的认识贯穿了整个小学阶段的数学学习,这部分内容对培养学生的空间观念,发展学生的模型思想都有着至关重要的作用。

一、明确目标,故事导入

出示沙僧和猪八戒的图片。

师:同学们,认识它们吗?

师:一天,它俩来到一农户家化缘,农夫说:"我可以请你们吃一顿好的,只要你们吃饱后帮我把两块菜地的土翻了就行。"它俩欣然答应。当它俩吃饱喝足后,农夫带它们来到菜地。好吃懒做的猪八戒立刻说:"我一定要挑小的那块菜地!"

师:"这两块菜地的大小指的是什么?"

师:瞧,猪八戒选择了那块菜地!

师:长方形菜地的面积怎么算?

师:平行四边形的面积咱们没学过,你知道猪八戒是怎么算的吗?

生:底乘邻边。

师:你们觉得平行四边形的面积该怎样算呢?

生:底乘高。

师:到底谁的猜想是正确的呢?

师:这节课我们就一起来研究平行四边形的面积。

出示课题。(板书)

【评析】 故事是小学生最喜闻乐见的,新课伊始,教师创设了讲西游记故事的情境,将学生瞬间带入课堂学习中,在故事情节的推动中,自然引出要探究的问题,学生积极猜想,为后面的验证及数学模型的构建做好准备。

二、自主合作,探究新知

1.纠错:底×邻边。

师:同学们,"底×邻边"这种算法有道理吗?

师:我这儿有一个小道具,请同学们观察一下。(拉动)有什么发现?

生:平行四边形的面积变了。

师:那底乘邻边对吗?

课件(一个长方形,一个比长方形矮一些的平行四边形,一个高更小的平行四边形,三个图形底相同,宽与邻边一样长)展示。

师:同学们,我在刚才拉动平行四边形的过程中截取了其中三幅图。如果底和邻边相乘得到的是面积,那不管怎么拉,邻边的长度不变,算出的面积也不变,可实际面积变了,所以底乘邻边计算的不是平行四边形的面积,猪八戒的猜想是错的。(板书:面积变了)

师:通过刚才的活动,我发现你们都觉得平行四边形的面积似乎与长方形的面积有点儿关系,那到底有什么关系呢? 我们继续探究。

2.探究:平行四边形的面积 = 底×高。

师:那平行四边形的面积是不是"底×高"呢?

(1)小组合作,实践探究。

师:每个小组都有一个平行四边形,一把剪刀,一个三角尺。下面就请孩子们4人一组利用这些工具验证平行四边形的面积到底是不是底乘高。

师:请孩子们先独立思考,把自己的想法与小组内的伙伴们交流一下,然后再操作。

(2)小组汇报,展示成果。

生1:我们小组将平行四边形分成了一个梯形和一个三角形,然后将这个三角形移到梯形的这边,现在就变成了一个长方形。我们发现长方形的长就是平行四边形的底,长方形的宽就是平行四边形的高。因为长方形的面积等于长乘宽,所以平行四边形的面积等于底乘高。

生2:我们小组将这个平行四边形分成两个梯形,然后把其中一个梯形倒过来,这样就拼成了一个长方形。我们也发现长方形的长就是平行四边形的底,长方形的宽就是平行四边形的高。因为长方形的面积等于长乘宽,所以平行四边形的面积等于底乘高。

师引导生回顾并贴出教具。

师:同学们,回顾刚才你们探究的过程,我发现你们都是沿高剪的,为什么要沿高剪?

生:对比平行四边形和长方形,发现长方形有直角,而平行四边形没有直角,沿高剪就可以解决这个问题。

师:为什么要把平行四边形变成长方形?

生:因为长方形的面积公式我们学过,而平行四边形的面积公式我们不知道。

师:只能沿这条高剪吗?

师引导生小结:只要沿高将平行四边形分成两部分,就能拼成长方形。

教师演示将平行四边形转化为长方形。

师:当我们将平行四边形剪拼成长方形后,你们有什么发现? 你们是怎么推导出平行四边形面积计算公式的?

生:长方形的长是平行四边形的底,长方形的宽是平行四边形的高。因为长方形的面积等于长乘宽,所以平行四边形的面积等于底乘高。(师顺势板书)

师:平行四边形的底和高与长方形的长和宽分别相等,那底和高相乘算出来的应该是长方形的面积,怎么会是平行四边形的面积呢?

生:因为平行四边形的面积和长方形的面积是相等的。

师:哦,那我明白了,平行四边形的面积用底乘高有点儿道理。

(3)小结经验,得出结论。

师:同学们,咱们今天用了这一些不同的平行四边形通过剪接发现了平行四边形的面积计算公式,可平行四边形这个家族可大着呢,那些比这些更瘦的、更胖的、更大的、更小的平行四边形也能剪拼成长方形吗? 所有的平行四边形都能剪接成长方形从而求出面积吗?

课件出示平行四边形若干个,再出示高。

师:平行四边形的对边平行且相等,正是这一特征,使得剪拼后长方形的长和宽才能正好对应着原来平行四边形的底和高,从而拼成一个长方形。

师:看来,平行四边形的面积的确可以用底乘高来计算。今后咱们计算平行四边形的面积时,还需要再这样剪拼成长方形后再计算吗?是的,咱们可以直接利用这个公式来计算。接下来,我们让平行四这形面积计算公式好好大显身手吧。

【评析】 学生数学建模能力的培养重在让学生充分经历数学模型的构建过程,积累活动经验。在验证平行四边形的面积公式时,教师设计了一系列有效的活动,充分调动学生学习的积极性,让学生主动参与其中,充分体现了学生的主体地位。首先,通过拉动平行四边形的框架让学生明确平行四边形的面积不能用底乘邻边来计算,因为拉动框架时底和邻边都没有变但面积在变化。然后,抛出开放性的问题:平行四边形的面积是不是底乘高呢?让学生独立思考后小组合作探究。教师引导学生将平行四边形转化为学过的图形长方形,并利用长方形的面积计算公式来推导出平行四边形的面积计算公式。接着利用不同大小、不同方向的平行四边形,让学生想象将它们转化为长方形进而得出结论,构建出平行四边形的面积计算公式这一模型。

三、课堂练习

1.基础练习。

计算下列平行四边形的面积。

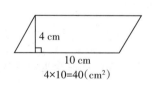

4 cm
10 cm
4×10=40(cm²)

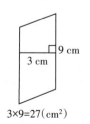

9 cm
3 cm
3×9=27(cm²)

2.应用练习。

(1)解决菜地的面积问题。

师:孩子们,猪八戒选对了吗?

师:猪八戒这次可偷不到懒了。咱们做事就得踏踏实实的,不要老是动歪脑筋。

(2)计算停车位的面积。

师:同学们,现在生活水平提高了,很多家庭都买了汽车,为了便于停车,我们小区将停车位设计成了平行四边形。瞧,这就是其中一个车位的平面图,你能算出这个车位的面积吗?(先出示3米和2.5米,当学生产生冲突后再出示6米,让生明白底和高要对应。)

你能计算出停车位的面积吗?

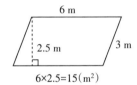

$$6×2.5=15(m^2)$$

(3)找规律。

下列平行四边形的面积各是多少平方厘米?

等底等高的平行四边形面积相等。

(4)拓展练习。

求出下面平行四边形指定的高。

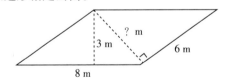

【评析】 几个有层次的练习设计,一方面可以巩固学生对模型的认识,进一步完善模型,另一方面还可以让学生充分感受到平行四边形面积计算公式这个模型的应用价值。

四、课堂总结

师:通过这节课的学习,你学会了什么?

师:同学们,回顾我们发现平行四边形面积计算公式的过程,咱们在老师讲的故事中发现了问题,进而对这个问题的解决方案进行了猜测,然后通过实践、推理否定了底乘邻边这一猜想,再通过动手操作:剪拼,将平行四边形转化成长方形,通过推理发现平行四边形的面积计算公式,最后通过想象、推理,发现我们探究出的平行四边形的面积计算公式具有一般性,适用于计算所有的平行四边形的面积。

师:孩子们,你们将平行四边形变成长方形,根据长方形的面积计算公式推导出了平行四边形的面积计算公式,你们这种将没学过的新知,转化为学过的旧知,从而解决新问题的过程,其实蕴含了一种非常重要的数学思想方法——转化。以前的学习中我们也用到过这样的思想方法,在今后的学习中转化的思想方法会帮我们解决更多的新问题。

教学延展

"思想是数学的灵魂,方法是数学的行为"本着这样的原则,本课的教学设计从一开始就从学生喜欢的西游记故事开始,旨在让学生积极猜想,为数学模型的构建做好准备。在验证面积公式时,老师设计了一系列有效的活动,不但构建出了平行四边形的面积计算公式这一模型,更是有利于培养学生的空间观念,发展学生的思维能力,以及培养学生解决生活中实际问题的能力。

☆ 认识方程 ☆

【问题解析】 "认识方程"是西师版小学数学教材五年级下册的教学内容。这一知识点是在学生已经学习了"用字母表示数"的基础上进行教学的,同时它又是学习"解方程"的基础,所以它对学生学习方程起承上启下的作用。同时,方程作为"数与代数"中一种重要的数学思想方法,对学生发展数学素养有着重要的意义。本课最难的就是找到实际问题中的"等量关系",这是学生从"确定的数量或图形"到"关系"学习的转折点,内容更加抽象,是数学学习的"分水岭"。

一、复习导入,唤醒经验

出示天平。

师:这是什么?

生:天平。

师:天平是用来干什么的?

生:称物体质量的。

师介绍天平的使用方法。

师:什么情况下天平平衡?

课件出示一个平衡的天平。

师:现在你发现了什么?

生:天平两边是平衡的,说明左右一样重。

出示一个不平衡的天平。

师:现在你又发现了什么?

生:天平不平衡,它的左边要重一些。

【评析】 天平是学习方程的重要工具,借助天平,可以将抽象的数学知识直观化,便于学生理解。但在日常生活中,天平学生用得不多,因此,一开课,教师就通过复习,唤醒学生的知识经验,为后面模型的建构奠基。

二、自主探究，构建方程

1.角色扮演。

生扮演天平，师不断改变天平两边的质量。

师：现在我们在天平的一边放上10克的水果，另一边放上15克的水果，天平会怎样？

生演示。

师：天平平衡了吗？ 天平左右两边是相等的还是不相等？

师：你会用一个式子来表示此时天平的状态吗？

生：$10<15,15>10$。

师贴出相应的式子。

师：如果左边加一个5克的砝码，天平平衡了吗？

生：平衡了。

师：现在又可以写出什么式子？

师：如果我从右边拿走x克水果，右边还是重一些，又可以写一个什么式子？

课件出示不同的天平图，引导学生写出下面的式子：$10+5=15,15-x>10,10+x=15+y,10<15,10-B<15,10+A=15,15-D=10,10+2<15$。

2.构建方程。

师：孩子们，你能给找到的式子分分类吗？

生试着分类。

生1：我按照有没有未知数分成了2类。

生2：我按照是不是等式分成了2类。

生3：我按照既要有未知数又是等式分成了2类。（$10+5=15,15-x>10,10<15,10-B<15,10+2<15$）和（$10+x=15+y,10+A=15,15-D=10$）

师重点引导生观察第三个学生的分法。

师：观察这三个式子$10+x=15+y,10+A=15,15-D=10$，它们有什么共同特点？

生：它们又有未知数，又是等式。

师：是的，这样一个含有未知数的等式就是一个方程。今天我们就一起来研究方程。

请生上台按这样的分法在黑板上摆放式子卡片。

师:其他的式子是方程吗？为什么？

师引导生辨析。

3.明确方程与等式的关系。

师:观察这些方程,它和我们前面学习的等式有什么相同点与不同点?

生小组讨论后交流。

生:方程属于等式,但等式不一定是方程……

生:方程是等式而且还含有未知数。

让生结合黑板上的式子举例说明。

4.写方程。

学生尝试写方程,并说说所写的式子为什么是方程。同桌交流。

【评析】 让学生扮演天平,感受天平的平衡与否,将天平情境引入数学知识的学习中,有效地提高了学生学习的积极性。同时,让学生用数学语言表达情境中的数量关系并逐步将其符号化,通过对比活动产生式子,自然引入分类辨析,在分类中发现方程的本质,有效地区分方程与非方程,将新知的学习自然引入学习活动中,方程的模型构建水到渠成。

三、及时练习,巩固模型

1.判断下列等式是不是方程,并说一说为什么。

$32x=64$ $36÷y=4$ $30-12=A+13$

2.根据情境写出方程。

小明有 x 支红笔,有35支黑笔,两种颜色笔的数量相差28支。

每盒笔要 x 元,买4盒笔,一共用了36元。

注意:让生在理解题意、找出题中的数量关系后,独立列出方程。

3.根据方程编故事。

$2x=12$

【评析】 通过有梯度的练习,既有效地巩固了学生对方程这一模型的认识,又加深了理解,尤其第三题极具开放性,能有效培养学生的数学思维,提高其解决问题的能力。

四、全课总结,回顾反思

师:通过这节课的学习,你学到了什么?

教学延展

教学必须"以学生发展为本",必须为学生身心的全面发展和素质提高提供更为有利的条件。本课的设计通过对学生已有知识的唤醒为模型的构建奠定基础。通过有趣的活动、丰富的数学语言让学生对方程意义有深刻理解。同时,在说、在想、在辨、在创造的过程中建立模型让孩子们学得轻松,学有收获,也锻炼了能力。

☆ 圆的面积 ☆

【问题解析】 "圆的面积"是西师版小学数学教材六年级上册的教学内容。本知识点是在学生掌握了直线图形的周长和面积,并且对圆已有初步认识的基础上进行教学的。教材的编排意图是让学生通过对圆的研究,初步掌握"化曲为直""化圆为方",同时渗透曲线图形与直线图形的内在联系,初步感受极限思想,也为以后学圆柱、圆锥的表面积和体积打下基础。

一、复习旧知,唤醒经验

出示一张圆形的桌子,告知半径。

师:如果要给这张桌子镶上边框,边框的长度指的是什么?

生:桌子的周长。

师:如果要给这张桌子铺上一张桌布,需要多大的桌布指的又是什么呢?

生:圆形桌面的面积。

师:什么是圆形的面积呢?

圆所在平面的大小就是圆的面积。

师:请孩子们拿出学具圆摸一摸它的面积,再和同桌说一说。

师:我们要在这节课上学习圆的面积。

【评析】 学生在学习圆的面积以前,已有学习圆的周长的基础,因此一开课,教师就利用圆形桌子设计了有关周长与面积的问题,沟通了新旧知识间的联系与区别,为后面的建模打下基础。

二、合作探究,构建模型

1.转化图形。

师:孩子们,我们是如何推导出平行四边形、三角形和梯形的面积公式的?

生:通过矩形、平行四边形的面积转化得到的。

课件演示转化的过程。

师:这是用割补法来转化的。

生:我们还把三角形转化成平行四边形或长方形来研究。

师:你发现了什么?

生:都是运用转化法把没学过的图形转化成学过的图形来推导的。

2.转化圆形。

师:你预备把圆形转化成什么图形呢?如何转化?

生独立观察学具圆,思考如何转化。

生汇报交流。

生1:将圆的边缘折一下,变成正方形。

生2:可是圆的边缘部分还是算不出面积呀。

生3:我用方格来摆。

生4:圆的边缘还是摆不到,不太准确。

生5:我是把圆对折,再对折。

生尝试对折圆形,展示不同等分的折法。

师:瞧,我这里也有一些同学用对折的方法来研究。

课件演示对折不同份数的圆。

师:瞧,我们能够将圆等分成4份、8份、16份、32份,甚至64份、128份,观察,你有什么发现?

生:对折的次数越多,折出的三角形的底边就越直。

师:这样折了后再怎么办?

生:我想把它剪下来拼在一起拼成长方形。

师:有想法。下面就请同学们利用老师给你们准备的学具,拼一拼,看能拼成什么图形。

生小组探究后,汇报。

生1:我们小组把它拼成了平行四边形。

师:是平行四边形吗?

生:不是,是近似平行四边形。

生2:我们小组把它拼成了近似的长方形。

课件展示份数由少到多的拼摆结果。

师:观察,你有什么发现?

生:份数越多,拼出的图形越接近长方形或平行四边形。

3.探究公式。

师:是啊,利用课件我们实现了转化,在转变的过程中,什么改变了? 什么是一样的?

生:形状变了,但面积不变。

师:现在,请尝试着根据矩形或平行四边形的面积公式推导出圆的面积公式。

小组合作探究后汇报。

生1:由于构成的矩形的面积等于圆的面积,矩形对应于圆周长度的一半,宽度对应于圆的半径。

因为长方形的面积=长×宽,

所以圆的面积=周长的一半×半径。

$S=\pi r \times r$

$S=\pi r^2$

生2:由于平行四边形的面积等于圆的面积,所以平行四边形的底面是圆周的一半,高度是半径。

因为平行四边形的面积=底×高,

所以圆的面积=周长的一半×半径,用字母表示是 $S=\pi r \times r$,简写为 $S=\pi r^2$。

课件出示推导过程。

师小结公式 $S=\pi r^2$,生小组内交流圆的面积的推导过程。

师：看来要计算圆的面积只需要知道什么？

生：圆的半径。

齐读公式。

【评析】 对于将圆转化为其他图形来研究这样的转化思路由于学生已有一定的经验，所以并不困难。但如何转化？转化后如何推导？这两个问题还是有难度的。因此，在学生转化有困难时，教师利用现代信息技术，将转化的方法告知学生，同时向学生渗透了极限的数学思想，学生再亲自操作。通过操作，学生积累了数学活动经验，对转化后的长方形与圆的关系有了更直观的认识，再利用之前推导的经验，成功地推导出圆的面积计算公式，实现公式的初步构建。

三、解决问题，巩固模型

1.直接利用公式计算圆形的面积。

2.计算课前桌布的面积。

3.感受圆面积与半径的关系：不计算 π，快速说出一个圆的面积。

(1)半径5厘米；(2)半径8米；(3)半径16米；(4)半径24米。

师引导生感受圆的面积与半径平方之间的关系。

4.狗狗看家。

课件演示：用一根绳子把一只小狗拴在木桩上，演示小狗边走边看的情境。

师：小狗活动的范围有多大？

【评析】 对于圆的面积计算公式学生的理解还不够，因此教师设计了一组有梯度的练习题，有直接利用公式计算面积的，有辨析面积相关量的，也有面积计算公式在生活中的应用的，在这些练习中巩固对模型的理解，让学生感受数学知识的应用价值，增强学好数学的信心。

四、全课总结,反思提升

师:孩子们,回顾这节课的学习过程,你们是怎样推导出圆的面积计算公式的?

教学延展

本节课让学生借鉴在推导平行四边形、三角形和梯形的面积公式时用的转化法来研究圆的面积,有利于让学生感悟学习平面图形的规律和方法。教学设计中引导学生观察比较、动手操作、总结概括,建立探究问题的方法模型,旨在培养学生的实践能力、探索能力和创新精神,教会学生学习,增强学生的成就感,为继续学好数学打下基础。

☆ 圆柱的体积 ☆

👉 **【问题解析】** "圆柱的体积"是西师版小学数学教材六年级下册的教学内容。这部分知识是在学生认识了圆柱,学习了长方体和正方体体积的基础上进一步深入研究的又一立体几何图形体积,长方形、正方形和圆的一些基础知识也是认知基础,而本节课学的知识又可为以后学习更复杂的形体知识奠定基础。

一、复习导入,唤醒经验

出示课题。

同学们,今天我们要学什么? 圆柱的体积指什么?

圆柱所占空间的大小是圆柱的体积。

师:长方体、正方体的体积是怎样算的?

生:长方体的体积＝长×宽×高＝底面积×高,

正方体的体积＝棱长×棱长×棱长＝底面积×高。

师:之前我们研究圆面积时是怎样做的?

生:将圆转化成长方形(平行四边形)来研究的。

师:圆柱可不可以转化成学过的图形?

✏️ **【评析】** 学生已有的知识经验是学习新知的基础,这些基础是后续学习的前提和起点。因此本课伊始,教师就设计了复习环节,唤醒了学生的学习经验,为后续新知的探究奠定基础。

二、小组合作,探究模型

师:你想把圆柱转化成什么图形来研究?

生:我想把圆柱转化成长方体来研究。

师:怎样将圆柱转化成长方体呢? 请同学们先独立思考。

师:请同学们在小组内讨论如何将圆柱转化成长方体? 转化后的长方体和圆柱比较,有什么关系? 请结合学具思考。

生小组讨论后交流。

生汇报。

生1:我们把圆柱这样平均分成8份后,再拼到一起,就拼成了近似的长方体。

生2:我们也是这样做的,只是我们的圆柱被平均分成了16份。

师借助课件演示转化过程:2等分、4等分、8等分、16等分、32等分。

师:同学们看,通过分割、拼合,分割的份数越多,越接近长方体。转化前后,什么变了? 什么不变?

生1:体积没变,转化前圆柱的体积就是转化后长方体的体积。

生2:形状变了。

生3:求出转化后长方体的体积就求出转化前圆柱的体积。

生4:因为转化后长方体的底面积等于圆柱的底面积,长方体的高等于圆柱的高,长方体的体积和圆柱的体积相等,所以圆柱的体积=底面积×高。

再请几个学生说说推导的过程并质疑。

课件演示推导过程。

得出结论:圆柱的体积=底面积×高。

师:如果用 V 表示圆柱的体积,S 表示它的底面积,h 表示它的高,那么圆柱的体积该怎样算呢?

生:$V = Sh$。

师:要计算圆柱的体积需要知道什么?

【评析】 在复习阶段学生已将旧知唤醒,在本环节的学习中,学生能将新知与旧知联系,将已有的转化方法运用到圆柱上,他们在小组合作中找到解决问题的办法,再利用课件的演示更加清楚地明白转化前后两种图形间的关系,运用原有的推导圆面积公式的经验,较容易推导出圆柱的体积公式。在学生的生生质疑对话中,学生对圆柱体积计算公式的理解更深入。

三、应用模型，提升经验

1.看图列式计算。

告知圆柱的底面半径和高求体积。

2.填空。

(1)长方体和圆柱具有相同的体积和相同的高度,因此它们的底面积(   )。

(2)一根圆柱形木头横截面面积是8平方厘米,它的长是3米,它的体积是(   )立方厘米。

3.一个圆柱形零件,它的底面周长是12.56厘米,长是1分米,它的体积是多少?

【评析】 数学模型构建出来后需要一些必要的练习来巩固对它的认识。本环节设计了一系列有层次的练习,旨在经过一步步的练习让学生熟悉公式,理解公式,实现对公式的灵活运用,提高学生解决问题的能力。

四、全课总结，整合经验

师:这节课你有什么收获?

教学延展

本节课的教学,让学生在合作探究的过程中自主发现规律,帮助学生回忆圆的面积公式推导过程,唤醒其原有的"化曲为直"极限思想和"转化"思想的记忆储存,便于学生理解和感受转化的过程和极限思想,然后利用课件的演示更加清楚地明白转化前后两种图形间的关系,运用原有的推导圆面积公式的经验,较容易推导出圆柱的体积公式,并抽象到字母公式。

第三节　数学建模检测

1~3年级数学建模检测试题

1.看图列式。

○○○　○○　　　　　　　　☆☆☆☆☆　☆☆

加法：　　　　　　　　　　　加法：

减法：　　　　　　　　　　　减法：

2.根据算式画图。

7+5=12　　　　　　　　　　15-6=9

3.请仔细观察下面的图,并列出4个不同的加法算式。

□+□=□(个)　　　　　　　　□+□=□(个)

□+□=□(个)　　　　　　　　□+□=□(个)

4.请根据规律继续画图形:○△○△○△○△(　　)(　　)(　　)(　　)。

请设计一组与上面规律相同的题:

5.下面每小题中有4组数,这4组数中有1组数排列规律与其他3组不一样,请找出不同的这组数并在它的下面画横线。

(1)(2,4,6,8)(1,3,5,7)(9,7,5,3)(9,11,13,15)

(2)(5,7,9,11)(1,3,5,7)(7,9,11,13)(4,7,10,13)

6. 2+4+6+8+10+⋯+100的和是单数还是双数?

7.王大爷在路的一边种树,从路的一头到另一头共种了10棵树,每两棵树之间相距2米。这条路长多少米?

8.同学们排队做操,30名同学站成一排,从左往右数小明排在第8位,从右往左数小明排在第几位?

9. 2019年10月1日是星期二,那么2019年10月25日是星期几?

4~6年级数学建模检测试题

1. 3只牛4天产奶180千克,照这样计算,6只牛多少天产奶630千克?

2. 在一条580米长的公路两旁种树,每隔2米种一棵树,如果两端都种,要准备多少棵树?

3. 这列数1,3,5,7,…的第13个数是多少? 第100个数是多少?

4. 21+22+23+…+48+49得多少?

5. 一堆木头有序地摆放,第一层有2根,以后每层都比上一层多1根,一共有16层,这堆木头一共有多少根?

6. 围1个 ▢ 需要(   )根小棒,围2个这样的 ▢ 至少需要(   )根小棒,围5个这样的 ▢ 至少需要(   )根小棒,围 n 个这样的 ▢ 至少需要(   )根小棒。

7. ▢ ▢▢ ▢▢▢ ……

第1幅图需要(   )根小棒,第2幅图需要(   )根小棒,第3幅图需要(   )根小棒,第5幅图需要(   )根小棒,第10幅图需要(   )根小棒,第 n 幅图需要(   )根小棒。

8. 2个红色气球与20个蓝色气球排成一排,从左边起第8个是红色气球,从右边起第5个是另一个红色气球,两个红色气球中间隔着几个蓝色气球?

9. 电工把110米电线分成三段,第一段是全长的$\frac{2}{5}$,第二段是余下的$\frac{1}{3}$,第三段长多少米?

10. 一套服装打8折后出售,比原价少卖了140元,这套服装原价是多少元?

11. 一块长方形菜地,宽和长的比是3:4,菜地的周长是350米,这块菜地的面积是多少平方米?

12. 生产一批零件,甲单独做需要12天,乙单独做需要15天,丙单独做需要10天。如果甲、乙、丙三人合做,多少天可以完成?

13. 某大桥长6170米,一列长130米的火车,从车头上桥到车尾离桥共用了350秒,这列火车的速度是多少?

14. 甲、乙两车同时从两地相对开出,甲车每时行62千米,乙车每时行58千米,相遇时甲车比乙车多行24千米。两车开出后几时相遇?

→ 第四章　直观想象

第一节 直观想象概述

直观想象指的是学生借助空间想象与几何直观对事物的变化和形态加以感知,同时凭借几何图形来处理各种数学问题的一种基本素养,着重体现在以下方面:其一,相关的数学问题借助画图的方式加以描述;其二,对于形态变化、位置关系和运动规律通过空间想象进行认识;其三,在构成数形联系的基础上,使学生能够针对相关的数学问题产生一个直观模型,进而获得处理问题的思路。

《义务教育数学课程标准(2011年版)》特别就几何直观和空间想象做了明确的阐释。"空间观念"主要是指根据物体特征抽象出几何图形,根据几何图形想象出所描述的实际物体;想象出物体的方位和相互之间的位置关系;描述图形的运动和变化;依据语言的描述画出图形等。"几何直观"主要是指利用图形描述和分析问题。借助几何直观可以把复杂的数学问题变得简明、形象,有助于探索解决问题的思路,预测结果。几何直观可以帮助学生直观地理解数学,在整个数学学习过程中都发挥着重要作用。在提高学生的直观想象核心素养方面,数学课程标准给广大教师指明了方向。

从数学课程标准的相关解释来看,小学生在直观想象核心素养方面需要达到以下要求:第一,从物体形状出发得出几何图形,并通过想象得出其所描绘的物体;第二,发挥想象,得出图形的变化与运动趋势;第三,凭借想象得出各物体间的位置关系;第四,掌握几何图形所反映的数学信息。

一、直观想象概念述评

(一)几何直观

几何直观包括几何与直观,前者指的是图形,后者除了指能够看到的东西以外,还关系到根据以往或现在所能看到的东西加以想象,侧重于凭借图像来分析与解决问题。数学里面所涉及的直观一般指在采取比照、观察以及检测等方式的基础上,针对相关事物而产生的特定感知。几何直观着重指依照眼前的或头脑当中的各种几何图形所具有的形象关系,而对其数量关系加以感知,它是一种阐述问题的方式,并贯彻于整个数学学习当中。

爱因斯坦曾强调过,相比于知识,想象力显得更为重要,这是因为知识存在一定的有限性,而想象力却囊括了所有,在促进社会进步的同时,成为知识进化的主要源泉。这同数学家希尔伯特在《直观几何》中所强调的大致相同:图形能够促使人们更好地描述问题,进而找出解决思路,并且有助于人们更为深刻地理解与记忆相关结果。

(二)空间想象

空间想象力属于一种特定的抽象思维能力,主要是指人们在认识、观察以及解决问题的过程当中所表现出来的一种空间形式能力。从某种对象出发,在大脑中产生相关的空间形状,同时围绕相关的实物操作进行思考。

学生空间观念的形成属于一个从低级到高级并逐渐向前发展的认识事物的基本过程,涵盖了想象、综合、观察以及类比与分析等,并且是以直接感知周围环境为基础,深层次理解平面跟空间之间的联系。

空间想象力的形成必须依赖于双向培养,其一,应能在观察实物图形的基础上绘制出几何图形,同时弄清各个组成部分的主要形状以及它们之间的关系;其二,应能通过想象得出几何图形所描绘的物体。

(三)直观想象

从本质上来看,直观想象其实是一种依托于图形展开的想象力,主要是指借助于自身的空间想象力来认识事物,并凭借几何图形来阐述及分析问题。从这一角度来看,直观想象在功能上几乎与几何直观相同,只存在细微的区别:直观想象是以直观为基础的,并且侧重于想象。数学问题的处理必须以想象思维为基础,除了对看到的东西加以想象以外,还应当借助以往所出现的东西发挥想象,进而产生数学思考。

二、直观想象的价值

(一)激发兴趣

数学兴趣的产生是以获取成功的体验为前提的。凭借直观让复杂、抽象的问题变得较为简单、具体,进而便于学生想出解决办法,同时获取成功的体验。除此之外,在设计数学材料时,还能借助直观想象增强趣味性,激发出学生强烈的学习兴趣。

(二)培养信心

对于学生数学认识信念的培养,不能一蹴而就。因为能够对其造成影响的因素实在太多,用错误的方式甚至还可能出现倒退。相关研究指出,倘若教学环境当中不包括那些能够影响学生信念的因素,那么学生就不会改变自己的数学认识信念。由于小学生所掌握的学科知识有限,极易对数学事实、原理以及概念进行孤立认识,然而,学生们凭借直观想象跟几何直观却可以将各种相关的知识联系到一起,进而对数学产生更强的求知欲。

(三)提高解决问题的能力

当前,小学数学课程的主要目标在于培养学生发现、分析以及解决问题的基本能力。将问题通过几何图形或图表加以描述之后,学生能够获得启发,进而在比照、想象以及猜想的基础上得出结果。在学生形成较强的空间想象力之后,便能更为准确地判断问题,进而能够独自处理好有关问题。

三、直观想象力的培养

(一)概念教学中直观想象力的培养

概念教学的环节应当涉及概念的导入、产生、巩固、应用等。小学教师在进行概念导入时,往往会先让学生动手操作,在获取直观经验的前提下,完成抽象概念的学习。就拿分数的教学来说,教师往往会借助实物直观的方式来引入新课。首先让学生们对折一次纸张,让其领会一半的含义,然后再让其继续对折纸张,引导学生在操作、观察以及探索的基础上总结出分数的基本概念。

(二)运算教学中直观想象力的培养

对于小学生来说,多位数的除法这节内容比较难以理解。因此,在设计教案时,应当先讲解两位数除以一位数的算法,然后让学生发挥想象,猜测三位数除以两位数的求法,最后利用横式来分析原理,同时采用列竖式的方法来完成对法则运算的讲解。就拿有余数的除法算式的教学来说,可以先要求学生利用10根小棒摆出3个三角形,学生们就会发现还剩下1根,此时教师便能顺利引入新课,开始讲解多位数除法的运算方法。

(三)问题解决中直观想象力的培养

借助图表来描述问题的方法往往能够运用到图形与几何、综合与实践、数与代数、统计与概率的教学当中。在日常教学中,教师应当尽量引导学生借助图表来获取解决问题的思路,不断提高他们的直观想象力。诸如,倘若要平分一堆糖,一人分5颗的话就少2颗,一人分4颗的话就剩3颗,请问一共有多少颗糖? 倘若学生已经掌握了简易方程,那么就容易解决问题。但是,将糖的总量当作x(未知数)与将人数当作x在运算上所产生的难易程度是不同的。假设人数为未知数,那么就会得到:$4x+3=5x-2$。可类似于这样的方程,并不一定要求小学生掌握。倘若将糖的总量当作未知数,那么整理之后的方程却是数学课程标准当中要求小学生必须掌握的。

要想帮助学生有效处理此类问题,教师可以采取画图的方式。假如一个圆圈代表一颗糖,那么就能画出如下图形:

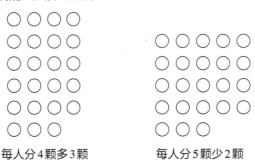

每人分4颗多3颗　　　每人分5颗少2颗

借助假设法,倘若在原有的基础上增加2颗糖,那么每人能够分到5颗,进而在图形推理的基础上便能得出一共有5人,同时有23颗糖。

直观想象属于一种特定的创造性思维。小学教师在日常教学中应当借助各种方式来提高学生的直观想象力,这除了能够促进课程改革以外,还能帮助学生获得更好的发展。

第二节　直观想象教学案例

☆ 认识立体图形 ☆

【问题解析】　"认识立体图形"是西师版小学数学教材一年级上册的教学内容。这一课是学生在学习了分一分的基础上进行教学的,由于一年级的孩子的认识能力和已知经验有限,所以先让学生获得一定的数学活动经验,经历按照不同的标准进行分类,结合分类来认识图形,这样学生学习起来就更轻松。

一、情境导入

师:今天呀,老师要带同学们去我的家里看看,想去吗? 家里的物品可真多,赶快看看,你都认识吗?(PPT依次出示,学生认物品)

【评析】　从学生熟悉的生活情境导入学习,激发学生的学习兴趣,感知数学来源于生活,与生活密切相关。

二、初步感知,揭示概念

1.分一分。

师:这些物品有点儿乱,谁能帮老师收拾一下房间,把形状相同的物品放在一起。请孩子们先自己思考,想好后,再和同桌互相说说自己是怎样分的。

生1:我把粉笔、魔方、骰子放在一起。

生2:我把……

生3:我把……

生4:我把……

师:孩子们,你们为什么要这么分呢?

【评析】 观察熟悉的生活用品,把有相同特征的物品分在一起。"为什么这样分"这个问题让学生将简单的分类进行深层次的思考,为后面的教学做铺垫。

2.认一认。

师:其实,每种图形和小朋友们一样,都有一个好听的名字,你们知道是什么吗?(依次介绍长方体、正方体、圆柱、球)

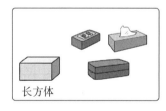

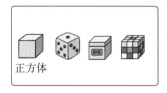

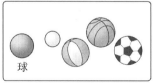

师:孩子们,其实所有图形还有一个共同的名字——立体图形,今天让我们一起认识立体图形。(板书:立体图形)

通过观察比较分类,让学生从实物中抽象出数学立体图形,建立初步的认知。

3.举一举。

师:你们能根据老师说出的立体图形名称,举出相应的物体吗？拿出学具,要开始了!

4.贴一贴。

师:看来孩子们已经认识了我们的立体图形,如果把这些物体拍成照片,小朋友们还认识吗？谁能对号入座呢？

学生初步认识立体图形后,通过举一举、贴一贴的数学活动巩固自己的认知,建立立体图形模型,并能区分它们的不同。

三、引导探究,了解特征

师:这些立体图形有的很乖,有的很淘气。想知道它们哪些乖,哪些淘气吗？让我们一起玩个游戏来揭晓谜底吧!

师:拿出长方体、正方体、圆柱、球,看一看、摸一摸、滚一滚,你有什么发现？告诉你的同桌。

生1:圆柱和球能轻松滚动,长方体和正方体不能。

生2:圆柱有圆。

生3:正方体每个面都相同。

……

师:看来孩子们已经发现球很淘气了,可以到处滚动,圆柱呢有一些淘气,可以朝着一个方向滚动,长方体和正方体最老实,正方体每个面都是正方形……

在学生初步认识立体图形后,利用学具,通过看一看、摸一摸、滚一滚的活动,了解它们的特征,能根据这些特征来区分这些立体图形,达到本课的学习目的。

四、练习

1.体验活动。

师:孩子们已经认识了这些立体图形,那蒙上眼睛你能摸出对应的图形吗?

2.作业练习。

五、总结

师:孩子们,回顾我们这节课的学习内容,你做了哪些事儿,学到了哪些知识?

【评析】 学生再次回顾这节课的活动,初步感知立体图形,再通过小组看、摸、滚、说来初步了解立体图形的特征,最后根据特征来辨别立体图形,从直观感受到理论提升,让学生对立体图形的特征有更深刻的理解。

教学延展

本课从学生熟悉的生活物品切入,吸引了学生的注意力,激发了学生的学习兴趣。让学生对生活物品进行分类,充分调动了学生的认识基础,同时也渗透了分类的思想,对本课长方体、正方体、圆柱、球的认识打下了坚实的基础。将生活中的物体抽象成几何图形,培养学生抽象能力的同时也培养了学生的空间观念和直观想象能力。通过看一看、摸一摸、滚一滚等数学活动,不仅让学生对长方体、正方体、圆柱和球的特征有了初步的感受,也培养了学生的动手操作能力与与他人合作的能力。

☆ 观察物体 ☆

👉 **【问题解析】** "观察物体"是西师版小学数学教材二年级上册的教学内容。本课主要引导学生通过观察具体事物、照片和直观图从不同的角度观察简单的事物,让学生的认识从平面发展到空间。

一、创设情境,激趣导入

师:(PPT出示小猪储钱罐不同方向的图片)孩子们,睁大你们的眼睛,猜猜这是什么。

师:孩子们,通过刚才的观察,我们会发现只观察一面或者两面是不能确定物体的,所以我们观察的时候要学会全面观察。

引出课题。(板书:观察物体)

✏️ **【评析】** 展现一个从不同角度观察内容差别较大的物品。通过层层递进的展示,不仅能够调动课堂气氛,吸引学生兴趣,而且能够帮助学生感受全面观察的意义,为下面的学习做好铺垫。

二、观察实践,建构知识

(一)明确姿势,正确观察

师:孩子们,我们在观察时还要有正确观察物体的姿势。看看这个小朋友是怎么观察的。你能说一说吗?(引导学生总结观察物体的正确姿势:眼睛和物体保持同一高度,就是通过平视来观察。)

✏️ **【评析】** 学生明确正确的观察方法,避免在观察过程中出现多个面观察或其他观察问题,保证四个方位都有确定的观察姿势。

(二)定位观察,建立表象

师:从你的位置平视汽车,你看到怎样的画面? 请小组长拿出学具袋里的图片,找出自己观察到的照片,并说一说你是怎么观察到的。

【评析】 通过找自己观察到的物体照片,提升孩子的观察兴趣;同时在找照片的过程中,对观察结果进行二次记忆,最后通过说一说,巩固观察结果。

(三)小组汇报,引导分析

1.用具体特征来判断。

师:请一组小朋友拿着图片说一说。(先说前后,根据特征来判断,再引导看到两侧的孩子说,并追问:谁和谁看到的内容是差不多的?)

【评析】 对于汽车的前后,通过特征说明,容易判断;但对于侧面,除了标志物不同,其他特征基本相同。因此,通过"矛盾"展现,学生能够进一步思考和判断侧面的观察和确定方法。

2.根据方向来判断。

师:如果没有星星这些特殊的标志,该如何判断?〔车头方向(相反)引导发现:位置相对,方向相反。〕

【评析】 左右两侧对比,可以清晰地看到标志物不同,如果没有特别的标志物,引导学生回归物体本身的特点,感受"观察位置不同,物体方向不同"。

3.增加观察位置,感受全面观察。

师:(出示从上面拍得的图片)孩子们,这张照片是在哪个位置观察到的?

师:观察时,我们可以从前、后、左、右去观察,还可以从"上面"去观察,也可以从"下面"或其他位置去观察。

板书:观察的位置不同,看到的结果不同。

(四)人动物动,影响结果

师:孩子们,现在咱们来做个小游戏,沿着你的左手方向移动到同学的位置,你会发现什么? 你能快速找出现在你看到的图片吗?

师:物体不动,我们改变位置会看到不一样的图画。

师:那如果现在不移动你们的座位,如何让4号位置拍得这张(2号位)照片,追问:可以通过把星星拿掉吗?(不行,车头方向不同。)

师:不仅可以改变位置来全面观察,还可以改变物体方向来全面观察。

【评析】 通过人动,全面观察不同位置情况,直观感受在两个相对的位置上观察到汽车的车头方向是相反的,通过物动,加强学生对方向本质的感受。

三、练习巩固,内化模型

师:学习累了,同学们来到茶室休息,你能判断这些图片是哪个小朋友看到的吗? 为什么?

师:看来孩子们已经掌握了今天的知识,请完成数学书第48页"课堂活动"第1题和第49页练习十二第1题,并和同桌说一说你是怎么判断的。

【评析】 从不同的方向看茶壶是数学书第47页例1的内容,因为茶壶在我们生活中很少见到,学生对汽车熟悉很多,因此将此内容移到练习中,在学生通过以上层层递进地观察物体后,再次直观感受所学知识,内化成自己的认知。

四、总结反思,提升认知

师:孩子们,通过今天的学习,你们收获了什么?(引导学生说出从不同的方向观察物体,看到的结果不同。)

【评析】 从观察表象、实践操作到总结提升,是知识内化的过程,从低段训练学生的语言组织能力,有利于学生思维的发展。

教学延展

通过从不同角度观察小猪储蓄罐,引起学生的学习兴趣,帮助学生理解全面观察的意义,为本课的学习打下基础。对小汽车的观察不仅让学生学会了观察的方法,同时也培养了学生的直观想象能力。人动物动的数学活动培养了学生的空间观念。

☆ 用厘米做单位测量长度 ☆

【问题解析】 "用厘米做单位测量长度"是西师版小学数学教材二年级上册的教学内容。本课用厘米做单位测量长度,在测量活动中,让学生体会建立统一长度单位的重要性,让学生结合生活实例,通过不同的方式具体测量物体长度的操作活动,不断积累测量长度的经验,从而体验测量长度在生活中的重要作用。

一、趣味引入,引发学习

1.多媒体课件出示两根彩带。

师:孩子们,今天我为大家带来了两条漂亮的彩带,可是调皮的它们藏在长方形的后面,你知道哪条长,哪条短吗?

学生无法判断长短,或有学生进行猜测。

2.多媒体出示新的信息。

师:我用小棒去帮你们量了量,瞧,你知道了些什么信息?

生:红色彩带有5根小棒长,绿色彩带有3根小棒长。

师:现在你知道哪条彩带长了吗?

生:红色彩带长。

3.揭晓答案。

师:让我们一起来揭晓答案,哪条彩带长呀?

生:绿色彩带长。

师:哎? 刚刚大家都认为红色彩带长,怎么现在变成绿色彩带了?

学生发现:用来测量绿色彩带的小棒要长一些,而测量红色彩带的小棒要短一些。

师:你们觉得这样公平吗?

生:不公平。

师:对呀,所以我们测量时需要统一标准,统一度量单位。

4.介绍米尺。

师:你们知道咱们全世界都用的标准的测量工具是什么吗?

生:尺子。

师出示米尺,并介绍:这就是米尺,你见到过吗? 米尺是我们常用的测量长度的工具,你们手中的直尺、三角尺其实是米尺的一部分。今天这节课我们就用手中的直尺一起来研究有关测量的知识。

【评析】 通过用小棒测量彩带的长度,让学生体会测量要统一标准,统一单位长度,从而引出米尺。

二、合作探究,认识厘米

1.认识直尺。

师:认真观察手中的直尺,看看直尺上有些什么。把你的发现和小组的小伙伴说一说。

学生认真观察,小组交流发现。

生1:我发现直尺上有数字。

生2:我发现直尺上有小竖线,还有字母。

师:直尺上的小竖线都是一样的吗?

生:有长的,也有短的。

师:观察得真仔细,我们把这些长长短短的竖线叫作刻度线。

师:刚刚我们还发现直尺上有数字,那这些数字是怎么排列的? 它和刻度线是如何相对应的?

同桌互相讨论。

生:从0开始排列的,数字对着长刻度线。

师:你知道0在尺子上表示什么吗?

生:从0开始。

师介绍:这些数字叫作刻度,数字0叫作刻度0。它表示起点。

师:数字1叫什么? 刻度3在哪里? 刻度9呢?

师:"cm"表示厘米,厘米是一个长度单位,今天我们就来学习用厘米做单位量长度。(板书课题)

【评析】 放手给学生,让学生自己观察手中的直尺,认识直尺。

2.认识1厘米。

师:尺子上多长是1厘米呢? 看屏幕上放大了的尺子。从刻度0到刻度1的距离就是1厘米。(板书:1厘米,1 cm)

师:你能在尺子上找到1 cm吗?(组织学生在尺子上找到刻度0到刻度1的距离。)

师:除了这一段是1 cm,你还能找到哪段的长度是1 cm吗?(引导学生在尺子上找其他的1厘米的长度,如刻度1到刻度2,刻度2到刻度3……)

生:相邻两个刻度之间的距离就是1 cm。

师:在尺子上找到任意1个1 cm的长度,用大拇指和食指去卡一卡,看1 cm有多长。

学生卡一卡。

师:你觉得1 cm有多长?(引导学生感受1 cm很短)

师:闭眼想一想、记一记,1 cm有多长。组织学生再次举手比出1 cm,用尺子验证。

师:生活中哪些物体的长度大约是1 cm?

学生找一找,说一说。

【评析】 通过让学生在直尺上找1厘米、记1厘米的长度、在生活中去找1厘米,帮助学生建立1厘米的表象。

3.认识几厘米。

(1)师:孩子们,想挑战更高难度吗? 量一量这两条彩带有多长? 与同桌一组,量一量。

生:我量的这条彩带是5 cm。

师:你是怎么量出来的?

生:从刻度0到刻度5就是5厘米。

同样的方法汇报第二条彩带。(8 cm)

师:(PPT演示)观察这3幅图,你有什么发现?

生:从刻度0开始到刻度几就是几厘米。

(2)认识从刻度几到刻度几的长度。

师:有三条彩带(PPT演示从刻度2到刻度5的线段;从刻度3到刻度7的线段;从刻度5到刻度10的线段),你认为这几条彩带分别有多长? 你是怎么想的?

生:第一条长3厘米,第二条长4厘米,第三条长5厘米。

师:你是怎么数的? 数给同学们看看。

生上台展示。

师:通过刚才的学习,你又有什么发现?

生:用5-2=3(厘米),7-3=4(厘米),10-5=5(厘米)。

师小结:也就是说用终点刻度减起始刻度就等于所量物体的长度。

 【评析】 通过动手操作,让学生学会测量的方法。

三、实践体验,探索测量方法优化

师:(出示1根小棒)同学们,估计一下这根小棒有多长。

师:请同学们拿出课前准备的小棒,尝试量一量。

生上台测量并汇报。

师:还有不一样的量法吗?

生汇报不同量法。

师:请看大屏幕(从刻度0开始量和从刻度3开始量)你觉得哪种更好呢? 为什么? 同桌之间讨论讨论。

生:从刻度0开始量比较好,因为这样量到刻度几就是几厘米,很方便看出结果。

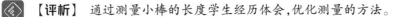【评析】 通过测量小棒的长度学生经历体会,优化测量的方法。

四、巩固练习,巩固测量方法

测量两条不一样长的线段。

五、课堂总结评论

师:今天这节课,你们都有些什么收获呢? 还有什么问题?

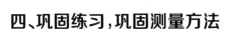教学延展

通过测量两条彩带的长度,激发学生的学习兴趣,让学生体会测量要统一单位的重要性。教师把时间充分让给孩子,让学生自己去认识米尺,体现以学生为主体。通过厘米的认识让学生建立厘米的表象,让学生闭上眼睛想、记1厘米的长度,加深学生对1厘米的认识,培养其直观想象能力。通过测量物体长度的活动,不仅让学生学会测量的方法,也培养了其动手操作能力。

<h1 style="text-align:center">☆ 认识平行四边形 ☆</h1>

【问题解析】 "认识平行四边形"是西师版小学数学教材二年级下册的教学内容。本课从生活的实际物体抽象出平行四边形,由于学生对平行四边形的认知有一定的难度,需要具备长方形、正方形的认识基础,所以只需要学生会辨认平行四边形就行了。

一、复习准备,导入新课

师:我们上节课认识了四边形,它们有什么特点?

生:四边形都是由四条线段围成的。

师:(拿出长方形木框学具)这是什么图形?

生:长方形。

师:(慢慢拉动长方形的长和宽)咦……现在你认识它吗?

生:四边形……

师:是长方形吗? 是正方形吗?

生:不是长方形,也不是正方形。

师:这种四边形就是我们今天要学习的平行四边形。(板书课题)

【评析】 学生学习了长方形、正方形的特征,把长方形变成平行四边形,让学生感知新旧知识之间的联系,激发学习新知识的兴趣。

二、学习新课

(一)直观展示,建立平行四边形的表象

师:(PPT展示长方形和平行四边形)孩子们,认真观察长方形和平行四边形,你们发现了什么? 同桌之间互相说一说。

生1:我发现宽变成斜斜的了……

生2:我发现角变了……

师:真善于观察。再观察一下平行四边形的对边,你发现了什么?

生:对边还是相等。

师:那角呢? 有什么变化?

生:四个直角变成了两个锐角和两个钝角。

师:孩子们,在刚才的探究中,我们发现平行四边形的边的特点和角的特点。那平行四边形还有哪些小秘密呢? 我们继续探究。

【评析】 抓住学生熟悉的长方形的特征,引导学生前后对比,充分交流讨论,发现平行四边形的对边相等和四个角的特点。

(二)操作探索,感知平行四边形的特点

师:(PPT出示小棒)我们认识了平行四边形,你能用这些小棒搭出平行四边形吗? 同桌合作完成。

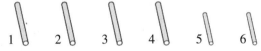

1　　2　　3　　4　　5　　6

生1:我选择1,2,3,4号小棒拼成平行四边形。

生2:我选择的是1,2,5,6号小棒拼成平行四边形。

师:嗯,不错。两根较长的和两根较短的小棒可以搭成一个平行四边形,四根一样长的小棒也可以搭成一个平行四边形。

师:我们在搭建平行四边形时,要特别注意什么呢?

生:对边要相等。

师:举起我们刚搭的平行四边形,动手拉一拉,你发现了什么?

生:变样子了……

师:真善于观察!(拿出三角形木框)这个三角形呢,咦,任我怎么拉,它都……

生:没有变。

师:是呀,孩子们,刚才咱们轻轻拉动平行四边形,发现它很容易变形,如果老师要在这个平行四边形上加上一根木条(出示PPT),你觉得它还会容易变形吗?

生:不会,变成了两个三角形,三角形不容易变形。

师:会思考、会分析,老师相信你们是最棒的!

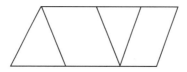【评析】 动手搭小棒活动让学生再一次理解平行四边形"对边相等"的特征,分别拉动平行四边形和三角形,初步感知平行四边形易变形和三角形不易变形的特性,为理解平行四边形和三角形在生活中的应用做铺垫。

(三)生活中的平行四边形

师:在日常生活中,我们可以常见到平行四边形(出示数学书第65页例2的图),从图中你看到了哪些图形?同桌之间互相说一说。

师:你能说说你在生活中见到过哪些平行四边形吗?看看谁是最会观察的孩子?

【评析】 学生体会数学在生活中无处不在,感受学习本课的必要性。

三、课堂练习

(一)基础练习

师:在下面的图形中,你能找出平行四边形吗?给你找出的平行四边形涂上自己喜欢的颜色。

(二)提升练习

师:你能根据今天我们所学习的平行四边形的特点,把下面的图形改成平行四边形吗?同桌之间讨论。

(三)拓展练习

师:会涂平行四边形,会改平行四边形,这些都不算厉害,你能自己制作平行四边形吗?把你的想法告诉同桌,互相商量商量。

【评析】 练习巩固有层次,让学生能更深刻地理解平行四边形的特征。

四、全课总结

师:今天我们研究了哪种平面图形? 它有什么特点?

【评析】 回顾本节课所学知识,理清思路,利于学生更好地建构模型。

教学延展

本课主要是通过操作活动让学生认识平行四边形,由于二年级的孩子空间想象能力还不是很强,用操作活动来培养学生的空间观念以及直观想象能力,是非常符合学生的认知规律的。

☆ 认识东、南、西、北 ☆

【问题解析】 "认识东、南、西、北"是西师版小学数学教材三年级上册的教学内容。辨认方向是空间形式的范畴,在现实生活中有着广泛的应用。本课是学生在一年级认识了前、后、左、右、上、下等方位,以及在生活中积累了东、南、西、北等方向的一些感性经验的基础上学习的,同时对东、南、西、北的认识,也是认识东北、东南、西北、西南的基础。

一、激疑导入

师:孩子们,知道今天为什么要编排这样的位置吗? 先卖个关子。

师:现在要请一名学生站在正中间,面向东面,他的前、后、左、右分别是哪一组?(依次面向南、西、北说一说,他的前、后、左、右分别是哪一组。)

师:咦,同学们仔细想一想,为什么第一组有时在他的前面,有时在他的后面,有时在他的左面,有时在他的右面呢?

师:那有没有更好的方法来描述这四个组的位置与方向呢? 今天我们就一起来认识东、南、西、北。

【评析】 从学生已有的知识出发,让学生在具体的活动中感受已有知识的局限性,为本课的学习打下基础。

二、探究新知

1.初步认识东、南、西、北 。

师:现在老师手上有东、西、南、北四个牌子,你们四个小组知道自己的那一组应该拿哪一张牌子吗? 说说你们是怎么知道的? 小组讨论讨论。

师:有结果了吗?

生:……

师:看来孩子们还没找到突破口,想想咱们的太阳升起、落下……继续讨论吧!

师:看到孩子们灿烂的笑容,我想大家一定是找到方法了,现在来跟大家分享分享。

生1:早上,太阳从东方升起,所以我的前面是东方,我们这一组应该在南方。

生2:……

生3:……

师:看来同学们还是有丰富的生活经验,还能把这些生活经验运用到数学里,为你们点赞!

【评析】 将学生的生活经验作为本课学习的突破口,轻松进入本课的学习。

2.初步体验东、南、西、北。

师:谁能站在中间指一指东、南、西、北四个方向?

师:现在我要请四个同学分别面向东、南、西、北四个方向,说一说东、南、西、北面分别是哪一组。

师:刚才,我们面向不同的方向,用前、后、左、右描述了四个小组的位置。现在,我们还是面向不同的方向,用东、南、西、北描述了四个小组的位置。有什么不一样吗?

生:都是一样的,没有改变。

师:这说明什么呢?咱们的东、南、西、北是确定的方向,所以我们才要选择东、南、西、北来表示方向。

【评析】 这个活动让学生体会到无论面向哪个方向,东、南、西、北是确定的,而前、后、左、右会不断发生变化,所以要想明确表示方向我们要选择东、南、西、北。

3.课堂游戏。

师:孩子们,咱们继续玩游戏。听我口令——东面的小组点点头,南面的小组拍拍手,西面的小组伸伸手,北面的小组跺跺脚。

师:所有小组听令,分别面向东、南、西、北方,面向的时候分别说说此时前、后、左、右是什么方向。

师:刚才的游戏有趣吗?那你们知道东、南、西、北这四个方向之间有哪些有趣的关系呢?

生1:从东开始,按顺时针方向依次为东、南、西、北。

生2:东与西相对,南与北相对。

师:现在请一个同学站在正中间,蒙住他的眼睛转三圈,咱们一起告诉他面向的是哪一个方向,让他指出其余的三个方向,其他同学当裁判。

学生活动。

【评析】 让学生在游戏中感受、体验不同的方向,以及虽然所站位置不同但方向不变的道理。

三、课堂练习

1.你的东、南、西、北四个方向都是谁?

2.数学书第35页练习八第1题。

四、小结

师:今天学会了什么?怎样辨认东、南、西、北?

教学延展

本课从学生的认识基础出发,让学生亲身感受用前、后、左、右描述方向的局限性,通过操作和游戏活动不仅让学生能够准确地辨认东、南、西、北建立方位感,同时也培养了学生空间观念和直观想象能力。

☆ 旋转和平移 ☆

👉 **【问题解析】** "旋转和平移"是西师版小学数学教材三年级下册的教学内容。本课是在学生经历了生活中许多的旋转和平移现象的基础上进行教学的,要充分调动学生的感性认识,通过丰富的实例引导学生观察、比较、体会,最后初步认识旋转和平移现象。

一、创设情境,感知平移和旋转

师:孩子们,喜欢去游乐园玩吗?"乐和乐都"熟悉吧!

生:去过去过。

师:还记得哪些游乐项目?

师:(出示场景图片)你们觉得好玩吗? 这些项目不但好玩、刺激,里面还蕴含有许多数学知识,如果我们能从玩中学到数学知识,那才是最棒的。

✍ **【评析】** 游乐场是学生最熟悉、最喜欢的场景,在导入新课时,利用课件出示游乐场的场景,在这一场景中有旋转的风车、有向前行的火车等旋转和平移的现象,让学生根据两种运动方式的不同进行分类,激发学生探求知识的兴趣,为新课的教学做好铺垫。

二、合作探究

(一)初步感知生活中的简单旋转与平移现象

师:孩子们,你们能根据这些游乐项目的运动方式不同进行分类吗?你们会怎么分类呢? 说说理由。

学生小组讨论交流。

师:哪些孩子来汇报? 说说你是按什么样的标准分的? 分了几类?

学生汇报。

师追问:刚刚这些同学的分类标准和分类结果,你听明白了吗? 赞同吗?

师:看来孩子们都听得很认真。像这样的运动现象,你知道数学家是如何命名的吗? 分别叫物体的平移、旋转。(板书课题:旋转和平移)

(二)认识旋转与平移现象

师:看见这个题目,你想了解关于旋转和平移的哪些知识? 大胆提出来。

生1:我想知道什么是旋转? 什么是平移?

生2:旋转和平移各有什么特点?

生3:它们有哪些相同和不同?

师:真是些爱思考的孩子! 今天我们就一起来解决这些问题。其实这两种运动现象不仅存在于游乐场中,在我们日常生活中也有,我们一起去找一找吧。首先找找旋转现象。

1.认识旋转。

(1)师:你发现哪些物体的运动是旋转的?(根据学生的回答点击出现视频)

师追问:你为什么认为它是旋转? 说说你的理由。(板书:转动)

(2)观察视频,发现特征。

师:它们都是旋转现象,你有什么发现? 有什么共同的特点?

生:转动、转圈。

师:它们都是怎么在转动的呢? 随意转的吗?

生:顺时针(逆时针)转动。

师:你观察到了转动的方向,还有要补充的吗?

生:围绕一个中心在转动。

师:请你来指指这个中心。

(3)生活中哪些物体的运动是旋转现象?

师:我们来看看生活中的旋转现象吧!

生1:电风扇的扇叶转动是旋转现象。

生2:汽车的车轮转动是旋转现象。

……

(4)师:谁来用树叶比画比画什么是旋转？其他同学仔细观察树叶旋转,说说你的发现。

生:树叶的方向和位置都变了。

师:对,树叶的方向和位置在变化,同学们真会发现。那它是怎么变化的呢?(引导学生答出围绕一个中心点转动)

(板书:转动)

师:原来旋转里藏有这么多奥秘呢!

(5)旋转活动。

师:你能自己创造出旋转现象吗？看看你的文具,你能借助它们做旋转运动吗？先自己试一试。

师:拿出你的笔,以笔的中间为中心旋转一圈,以笔尖为中心旋转一圈。以笔尖为中心,顺时针旋转半圈。

2.认识平移现象。

(1)寻找主题图里的平移现象。

师:认识了旋转,我们来看看平移现象,你们发现了吗？你们为什么认为它是平移现象？说说理由。

生:它的位置变了……

(2)再次找生活中的平移现象。

师:请睁大眼睛找找生活中的平移现象吧。

生1:推开窗户。

生2:每周一换位置,搬动桌子。

……

(3)结合刚才研究旋转的方法,同桌讨论平移的特征。

师:刚才老师带着大家一起研究了旋转现象,现在请同学们自己研究,先独立思考,然后同桌交流,把你们讨论的结果填进表格里。

生1:平移是从这个地方移动到另一个地方。

生2:平移时,物体的方向没有改变。

师:对,平移是沿着一条直线在移动(板书:移动),方向不变,只是位置发生了变化。

（4）体验活动。

师：你能利用身边的物体自己创造出平移现象吗？

学生活动后汇报、交流。

3.小结：找准旋转和平移的异同。

师：我们已经把旋转和平移的特点找到了，问题解决了，还有一个问题：它们有何异同？相信大家学习了旋转和平移，现在对它们有了新的认识。它们有什么相同点和不同点呢？（借助工具，小组交流）

生汇报：旋转现象在转动，平移现象在移动。

（三）练习反馈，判断生活中的旋转与平移现象（数学书第71~72页练习十六第1、2、3题）

师：我们用旋转与平移的知识来进行判断吧！

师：第1题，请大家默默地看，把答案记在心里。

师：有想法了吗？请你和大家来交流。

（注意语言表达的完整性）

师：第2题，请你静静地看。有问题需要问吗？

可能生会问：第三个。

师：有同学能解答吗？

师：我们一起来看看吧。（木工视频）是平移现象吗？为什么？

生：沿着直线在移动。

师：明白了吗？

师：我想问一个问题，钟摆的运动是平移现象吗？

（生讨论）

师：实物展示。现在是什么现象？（一点儿幅度）（大一点儿幅度）（转圈）

师：你发现了什么？

生：尽管是没有转圈，转动一点儿也是旋转现象。

师：第一个是什么现象？第四个呢？

师：第3题，一起来吧。

师：冰箱门的开和关究竟是什么运动现象呢？

（生讨论）

生：旋转。

师：有些同学还有点儿模糊，瞧瞧这儿，咱们的教室门（开和关），你发现了什么？

生：在旋转，绕着这儿在旋转，方向发生了改变。

师：真善于观察和总结，教室门绕着这个轴在旋转。

【评析】 课堂上，用肢体动作来表达"旋转"与"平移"，使他们直观地获得感性认识，加深理解。学生们在探讨、研究的过程中，体验到两种运动方式的特征。从生活中去寻找旋转与平移的现象，通过辨析旋转和平移现象，进一步强化学生对这两种运动现象的认识，体会平移和旋转这两种运动的不同特征，感受它们的普遍存在。这样不仅使本节课的知识融合到生活中，同时还培养了学生的兴趣，极大地提高了学生学习数学的积极性。

三、应用提高

师：孩子们，旋转与平移现象非常普通与平常，我们很多时候都在运用它们来方便我们的生活，美化我们的生活。

1.欣赏平移和旋转构成的美丽图案。

师：同学们，平移和旋转的知识不只在我们的建筑中有运用，在很多美丽的图案设计中也有运用，你瞧。（学生欣赏图案）

2.平移和旋转现象让我们的生活更方便。

3.师：这是上海音乐厅，大家看到这样的画面想说什么呢？我们的工程师伟大吧！

【评析】 三个练习既帮学生巩固了学习的旋转和平移现象，又再次让学生感受到生活中处处是数学，数学魅力无穷，激发学生热爱数学的情感。

四、总结梳理

师:孩子们,学习了今天的知识,你们想说点儿什么呢?(生汇报)

师:今天,我们一起走进了生活中的旋转与平移现象,让我们知道原来生活中有这么多有趣的运动现象。其实,在旋转与平移的世界里还有很多奇妙的知识等着我们去发现,让我们用善于发现的眼睛和善于思考的大脑去迎接新的挑战吧!

🧑‍🏫 教学延展

本节课通过学生熟悉的游乐场的项目展开,引发学生兴趣。分类游乐场的项目既能激发学生思考,也把生活问题转化成为数学问题进行研究,为本课的学习打下坚实的基础。本课涉及大量生活实例以及学生的肢体动作,关注学生的生活经验,让学生正确感知旋转与平移的特点。培养了学生观察、操作的能力,建立了初步的空间观念。

☆ 相交与平行 ☆

👉 **【问题解析】** "相交与平行"是西师版小学数学教材四年级上册的教学内容。相交与平行是学生在学习了线段、直线和射线的基础上进行教学的,四年级的孩子可能对同一平面的认识不是太清楚。学习垂线的画法也为学习平行四边形、三角形、梯形的面积打下基础。

一、建构同一平面

1.师:同学们,观察这个长方体,观察红色平面内的这条直线和绿色平面内这条直线,你发现了什么?

生:两条直线不在同一个平面内。

2.师:现在我把绿色平面的这条直线移动一下,你想说点儿什么?

生:现在两条直线在同一个平面内。

师:是的,今天我们就要学习同一平面内的两条直线的位置关系。

(板书:同一平面　两条直线)

3.师:现在请孩子们动动手,用小棒在桌面上摆一摆它们的位置关系。

师:(收集几种小棒的摆法)为了便于研究,我把它们画了下来并编上了序号,咱们一起来看。

✏️ **【评析】** 通过把长方体的两个不同面上的两条直线放在同一个面这一过程,让学生理解同一平面,为本课研究同一平面内两条直线的位置关系打下基础。

二、同一平面内两条直线的位置关系

1.编号分类,得出相交和不相交。

师:同学们,你们可以把这些直线的位置关系进行怎样的分类?以小组为单位讨论。

生：①④⑥号分在一起，②③⑤号分在一起。

师：孩子们，请看③号图形，这是两条什么线？

生：直线。

师：直线具有什么特点呢？

生：两端可以无限延长。

师：把③号分为不交叉这类，有没有补充的？

生：我们把直线两端无限延长，发现③号中两条直线延长后能够交叉在一起。

师：这两条直线没有交叉，为什么要归为这类呢？

生：根据直线的特点，它延长后可以交叉。

师：你的意思是说，这两条直线无限延长，它们的距离越来越近，最终能交叉在一起，对吗？

生点头赞同。

师：孩子们，现在你们觉得③号应该归为哪一类？

生：③号应该和①④号分在一起。

师：那②⑤号图形中两条直线无限延长后，能交叉在一起吗？

生：不能。

师小结：像这种在同一平面内两条直线交叉了或通过延长交叉了，我们就把这两条直线的位置关系叫作相交。今天这节课我们主要研究两条直线相交的位置关系。(移除课件上②⑤号不相交的情况，板书课题：相交)

师：来，一起读课题。

【评析】　通过学生操作小棒，让学生感受同一平面内两条直线的位置关系（相交与不相交），向学生渗透分类思想，同时也为进一步研究相交做好铺垫。

2.找相交线的共同特点：都形成了交点和角。

师：孩子们，看一看你们刚才自己摆的小棒，属于相交情况的请举手。其实，两条直线相交的情况还有很多，我们可以用省略号表示。观察这些相交的情况，它们有什么共同特点？把你的发现说给小组成员听一听！

师：谁来说说你们的发现？

生1:两条直线相交形成了一个交点。

生2:两条直线相交后有四个角。

师:数学上把相交形成的这个点叫作交点。

3.垂直。

师:孩子们,观察两条直线相交形成的角,你有什么发现?

生:有锐角、钝角,还有直角。

师:你是怎么知道有直角的? 我们用工具来测量一下是不是更加准确?

生:可以用量角器或三角板上的直角去量一量④号里的角。

师:看! 测量出④号图形中有一个直角,其余的三个角是什么角呢? 不用量,还可以用什么方法验证你的猜测? 小组内交流交流。

生:∠2和∠3组成了一个平角,1个平角=2个直角,∠2是直角,所以∠3也是直角。以此类推,∠4也是一个直角。

师小结:通过你们刚才的讲解我们知道了,两条直线相交,只要有一个角是直角,其余的3个角就都是(直角)。这时,我们可以说,当两条直线相交成直角时,这两条直线互相垂直,它们的交点叫垂足。(师板书:成直角 互相垂直)

师:在这些相交情况中哪几号中的两条直线互相垂直?

师:能说说你的理由吗?

生:因为它们的两条直线相交成直角了。

师:⑥号中的两条直线为什么不是互相垂直的?

生:因为它们相交没有形成直角。

(板书:"成直角"勾起来)

师:如果两条直线相交形成直角了,我们就把这种情况叫作垂直。(板书:"成直角"勾起来)(完善课题:垂直)

师:请看,这是一组互相垂直的直线,你能解释什么是"互相"吗? 两条直线相交我们可以这样描述它们的位置关系。

生:直线 a 和直线 b 互相垂直;直线 a 垂直于直线 b;直线 a 是直线 b 的垂线。

师:你能反过来说一说吗?

生:直线 b 和直线 a 互相垂直;直线 b 垂直于直线 a;直线 b 是直线 a 的垂线。

师:互相垂直就是说一条直线是另一条直线的垂线,或另一条直线是这条直线的垂线。既然是互相,我们能单独说直线a是垂线吗?

生:不能。

【评析】 学生经历观察、比较、思考、讨论的学习过程,构建两条直线互相垂直的知识模型,通过学生小组学习,思维碰撞,强化"互相垂直"的主要特点——两条直线相交成直角。

4.在生活中找垂直现象。

师:你能找到身边的垂直现象吗?(请学生指一指、说一说)

师追问:为什么它们是互相垂直的?(因为它们相交成直角了)

5.巩固练习。

检查孩子们对相交中的特殊情况垂直的掌握情况。

三、教学过点画垂线

1.过直线上一点画已知直线的垂线。

师:同学们,认真观察,现在我要擦掉这条直线的垂线,请大家思考这条直线的垂线是怎么画出来的,要用到哪些工具。(让学生产生画垂线的表象,让学生知道画垂线要用到工具上的直角)

师:现在请同学们自己试着画一画直线b的垂线。

学生自己尝试画垂线,并互相交流。

师:你们在画垂线的时候,哪些是需要注意的呢?

生:要经过点A,画的线要与直线b相交成直角。

师:请小组内讨论画垂线的方法。

学生讨论,交流画法。

生汇报。

2.如图,过点 P 作直线 l 的垂线。

$\bullet P$

————————————— l

生上台展示他的画法。

师:你还有什么好的建议?

师小结:过直线上一点和直线外一点画已知直线的垂线,第一是要三角尺的边和直线重合,第二是点要靠三角尺的边。

【评析】 学生自己动手画垂线,并能用自己的语言来说一说画法,经历知识的建构和形成过程,加深理解互相垂直。

四、拓展应用

师:大家能根据今天所学的知识为明明家设计一条最短的小路连接到公路吗?

五、课堂小结

师:通过这节课的学习你有哪些收获?

教学延展

本节课由长方体不同面上的直线引入,从而引导学生理解同一平面是非常成功的。通过让学生动手操作小棒不仅渗透分类的思想,而且还把相交与不相交直观展示在学生面前,为进一步研究相交打下坚实的基础。本课也非常注重让学生经历观察、比较、思考、讨论的学习过程,规范学生的数学表达,培养学生的空间观念以及直观想象能力。

☆ 三角形的分类 ☆

👉 **【问题解析】** "三角形的分类"是西师版小学数学教材四年级下册的教学内容。本课是在学生学习了三角形的认识、角的认识的基础上进行教学的,也是后边学习三角形的面积以及三角形性质的基础,三角形是最基本的多边形,也能为后面其他多边形的学习打下基础。

一、激趣导入

师:孩子们,你们知道三角形的哪些知识?

生1:三角形有3条边、3个角、3个顶点。

生2:三角形任意两边之和大于第三边。

生3:三角形内角之和等于180度。

……

师:关于角,我们也来回忆一下。这些分别是什么角?

生:直角、锐角、钝角。

师:既然我们已经认识了三角形,又会对角进行分类。我们今天一起来研究三角形的分类。(板书课题:三角形的分类)

✏️ **【评析】** 调动学生的已有知识经验,特别是直角、锐角、钝角的特点,为今天即将要探究的新知识做好铺垫。

师:关于"三角形的分类",你想了解哪些知识?

生1:三角形按什么标准来分类?

生2:三角形可以分为哪几类?

生3:每类三角形有什么特征?

……

师:这几个问题很有价值,那我们就来围绕这几个问题开始今天的学习吧!

二、探究新知

1.自学例1。

师:(PPT出示例1)请同学们以小组为单位自学例1,完成表格;思考这两个问题:按角的特征,可以把三角形分为哪几类? 它们各有什么特征?

生1:我将(1)(3)(5)号三角形分为一类,有3个锐角;将(2)(4)(6)号三角形分为一类,有2个锐角。

生2:我将(1)(3)(5)号三角形分为一类,有3个锐角;将(2)(6)号三角形分为一类,有1个直角,2个锐角;将(4)号三角形分为一类,有1个钝角,2个锐角。

师:孩子们,你们的看法呢? 觉得哪位同学的分类更好? 同桌之间可以讨论讨论。

生:我觉得分为三类更准确一些,都是锐角的,有直角的,有钝角的……

师:这位同学的想法非常好,我们把3个角都是锐角的三角形叫作锐角三角形;有1个角是直角,另外2个角是锐角的三角形叫作直角三角形;有1个角是钝角,另外2个角是锐角的三角形叫作钝角三角形。(师相机板书)

2.讨论三角形分类标准。

师:我们这种分法是按什么标准来分的呢?

生:是按三角形的角的特征来分类的。

师:你们还有什么疑惑吗?

生1:同一个三角形里可不可以有2个直角呢?

生2:同一个三角形里可不可以有2个钝角呢?

生3:同一个三角形里可不可以有1个直角和1个钝角呢?

师:你们的问题提得非常有意义! 请大家认真思考,再在小组里交流自己的想法。

生独立思考,组内交流。

生1:我们小组认为同一个三角形里不可以同时有2个直角。因为直角是90度,2个直角加起来就已经有180度了,第3个角一定大于0度,那2个90度再加上第3个角,三角形的内角和就大于180度了。而三角形的3个内角之和等于180度,所以是不可以同时有2个直角的。

生2:我们小组认为同一个三角形里不可以同时有2个钝角。因为钝角大于90度,2个钝角加起来就已经大于180度了,第3个角一定大于0度,加起来那就更大了。我们知道三角形的3个内角之和等于180度,所以不可以同时有2个钝角。

生3:我们小组认为同一个三角形里不可以同时有1个直角和1个钝角。因为直角等于90度,钝角大于90度,1个直角和1个钝角加起来就已经大于180度了,所以不可以同时有1个直角和1个钝角。

师:同学们分析得真好,为你们点赞。

【评析】 引导学生自己提出问题,充分展开讨论,要知其然,还要知其所以然,把三角形的内角构成理解得更透彻。

3.比较三类三角形的异同。

师:这三类三角形有什么异同? 小组内讨论。

生:我们小组认为这三类三角形都至少有2个锐角。不同点是锐角三角形的最大角是锐角,直角三角形的最大角是直角,钝角三角形的最大角是钝角。

师:你们组的学习效果真不错! 最大角是什么角就是什么三角形,真是很了不起的发现!(板书:最大角)

【评析】 学生通过小组讨论分析三类三角形的异同,交流得出"最大角"与三角形种类的关系,为判断三角形的种类找到了捷径。

4.三类三角形的关系。

师用集合圈表示锐角三角形、直角三角形和钝角三角形的关系。

(1)完成数学书第42页练习十一第1题,连线。(学生独立完成后,集体订正答案)

(2)完成数学书第42页"课堂活动"第1题。把1张正方形纸片,沿虚线剪开,剪出的两个三角形是什么三角形? 如果是长方形呢?

(3)∠1,∠2,∠3是三角形的内角,算出∠3的度数,并说说它们各是什么三角形。

①∠1=75°,∠2=55°;

②∠1=37°,∠2=43°;

③∠1=52°,∠2=38°;

④∠1=60°,∠2=60°。

三、反思总结

师:通过这节课的学习,大家有什么收获?

教学延展

让学生带着问题进入学习,有利于学生对学习目标的把握。把时间充分让给学生,以学生为主体,充分调动学生的积极性,通过关键问题层层递进促进学生思考。本课向学生渗透了分类的思想,培养了学生的空间观念。

☆ 长方体、正方体的认识 ☆

【问题解析】 "长方体、正方体的认识"是西师版小学数学教材五年级下册的教学内容。本课是在初步认识长方体和正方体的基础上进行教学的,也是为后面长方体和正方体表面积与体积的学习做准备。本课通过多种操作活动培养了学生的空间观念。

一、教学引入,激发兴趣

师:孩子们,我们先来看一个有趣的数学现象(课件演示:点的平移形成线,线的平移形成面,面的平移形成体)认识它们吗? 一起说说它们的名字。

生:长方体、正方体。

师:来,举起你们准备的长方体相互看看。哇! 这么多,大的、小的、高的、矮的,各不相同,它们都是长方体。再举起正方体,瞧一瞧,也是如此。看来,长方体、正方体各自都有共同的特征。今天这节课我们就来了解长方体、正方体的特征。(板书:长方体、正方体的认识)

二、教学新课,探究交流

1.介绍各部分名称。

师:点、线、面是立体图形的重要组成部分。接下来我们就从这三个方面来研究长方体、正方体。(PPT演示)请看,围成长方体、正方体的图形叫作它们的面,面和面相交的线段叫作棱,一起读一读。这些线段也都是棱,三条棱相交的这个点叫作顶点,这些也是顶点。

2.学生提出问题并独立探究数量问题。

师:关于顶点、棱、面你想知道些什么呢?

生1:它们有什么关系?

生2:它们是怎么组成长方体和正方体的?

生3:有多少点、线、面?

生4:它们有哪些特点?

师:你们提出的问题都很有价值,有孩子提到数量的问题,下面请大家拿出长方体、正方体。看一看、摸一摸、数一数,它们各有几个顶点、几条棱、几个面。

师:谁先来汇报长方体。

生:有8个顶点,12条棱,6个面。

师:大家同意吗? 数得真准。正方体呢?

生:我发现正方体有6个面,8个顶点,12条棱。

(板书:8个、12条、6个)

【评析】 学生通过看一看、摸一摸、数一数,动手感知长方体和正方体的点、棱、面,初步认识长方体、正方体的特征。

3.小组合作探究长方体、正方体棱的特征并汇报展示。

师:那长方体和正方体的棱和面还有哪些特征呢? 请结合老师为大家准备的长方体、正方体框架(课件)和自己准备的长方体、正方体,小组内观察、交流并把发现记录在学习单上。开始行动吧!

生小组学习。

师:哪组孩子先来汇报棱的特征?(抽组汇报)

生:长方体的12条棱,可分成3组,每组4条,相对的棱,长度相等;正方体的12条棱,长度都相等。

师:大家听明白了吗? 他们组的汇报很清楚,让我们把掌声送给他们。你们能再说得更具体点吗? 12条棱分成了哪3组? 相对的棱是什么意思? 你是怎么知道长方体每组棱,长度相等的?

生:蓝色的4条为一组,红色的4条为一组,黄色的4条为一组。

4.拆分小棒验证小组汇报的结论。

师:这些孩子的发现到底对不对呢? 接下来我们需要验证。老师为大家准备的长方体、正方体框架是可以拆的,请大家拆开,并取出小棒验证长方体每组棱是不是长度相等,正方体所有的棱是不是长度相等。

生小组合作验证。

师:验证好了吗?

生1:我们小组通过比较的方法验证长方体每组棱是相等的。

生2:我们小组是用比较的方法验证正方体所有的棱相等。

师:每组棱我们也可以说是相对的棱,这是一组相对的棱,这也是一组。通过验证,看来长方体相对的棱,长度的确相等。正方体所有的棱长度都相等。(板书验证结果)来,一起把我们的发现自豪地读出来。

【评析】 学生在以前的学习中,对长方体和正方体有一些直观的认识,在此基础上,通过观察、操作、验证,由浅入深,再次探究长方体和正方体棱长的特征,并在组内交流,概括出长方体和正方体棱长的特征。

5.介绍长、宽、高和棱长。

师:孩子们,长方体有12条棱,知道吗? 它们可都有自己的名字,相交于一个顶点的三条棱,分别叫作长、宽、高。(课件标注长、宽、高)这组相对的棱都是长,这组都是宽,这组都是高。长方体的长、宽、高各有几条?

生:都有4条。

师:请大家拿出长方体指一指它的长、宽、高。正方体长、宽、高都相等,所以每条棱都叫作棱长。

6.小组汇报探究面的特征及特殊的长方体。

师:接下来哪个组再来汇报长方体、正方体面的特征?

生1:我们组发现长方体有6个面,都是长方形;正方体有6个面,都是正方形,且完全相同。

生2:我们组发现长方体相对的面完全相同。

生3:长方体的面都是长方形,特殊的有正方形,正方体的面都是正方形的。

师追问:相对的面是什么意思?你怎么知道相对的面是完全相同的?请小组再讨论讨论。

生:可以算出面积,还可以拆了比较。

师:孩子们真厉害。通过自己的方法又发现了长方体相对的面完全相同,正方体所有的面完全相同。(板书:长方体相对的面完全相同,正方体所有的面完全相同)

师:刚才有孩子说长方体有2个相对的面是正方形,老师这个也可以变成他说的那样,请看,变(课件变化),谁看明白了?

生:高变短了和宽一样了。

师:高变得和宽一样长了,长方体就出现了两个相对的面是正方形。那么长方体中可以有3个面都是正方形吗?

生1:可以。

生2:不可以。

师:看来同学们都有自己的想法,那你们是怎么想的?

生:如果有3个面是正方形,它就变成了正方体。

师:是这样吗? 继续看(课件展示)变,真的是正方体了,怎么变的?

生:长、宽、高一样了。

师:看来,长方体最多有2个相对的面是正方形。(板书:长方体最多有两个相对的面是正方形)

7.找特征的相同点和不同点,概括关系。

师:孩子们,我们从顶点、棱、面三个方面认识了长方体、正方体的特征,请你们比较它们有什么相同点和不同点。同桌之间互相说一说。

生:相同点是都有6个面、12条棱、8个顶点。不同点是长方体相对的棱相等,相对的面完全相同,正方体12条棱相等,正方体6个面完全相同。

师:我们来看看,正方体的6个面相同,相对的面也相同吗? 正方体所有的棱,长度相等;相对的棱,长度也相等吗?

生:对。

师:看来,正方体具备长方体的特征,它们既有区别也有联系。你能用一句话说出它们之间的关系吗?

生:正方体是特殊的长方体。

师:(课件)说得真好,掌声送给他,正方体就是长、宽、高相等的长方体,让我们一起大声地读出来吧。

三、教学巩固,培养能力

师:孩子们,现在我们已经比较全面地认识了长方体和正方体,究竟掌握得怎么样呢? 我们来检验检验。

1.填出下图中长方体每个面的面积,并说说发现了什么?(计算验证长方体相对的面的面积完全相同)

生:长方体相对的面的面积完全相同。

2.师:想一想,张叔叔想做一个这样大小的长方体收纳箱,只知道长,能确保和它一样大吗? 我们来验证看看。(课件)现在知道长和宽能确保做出了吧!(课件)还得知道什么?(长、宽、高)也就是说长方体的形状和大小是由长、宽、高同时决定的。

3.师:现在老师给大家长、宽、高,请大家想象可能是生活中的什么物体? 第一个长 10 m,宽 2.5 m,高 3 m,长 10 m 想想有多长,想到了吗? 老师给大家几个选项,请大家选择。A.立式空调;B.公共汽车;C.普通教室。继续想,第二个长、宽、高都是 6 cm,A.魔方;B.骰子;C.粉笔盒。第三个长 24 cm,宽 17 cm,高 0.7 cm,这个又是什么物体?(点课件)A.新华字典;B.数学书;C.文具盒。如果把数学书的高缩短到 0.1 mm,它又是什么呢?(课件)知道吗? 一张白纸虽然很薄,但也是一个长方体。

四、教学小结,分享感受

师:孩子们,今天的学习你们有哪些收获?

师:看来大家收获挺大的。相信大家通过本课的学习,想象力也得到了很大的发展。

教学延展

本课通过点动成线、线动成面、面动成体引入非常新颖,能激发学生兴趣。引导学生从点、线、面三个方面对长方体和正方体的特征进行探究,结构清晰,层层递进。本课非常注重培养学生的动手操作能力,让学生积累丰富的数学活动经验更有利于学生对长方体、正方体特征的认识,同时也培养了学生的动手操作能力以及直观想象能力。

☆ 图形的放大或缩小 ☆

👉 **【问题解析】** "图形的放大或缩小"是西师版小学数学教材六年级上册的教学内容。在学习本课之前学生对比的意义和平面图形的知识有一定的认识基础，也对生活中的放大或缩小有一定的感性认识。本课的学习为比例尺和确定物体位置的学习做准备。

一、直观导入

师：老师所在的学校是一所农村小学，每逢春秋季节，我就喜欢领着孩子们去附近踏青，在这项活动中留下的许许多多美好的回忆，想跟你们一起分享。(PPT出示照片)

生：太小了，看不清。

师：怎么办?(PPT出示放大后的照片)

师：哎，太大了，怎么办?

生：缩小点儿。(PPT出示缩小一点儿的照片)

师：现在可以了吗?

师：为了看清照片，刚才经历了什么过程?

生：照片的放大和缩小。(板书：放大 缩小)

师：对，像刚才这样的变化过程，就是放大或缩小。今天我们就一起来学习图形的放大或缩小。(完善板书：图形的放大或缩小)

📖 **【评析】** 让学生初步体会图形的放大与缩小的过程，激发学生的探究欲望，为本课的学习做铺垫。

二、探究新知

(一)初步感知图形的放大或缩小

1.师:(出示PPT)观察下面两张图片,有什么相同和不同的地方?

(形状相同,大小相同)

师:(出示PPT)这两张图片呢? 你们觉得有什么相同和不同的地方?

(形状相同,大小不同)

师:你能用放大或缩小来说说它们的变化过程吗?

生:从左到右,图形放大了,从右到左,图形缩小了。

师:老师把这张照片拿到照相馆去放大打印,照相馆的工作人员这样处理照片,如果你是老师,你会要吗?(PPT出示变形的照片)为什么?

师:是呀,孩子们分析得真到位! 像这样图片虽然变大了,但变形了,就不是数学上的图形放大。为了更好地研究图片的变化,我们要隐去图片的内容,先研究图形的变化。

2.出示两组图形。

每组图中的两个图形之间有什么变化?

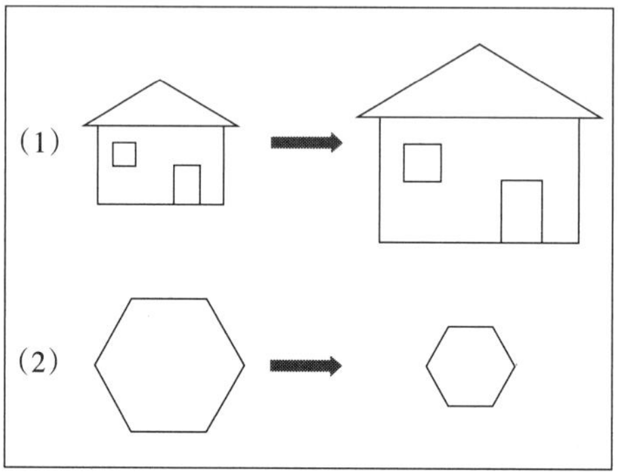

师:认真观察两组图形,说说每组图中两个图形之间的变化。

生:第一组图形放大了,第二组图形缩小了。

师追问:不管是放大还是缩小,图形的什么不变? 什么变了? (板书:形状不变,大小改变)

【评析】 通过放大和缩小图片,让学生明白图形的放大或缩小形状不变,大小发生了变化。

(二)探究图形放大或缩小时,各条边的变化规律

1.活动体验,感悟边有规律的变化是放大或缩小的关键。

师:怎样才能保证图形的形状不变,大小改变? 我们试着摆摆正方形。(PPT出示正方形,教具贴在黑板上)

师:仔细观察这个正方形,每边摆了几根小棒?(两根)你能摆出这个正方形放大或缩小后的图形吗?

学生活动:摆正方形。

师:谁来展示你的作品? 抽2~3名学生展示摆的正方形,引导学生说出是把这个正方形放大还是缩小了,怎么摆的。

师:孩子们,在刚才的活动中,你们改变了正方形的边,把它放大或缩小了,那其他图形的放大或缩小也能通过改变什么来实现?(板书:边)图形的各边是如何变化的呢? 让我们从以下放大或缩小的图形中进一步研究。

2.数形结合,探究规律。

师:(PPT出示小组活动要求)请同学们认真观察这三组图形,小组内学习。

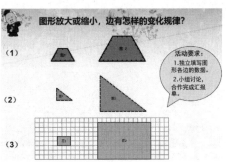

小组汇报1:第一组是梯形,梯形各边都放大到原来的2倍。

小组汇报2:我们组研究的是三角形的变化,三角形各边都放大到原来的3倍。

小组汇报3:从左往右看,长方形各边都放大到原来的4倍,从右往左看,长方形各边都缩小到原来的$\frac{1}{4}$。

师：根据刚才各组的汇报，你能用一句话归纳一下三角形、长方形、梯形等平面图形放大或缩小时，边的变化规律吗？

板书：各边同时放大到原来的几倍，图形放大（张贴）；各边同时缩小为原来的几分之几，图形缩小（张贴）。

师：我们的发现中，哪些词最重要？（各边、同时）

 【评析】 从整体感知到更深入的探究，研究各边的变化规律。

三、应用新知

1.师：我们发现了图形的变化规律，你能用这个规律来完成练习吗？数学书第66页练习十七第1题，请大家翻开书做一做。

2.师：掌握得真好！孩子们，听说过立体串珠吗？就是把那些光彩夺目的五彩珠子用鱼线穿成不同的东西，各种小动物啊，纸巾盒，等等，我们小学有这门特色课程，现在我们要宣传学校的这门课程，你能运用今天所学的知识来设计广告方案吗？请学生大胆发挥想象，再把你的想法给相邻的伙伴儿说说。

四、梳理知识，升华认识

1.通过这节课的学习，你有什么收获？

2.师：其实生活中很多地方都用到了放大或缩小，你能给大家说说吗？

3.师：老师也找了一些资料，我们一起看看。欣赏：生活中放大或缩小的应用。（课件：地图、十字绣、世界之窗）

4.全课总结。

教学延展

开课出示踏青的照片让学生初步经历图形的放大与缩小的过程，调动学生的认知经验，为更深入地进入本课学习打下基础。通过观察、操作、合作探究让学生明白图形放大或缩小的特点，运用数形结合探究图形各边的变化规律，渗透数形结合思想。本课也培养了学生的空间观念和直观想象能力。

第三节 直观想象检测

1~3年级直观想象检测试题

1.数一数。

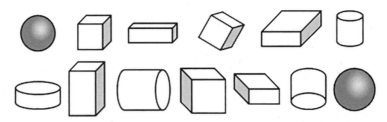

正方体有(　　)个,长方体有(　　)个,球有(　　)个,圆柱有(　　)个。

2.一年级(2)班男生排队体检,从前往后数,小亚是第16个,从后往前数,小亚是第5个,这一排有(　　)个男生。你能用喜欢的图形表示题目的意思吗?

3.把能用左边的物体画出的图形圈出来。

长方体	□	□	△	○
正方体	□	□	△	○
圆柱	□	□	△	○

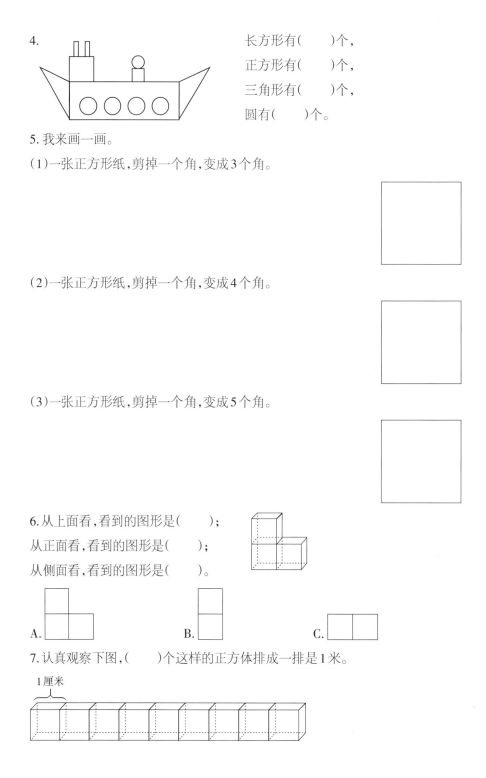

4.

长方形有( )个,

正方形有( )个,

三角形有( )个,

圆有( )个。

5. 我来画一画。

(1)一张正方形纸,剪掉一个角,变成3个角。

(2)一张正方形纸,剪掉一个角,变成4个角。

(3)一张正方形纸,剪掉一个角,变成5个角。

6.从上面看,看到的图形是( );

从正面看,看到的图形是( );

从侧面看,看到的图形是( )。

A. B. C.

7.认真观察下图,( )个这样的正方体排成一排是1米。

1厘米

8. 数一数下图中有(   )个平行四边形。

9. 一块长方形菜地,长10米,宽5米,从这块菜地里分出一块最大的正方形来种玉米,剩下的菜地种大豆,请在图中表示出玉米地和大豆地,并分别计算出具体的面积。

10. 小明的周末。

小明从家出发,先向东走了150米,到达书店,看了2时的书,再向(   )走(   )米到超市买零食,和好朋友东东在超市门口碰面后,继续朝东走50米,再向南走250米到游乐园。

(请用线条表示小明所走的线路,并标注好所有地点)

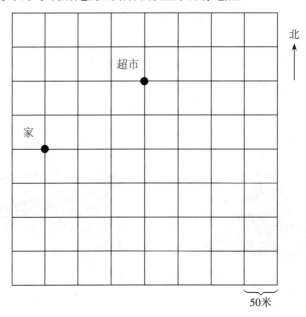

4~6年级直观想象检测试题

1. 数一数。

（　　）个角　　　　　　　（　　）条线段

2. 小刚从家到公路 OA、OB 怎样走最近？请你在图上表示出来。

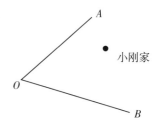

小刚家

3. 已知,一个三角形内角和为180°,那么,一个五边形的内角和是多少呢?(提示:画一画,找找五边形与三角形之间的联系)

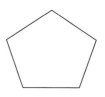

4. 如图是两个完全相同的长方形,请比较甲、乙两个阴影部分的面积大小。(长10厘米,宽6厘米)

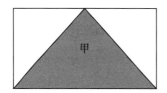
甲

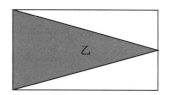
乙

5. 下图中,平行线间的三个图形,它们的面积相比,谁大谁小?

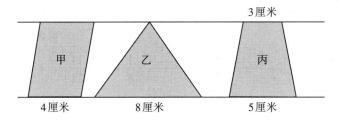

3厘米

甲　乙　丙

4厘米　8厘米　5厘米

6. 一长方体礼盒,长3分米,宽2分米,高1分米,用丝带捆扎(如图所示),接头处有3分米,至少需要丝带多少分米?

7. 如图是一根2.2米长的方木,沿着如图虚线锯成两段后表面积增加了1.8平方米,这段方木的体积是多少?

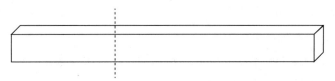

8. 求出下列图形阴影部分的面积。(单位:厘米)

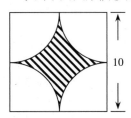

10

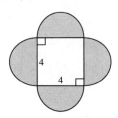

4

4

9. 求出右面图形的周长。(单位:厘米)

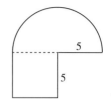

10. 某文化宫广场周围环境如图所示。

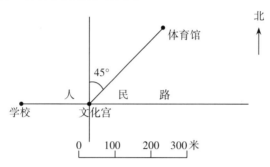

　　(1)文化宫东面350米处,有一条东野巷与人民路互相垂直。画出这条街,并标上"东野巷"。

　　(2)体育馆在文化宫的( )方( )米处。

　　(3)小刚以每分60米的速度从学校沿着人民路往东走,2分后,他到达文化宫( )方( )米处。

11. 一根长1米的圆木浮于水面,其横截面直径为20厘米,刚好一半露出水面,这根圆木被水淹没的面积是多少?

→ 第五章　数学运算

第一节　数学运算概述

　　数学运算是人们日常生活,各种科学研究等方方面面必不可少的重要内容之一。无论是在大学,高中还是初中,几何和代数中都有许多数学运算。而在整个小学阶段,数学运算显得特别突出,无论什么版本的数学教材,无论哪个年级,仅纵观目录,数学运算方面的教学内容始终贯穿在整个小学阶段,并且在整个小学数学阶段教科书中所占比例几乎达到了二分之一,这些统计中当然还不包括综合运用里的计算。《义务教育数学课程标准(2011年版)》中指出,应注重发展学生的十大核心概念词中,就明确提出了作为教师,我们应当发展学生的运算能力,由此可见数学运算的地位。既然数学运算地位如此高,并伴随我们人生的方方面面和每一阶段,且数学运算作为一项基本功在学生以后的整个成长过程中具有重要地位,所以培养小学生运算能力应该从小打下坚实的基础。小学阶段是学习数学运算的起始阶段,根据小学知识的特点和小学生的年龄特点,在小学数学教学中,计算教学的方式、方法就显得尤为重要。

一、数学运算的内涵和特点

　　数学是研究现实世界的空间形式和数量关系的科学。可以这么说,数学活动是一切学科的基础,是基本形式,是演绎推理的一种形式,是人们获得新的量的重要手段,人类的每一次进步都是数学在其背后有力的支撑。试想,如果没有数学,自动化生产线可能实现吗?如果没有数学世界会进入互联网时代吗?答案都是否定的。在数学上,可以将数学运算理解为一种行为,一种能力;运算中,我们是将已知量根据不同的运算符号和运算法则,通过复杂的大脑活动进而获得新的量,可以这样说,运算的本质是集合之间的映射。教师应该怎样具体理解数学运算呢?数学运算是指在明确运算对象的基础上,通过已知的量的可能组合,按照其运算法则获取新的量,进而解决数学问题的过程。这里我们需要理解一些关键词:理解运算对象(除去不与数学相关的表面特征,保留数概念这一本质特征),掌握运算法则,探究运算方向,根据数学信息选择运算方法并能用正确的运算符号表示出来,并最终求得运算结果等。数学运算是建立在数概念发展的基础上的,有了数概念的扩展才有相应的运算产生,因此数学运算算理的形成最基本的出发点是数概念的基本单位及其组成,从而抽象和建立相应的数学运算法则。这就是"认数"和"计算"相结合的意义所在。

说到数学运算,就不得不说运算符号,它是人类理性思维与抽象思维以及创新思维的产物,据数据统计,数学符号的发明以及其推广使用要比数字晚,但是它的数量很多,目前为止,已超过200个,远远超过了基础数字。例如:表示两个或多个量的和(+),差(-),积(×),商(÷),绝对值(| |),交集(∩)等,都是常见的数学符号,当我们去深入拓展研究,还会发现每个运算符号都有一段非常有趣的经历。如果我们将数学符号按照它的使用类型进行分类,可以分为表示运算的运算符号、表示数量关系的关系符号、表示运算顺序的结合符号、表示性质的性质符号、表示其组合形式的排列组合符号等。

运算符号:+、-、×、÷……

关系符号:＞、＜、=、≈……

结合符号:小括号( )、中括号[ ]……

性质符号:正号+、负号-、正负号±……

省略符号:△、Rt△……

……

二、小学各阶段对运算能力课程内容要求

《义务教育数学课程标准(2011年版)》中对运算能力总体描述为:能够根据法则和运算律正确地进行运算的能力。培养学生运算能力的意义在于帮助学生建立数的概念,让学生形成数感,帮助学生理解运算方法和理解算理,并帮助学生找到既合理又简洁的运算途径解决数学问题。如小学低段认识100以内数时,将数代入现实情境是学生认识数的重要方法。相比而言,在小学中高段认识万以内的数和万以上数时,数目比较大,离学生的现实生活较远。因此,教学的核心任务就是要让学生掌握数的结构、数级,并让学生熟练掌握数位顺序表等,帮助学生运用数的结构认识新的数,并建立与万以内数的认识的联系与区别。

(一)整数的认识和运算

从数数中我们知道应培养学生从具体到抽象,并进行数学运算。在第一学段中,我们已经让学生明白了简单的具体到抽象的过程,例如,数字1的抽象过程,我们引导学生无论是1个苹果,1个梨,1朵花,或者1个杯子等,它的表面属性都不是数学思考的范围,并从这些具体事物中,抽象出了数字1;如果要表示把两个量合起来,又抽象出用"+"来表示合起来,计算中,教会了孩子用数一数,算一算等方式,抽象得出新的量。我们还进一步抽象了10个一是十,10个十是百等,并利用数位顺序表,建立了数的位置值,初步形成数感。利用整数的加、减、乘、除运算,包括口算、估算,培养学生关于整数的运算能力。

在第二学段中,我们还要帮助学生拓宽对数级的认识,并与前面的数值建立联系,加强了对十进制的进一步理解和认识,通过学习,学生明白了10个一万就是十万;10个十万就是百万等,从而丰富了学生的数概念范围,知道数级和万以内数的认识规律;学生根据以往知识点的迁移和推理,学会了读数和写数,并能根据这些规律和方法,掌握各计数单位之间的进率,大小比较的方法、求近似值方法,能综合运用这些数进行计算,从而更深刻地认识万以上的数,为后续数学运算做好铺垫。

例:某整数,精确到万位后,得到的近似值是620万,这个数最大是(6204999),最小是(6195000)。

其计算为:620万+4999   620万-5000

在第二学段,涉及整数的口算与笔算,精确计算与估算,加、减、乘、除四则混合运算。还有利用运算定律(加法交换律、加法结合律、乘法交换律、乘法结合律、乘法分配律)和减法的性质 $a-b-c=a-(b+c)$ 进行简便运算、灵活运算。学生不但要会算,还要算得准确,而且计算方法更要灵活。

(二)小数的认识和运算

小数是实数的一种特殊表现形式,是用10的乘幂为分母的分数的一种表现形式,在测量和计算中,有时不能得到整数的结果,我们通常可以用小数来表示。小数和整数一样,都是十进制计数,其每相邻两个计数单位之间的进率都是10。在数轴上,如果把每两个相邻整数之间的距离平均分成10份,100份,1000份,每个等分点表示的数越精细,产生的小数单位也就越小,表示的数也越准确。[①]

数位顺序表											
	整数部分					小数点	小数部分				
数位名称	……	万位	千位	百位	十位	个位	.	十分位	百分位	千分位	万分位	……
计数单位	……	万	千	百	十	一(个)	.	0.1	0.01	0.001	0.0001	……

例1:明确小数的意义,在数轴上能找出两个一位小数之间或者两个两位小数之间的小数的位置。

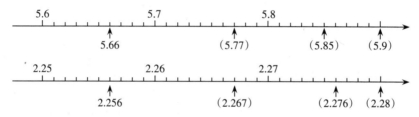

小数的运算,在小学阶段只涉及加、减、乘、除及其四则混合运算,运算的法则、简便运算的方法等与整数的运算基本相同,只是在小数运算时要注意小数点的位置。

(三)分数的认识和运算

分数是指把单位"1"平均分成若干份,表示其中的一份或几份的数。这里的单位"1"可以是1个月饼,1盒月饼,1箱月饼,1车月饼……1捆小棒,1束花,是1个数,1个图形,1个物体,1个集合(整体)。人们在分东西时,比如分月饼,24个月饼平均分给2个人,每人分得12个;平均分给3个人,每人分得8个;平均分给6个人,每人分得4个。这样每人分得的月饼个数可用"2""12""8""4"等自然数表示。如果把1个月饼平均分给2人,每人只能分得这个月饼的"一半"或"半个",这"一半"或"半个"就不能用自然数表示,于是产生了新的数——分数。当然,这是举个例子,也是较肤浅的认识,但也说明了分数产生的必要性。分数与小数可以互化,事实上,小数就是表示十分之几,百分之几,千分之几……的数,如$0.4 = \frac{4}{10} = \frac{2}{5}$,$0.125 = \frac{125}{1000} = \frac{1}{8}$。

①张天孝.现代新思维小学数学教育[M].杭州:浙江大学出版社,2017.

分数的运算法则和简便运算方法，与整数的运算一致，只是说在分数加减运算时，分数单位相同才能直接相加减，否则要"通分"。事实上，整数相加减时，"相同数位要对齐"；小数相加减时，"小数点要对齐"；分数相加减时，"异分母分数要通分化成同分母分数"，它们加减运算的实质都是"相同单位才能直接相加减"。

（四）百分数的认识和运算

百分数是指表示一个数是另一个数的百分之几的数，形式上是分母是100的分数，即百分之几的分数，实质上表示的是两个数的倍比关系，因此百分数又叫百分比或百分率。百分数在日常生活中有着广泛的应用，比如衣服中棉的含量为86%，学生做早操的出勤率为98%，考试的及格率为98%，小树的成活率为80%，银行的存款利率为4.3%，酒精浓度为70%，工业生产总值同比增长120%……百分数与分数是两个不同的概念，它们之间既有联系又有区别。联系：百分数与分数可以互化，如$40\% = \frac{40}{100} = \frac{2}{5}$；说百分数是分数，分数单位为$\frac{1}{100}$，可以像分数那样参与加减乘除运算。区别：分数既可以用来表示一个具体的数量，也可以表示两个数量间的倍数关系，分数后面可以有计量单位，也可以没有计量单位；百分数只能表示两个数量间的倍数关系，百分数后面不能写计量单位。如：学校食堂今天烧了这堆煤的25%，约$\frac{8}{5}$吨，明天将运走它的15%。

关于百分数的运算法则与运算顺序，像整数一样，如计算125×80%-45÷89%。

三、数学运算的功能

数学是一门简洁的语言，其作为解决现实生活的有力工具，无论是方法、数学思想都已渗透到生活的各个方面。虽然数学运算常常被人们评论为枯燥、乏味，却有着不可估量的育人功能。

（一）计算功能对学生行为习惯的影响

数学运算中，要求学生必须细心、踏实，一个数学符号，一个小数点，每一次加、减、乘、除，每个小括号的计算都需要学生细致周到，不能有一丝一毫的马虎，这对培养学生严于律己，一丝不苟的精神有着极大的帮助。数学运算有序——同级运算的算法,既有一级运算又有二级运算的计算,有括号的运算顺序……都是启发和培养学生做事有计划,能重点培养学生理性思维品质的重要资源。数学运算还能很好地培养学生的有序性思维。数学运算具有抽象性、运算结果具有唯一性,每次求得的和、差、积、商都是学生对运算抽象思维的结果,每个正确计算结果都是学生脚踏实地、求是、求真的体现。

(二)认知功能对学生意志品质的培养

并不是每次数学运算都只是简单机械操作就可以完成的,有些数学运算与推理是需要学生经过认真思考,将已知知识加以灵活思考运用才能形成的;在培养学生运算解题的过程中,让学生学会从数学本身学习,也并非一朝一夕,这都需要培养学生拥有坚定的意志。对学生情感态度的培养就更容易被人们忽略了,学生成功后,在体验欢乐时,教会学生总结和反思;失败之后教会学生不气馁,让学生学会寻找错误原因,这些都是培养学生意志品质的过程。

(三)应用功能促进学生知识水平的提高

数学来源于生活,服务于生活,当学生不只是为了学知识而学习,而是能体会到其在实际生活中的运用价值,这样更有助于学生更好地学习,并能很好地促进学生知识水平的提高。

四、数学运算教学存在的问题

《义务教育数学课程标准(2011年版)》要求把运算作为必须具备的数学应用技能之一,提倡学生学习方式应以主动参与、探究发现、交流合作为主。培养学生运算能力作为小学数学的一项重要任务,要求学生正确计算,方法灵活合理,由此可见,指导学生进行探究性学习是改革的重点之一。面对这样的要求,教师要在平常教学中为学生多创造机会,不断探索培养学生的教学方法,让学生真正在合作中学会交流,在合作中学会探究。然而由于很多教师没有特别成熟的例子可学,在实际教学中所设计的,并要求学生在课堂上进行的数学探究以及合作学习活动,就会存在一些盲目和困惑。教学活动和学生活动等情形中暴露出的问题就反映了部分教师对新理念理解的某些偏差,进而陷入"忽左忽右"的漩涡里,甚至走进了误区。例如：在新一轮课改前，部分教师把重心都放在关注计算结果上，而在课改实行后，又出现过多追求课堂形式，令课堂表现出只停留在表面的现象，教室里看起来很热闹，实则每课重点落实却令人担忧。与此同时当然也忽视了帮助学生建立对算理的理解，导致学生计算能力下降，没有兴趣，思维能力没有得到培养。教师在组织学生进行探究学习时，忽略了应当遵循学生认知规律，又没有站在学生的角度去思考，让本该能很好培养学生素养的探究学习变成了只是强加给学生的学习行为过程。还有的教师过分强调学生的自主性，过分强调学生的主体作用，从而弱化了教师的指导作用，让学生一节课下来，没有什么实质性的收获，导致学生的计算能力越来越弱。我们在新课改的形式下，并不是要完全否定原来教学中的优秀可取方式，并不是为了应付新课程改革而框架式套用，让计算教学课堂呆板、沉闷，我们是要在新课改的理念下，发扬原来的优势，并培养适合学生终身发展的数学学习能力。

教师对课改理解的偏差，往往容易导致学生运算出现以下问题：课堂热闹了，但是学生对算法和算理不明；轻视口算，计算准确率低；轻视估算，不能很好建立数感，发展数概念。感知也极易出现不准确，对运算的理解是粗糙的、笼统的，只会注意到一些孤立的现象，不能将各知识点之间建立联系，缺乏整体性，出现读不懂题或者读题不仔细，不会审题，抄错数字、符号等，出现感知错误；甚至容易出现思维定式，被假象迷惑等不良学习习惯。

这些问题都可能造成学生学习不好，这些问题都值得我们思考。

五、数学运算的教学策略

数学运算是学生知识链中的重要内容之一，运算能力是学生学习数学和其他学科的重要基础，运算能力的高低会直接影响学生的学习质量，其反映的不仅是学生基本数学学习能力，更是孩子思维能力的一种重要体现。运算得正确、灵活、简洁、合理是运算能力的主要特征。如何在课堂中提高数学运算能力，需要教师有一定的教学策略。

（一）保证运算的正确

数学运算中，数学的概念、公式、运算法则、定理都是我们进行数学运算的重要依据,数学运算时,必须根据这些运算实质进行运算,从已知的数据里去推导出结果。如果推导的过程中,学生对这些内容掌握得不够扎实,就必然容易导致错误的结果,这是学生运算能力差的一个重要原因。因而,如何让学生扎扎实实地掌握这些概念、公式、运算法则、定理就是我们要重点思考的问题,如果我们仅仅让他们反复地背诵,而没有真正理解,不但容易遗忘,还容易出现仍然不会用的情况。

例如:计算800-60÷2×30,错误解答为:800-60÷60=800-1=799,根据四则混合运算法则,算式中既有乘除法,又有加减法时,应先算乘除法,再算加减法。学生如果只是记住了这句话,而没有真正理解,就会犯以上错误。所以教师在教学时,一定要通过具体情境,让学生列出算式,通过多个算式,再进一步总结这一算法,并让学生充分内化吸收,而不是只是背一个结论。

(二)帮助学生充分理解算理

学生在学习中,不仅要知其然,更要知其所以然,学生在学习数学运算上也是如此,只有在知其然并知其所以然的情况下,学生学习起来才会兴趣越来越浓厚,才能学得深入,也只有这样才能培养出国家需要的创新型人才。算理,从字面上也不难理解,即运算的原理、道理,是推导出新量的程序性操作,解决的是"为什么这样算"的问题,只有学生明白了其中的道理,才能准确、快速地得出结果,才能深入帮助学生理解运算法则、公式的适用条件。

例如:计算14×12,首先可以使用点子图让学生明白14×2表示的是2个14是多少,再让学生明白14乘十位的1表示的是10个14是多少,从而引导学生思考两位数乘两位数的运算原理:12是由1个十和2个一组成的,让学生将以前学过的14×2和14×10结合起来,先算2个14是多少,再算10个14是多少,最后将两次运算的结果加起来。通过这样的过程,学生慢慢理解了两位数乘两位数的算理。而不是只是老师说怎样算,表示什么意思就结束了。

(三)选择合理简洁的运算途径

要让学生学会合理简洁选择运算途径,除了做好备课外,还要教会学生做到善于分析条件,探究正确简洁的运算方法,并根据运算方法使用数学符号,合理简洁。一题多解在数学运算中是比较常见的,正是由于一题多解方能激活各算法之间的核心联系。算法多样化体现的是孩子思维的多样性和层次性,多样化算法是帮助学生优化算法的必要条件,学生在众多算法中,通过分析比较,最终确定选择合理简洁的运算途径就是学生素养得以提升的过程,教师教学中,要学会启发和放手,日积月累下来,孩子的运算速度、能力、素养也就形成了。

六、落实核心素养,实施数学运算教学的建议

教学活动是师生积极参与,交往互动,共同发展的过程。而数的运算是人们在日常生活中应用最多的数学知识,因此它历来是小学数学教学的基本内容,教学所占的课时居于首位。为了更好地落实核心素养,让学生对数学运算学起来更有趣,让教师们工作达到事半功倍的效果,对实施数学运算教学做如下建议。

建议一:1.教师在计算教学时,应当把计算教学融于具体情境之中,让学生能够在具体情境中深入理解算理,掌握并牢记运算顺序;只有学生从本质上认识的东西,才有利于其后续学习。2.教师在选择教学情境作为教学内容时,应当尽力注重教学情境内容的现实性,并充分找准教学的起点,想明白我们通过这节课,要让学生达到什么目标,这节课将为下一个知识点的链接链接到哪里? 例如:分数四则混合运算,学生的起点在于学生之前对整数四则混合运算和小数已有的大量认识,那本次课的重点就可以放在引导学生发现分数四则混合运算的计算规律上,并让学生用数学语言表述出计算规律和总结怎样计算的方法;让学生将之前学过的四则混合运算建立知识链,并为学生初步搭建起"百分数、分数、小数的混合运算"的平台。3.改进材料的呈现方式,我们不妨在每个单元课程教学时,让学生根据前面所学知识的架构框架,参与教学材料的提供与组织,给学生一个富有创新实践的机会和学习环境,这其实也是学生对知识的进一步认识。4.运用不同的方法解决生活中的问题,从而理解乘除混合运算的运算顺序、运算性质、运算定理等。如:已知1支钢笔6.30元,每本笔记本3.50元,20元买了3本笔记本和1支钢笔,还剩多少元? 解法一:20-3.5×3-6.3;解法二:20-(3.5×3+6.3)。5.教会学生注意观察题目的特点:(1)让学生学会观察数字特点与运算符号特点,从而根据其特点,选择是否需要简便运算;(2)通过观察对比,帮助学生强化运算定律的灵活运用;(3)如果没有简便运算,让学生学会自我强调运算顺序,只有学生自己学会了要求自己,才真正达到解决问题的作用。6.每天进行常规计算练习,例如口算、估算,边算边结合课堂上探

究的算理、运算顺序等。7.注重自我培养良好的计算习惯和对算理进行描述的习惯:(1)可以口头叙述算式,再说计算过程,最后说计算结果。例如:8+4,可以这样说,4送2给8凑成10,10加4送走2后还剩的2,10加2等于12;4减2等于2,2加凑成的10等于12。退位减法也是可以先描述算法,再说答案,例如:11-8,可以说看见8想到2,2加11剩下的1等于3。(2)如果是在纸上进行笔算,也可以用上述方法进行仔细检查。

建议二:1.重视培养学生良好的解题习惯。首先要记住计算口诀,先把题审清楚后再运算,时刻提醒自己正确的运算顺序;当然一步步检查也绝不能放松;这是保证良好习惯的基础。2.让学生熟练掌握计算的操作过程,让学生建立起提高计算正确率的愿望,并时常给自己心理暗示,我一定可以算对。有了一个好的开端,再加上教给学生提高正确率的方法,计算的准确率就会逐渐提高。3.计算时合理的操作过程是提高计算正确率的方法之一,教师可以通过一些固定的训练,不断地提高学生的自觉性。需要注意的是,在训练过程中节奏不宜太快,对于选择的练习题,要做到少而精,并且使学生有比较充裕的时间进行运算,让学生体会到自我的成功感和优越性,增强学习信心。4.教会学生在进行四则运算时,可以口算与笔算结合,只要是在口算的范围,并能保证计算的准确性,如果是刚开始学习四则混合运算时,可以要求学生把竖式就写在递等式右边,以方便我们了解学生哪些地方做得好,进行表扬,增加快乐,也方便我们分析其错因,从而进行及时、有效的指导。在测验考试时,可以额外对试卷草稿进行评分,并给予一定的奖励,促进学生良好计算习惯的形成。

总之,一切有利于孩子的,我们都可以思考,帮助学生真正形成数学素养,教师可以多写写自己的经验,当我们把一个个小经验汇集起来时,就可以形成一篇论文,再针对这一系列问题展开研究,便可以申请课题,从而形成优秀的教育方法供大家相互学习,帮助孩子们更好地形成数学素养。

第二节　数学运算教学案例

☆ 进位加法 ☆

【问题解析】 "进位加法"是西师版小学数学教材一年级下册的教学内容。本课教学时,学生已经能熟练计算20以内的进位加减法,并能结合前面的凑十法摆小棒进行算理的分析,已经基本掌握了竖式运算,具备了一定的观察分析能力,学习能力和动手能力都比较强。

一、情境引入

师:同学们知道这是哪儿吗? 从这幅图中你都知道哪些跟数学相关的信息?

师:根据这些信息你能发现哪些数学问题? 怎样列式?

生:27+8,45+45,32-17+12。

师:这节课我们就来研究像这样的算式——两位数加一位数的进位加法。(板书)

【评析】 寻找图片中的数学信息,提出问题,孩子们的注意力被抓住,直奔主题。

二、教学新课

师:PPT出示某停车场图片,孩子们,你们发现了哪些数学信息? 要解决什么问题?

生:这幅图中小男孩说有27辆货车,小女孩说有8辆客车。问题是一共有多少辆车。

师:该怎样列式呢?

生:27+8。

师:为什么要用加法呢?

生:加法就是合起来的意思,这道题就是要把客车的辆数和货车的辆数合起来,所以要用加法。

师:同学们,这个算式和我们原来学的两位数加一位数的计算方法一样吗?

生:一样的,因为它们都是两位数加一位数的加法,所以我觉得它们是一样的。

师:同学们说得有道理。

师:你能说说你觉得哪些地方一样吗?

生:我们在计算的时候都要个位对着个位,十位对着十位,而且都是从个位加起。

师:你能试着算一算吗? 要是遇到困难,可以和同桌一起思考怎么解决。

师:很多同学在用这个方法计算27+8时会遇到新的问题,你能说说遇到了什么问题吗?

生:我们在计算27+8时,个位上的7+8等于15,这个结果比10大,我们就不知道该怎么办了。

师:有同学想到好办法了吗? 让我们一起来听一听,他们是怎么做的。

师:摆小棒是一个好方法,我们可不可以借用小棒来帮助我们呢? 现在请同学们用小棒摆出27+8,然后算一算它们合起来是多少。

师:谁来汇报一下27根小棒加上8根小棒合起来是多少根小棒?

生:合起来有35根小棒。

师:能说说你是怎么算的吗? 如果你能边演示边说那就更好了。

生:我们是这样想的,首先拿出2捆零7根小棒,再用零的7根小棒加上8根小棒等于15根小棒,满十了,我就把它捆成1捆。所以现在就有3捆了,也就是30。最后加上剩下的5根就是35根小棒。所以27+8=35。

师:有谁听懂了这个过程,请你也来说一说。

师:同学们通过摆小棒帮助我们解决了这个难题。现在请跟你的同桌摆一摆,说一说。

师:用摆小棒操作的方式解决了进位的问题,在实际计算过程中,我们又该怎样用竖式来把我们刚才说的过程记录下来呢?

结合操作过程我们想一想,先把这两个加数写在竖式上。然后从哪一位加起呢?(从个位加起),7+8=15。

师:刚才在摆小棒的时候你是怎样解决7+8=15这个问题的呢?

生:零散的小棒合成的10根捆成1捆。

师:也就是说7+8=15时,就要向十位上进1,我们这样记录,在对准十位的线上,先记上一个小"1",表示刚才7+8=15中的1个十,再把剩下的5写在个位上,这样表示这个变化。(师边讲解边做板书)

师:在这里老师想请小朋友们思考这样一个问题:这儿为什么不把这"1个十"直接写在十位的结果上呢?

生:因为十位上的数还没有加,如果我们直接把个位相加满1个十的"1"写在十位就把十位占了,十位上加起来的数就不知往哪里写了。所以这个进到十位上的"1"只能先在心里记住,为了避免忘记,可以在十位上作一个小记号。

师:接下来我们该怎么办?

生:接下来要把十位上的2和进上来的1相加,2+1=3,在十位上写3。

师:通过刚才的探讨,你发现这节课学习的加法和我们以前学过的加法有什么不同吗?

生:以前学的加法个位相加没有满十,今天新学的加法个位上的数加起来满十了。

师:所以,从今天开始,我们还要在我们学过的计算方法上补充"个位相加满十向十位进1"这样一句话。

【评析】 通过小组合作,摆小棒,学生自己结合前面的知识算理的研究,学生能够从凑十法中发现拆7合8凑成十,也可以拆8合7凑成十,这里主要是让孩子们用眼睛观察。通过凑十法能够很快地得出结果,这是一种整体思想的培养。竖式计算这里的设计主要采用的是尝试法。

三、自主练习,深化理解

师:27+8小朋友们已经会算了,请看PPT上这道算式,你会算吗?(显示:8+27=)

师:这道算式和27+8相比较,它们有什么相同和不同的地方?

生:相同的地方是数字没有变,加数相同。不同的地方是位置变了。

师:你还会计算吗?请说说你的想法。

生:两个加数完全相同,只是位置变了,所以方法也是完全相同的,首先对齐数位,从个位算起,满十往前进1。

师:接下来请大家自学例2。

四、巩固练习

1.圈一圈,算一算。

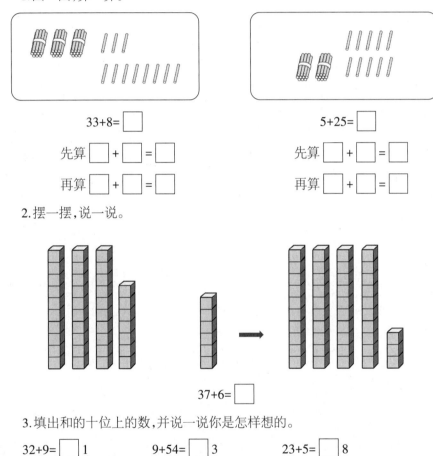

33+8=☐

先算 ☐ + ☐ = ☐

再算 ☐ + ☐ = ☐

5+25=☐

先算 ☐ + ☐ = ☐

再算 ☐ + ☐ = ☐

2.摆一摆,说一说。

37+6=☐

3.填出和的十位上的数,并说一说你是怎样想的。

32+9=☐ 1   9+54=☐ 3   23+5=☐ 8

45+6=☐ 1   8+59=☐ 7   85+9=☐ 4

64+5=☐ 9   77+8=☐ 5   57+9=☐ 6

五、课堂小结

师:通过今天这节课的学习,你有什么新的收获?

【评析】 这个环节主要是孩子们对知识进行总结,从自己学习的状况出发,提出学习需要注意的事项,设计小组组员的相互评价和自我评价,目的是培养孩子的自我审视能力和辩证分析问题的能力。

教学延展

本节课难易结合,突出重点,重视知识的回忆及方法的迁移,体现了算法多样化,激活了学生的思维,较好地体现了教师课前的教学设想。本节课教师引导学生学会"多中选优,择优而用"。同时,当学生发现自己所创造的算法被列为最佳或较佳时,在他们幼小的心灵里会萌发出自我价值,增强学习的自信心,在以后的学习中会主动挑战自我,这才是教学改革的真谛。

☆ 用乘法口诀求商 ☆

👆 **【问题解析】** "用乘法口诀求商"是西师版小学数学教材二年级上册的教学内容。这是一节典型的计算课。本节课的主要目标是初步认识除法是乘法的逆运算,知道乘法算式中的一个因数就是商;学会用乘法口诀求商,明白商就是乘法算式中的因数;培养学生的逻辑推算能力。

一、复习铺垫,导入新课

师:同学们,今天老师要来考考大家乘法口诀掌握得怎么样。

师:谁敢接受老师的挑战呢? 其余的同学认真倾听,做好小裁判,明白了吗?

1.师生对口令。

2.用口诀完成下面的题。

6×(　　)=24　　　　(　　)×5=35　　　　7×(　　)=49

(　　)×9=63　　　　5×(　　)=40　　　　(　　)×8=16

3.计算苹果的个数。(PPT展示题目)

师:一共有多少个苹果呢? 你能用什么方法得出答案?

生:6×4=24(个)。

师:为什么这样列式? 用哪句乘法口诀呢?

师:孩子们真厉害,你们是怎么做到快速而准确地计算出答案的呢?

生:用了乘法口诀。

师:了不起,会学会用。其实,乘法口诀不仅能快速地算出答案,还有其他作用呢?(板书课题:用乘法口诀求商)

✏ **【评析】** 三个层次的问题引入,不仅是对旧知的回顾,更是一种迁移。这样的题目要求和教师的激励性语言能有效地培养学生的自信心,相信自己能行。为后面教学中学生有效地发挥自身的潜能,发表自己独到的看法提供了有力的保障作用。

二、创设情境,探究新知

师:同学们,请看,你们发现了什么?(课件出示:例1情境图)

生:4个小朋友要分苹果。

师:筐里一共有多少个苹果?

生:24个。

师:按什么要求分呢? 怎样列式?

生:24÷6 = 4。

师:你是怎么知道这道题的商是4呢? 你是怎样想的? 小组交流。

生:想乘法口诀。

师:看来用乘法口诀求商真快呀!

课件展示:一共24个苹果,平均放在4个盘里,每盘放几个?

师:你是怎样算出这道题的商的? 请和同桌说说自己的想法。

生:我是这样想的,四六二十四,4个6就是24,所以每盘放6个。

师:那么,怎么算出上面两道除法算式的商呢?

生:用乘法口诀。

师:从上面的计算中你发现了什么?

生:这些算式里都有4,6,24这三个数字;我们想到了我们学过的乘法口诀"四六二十四",就有4×6=24,24÷6=4,24÷4=6这3个算式;除法算式中的被除数相当于乘法算式中的积,除法算式中的除数和商相当于两个因数。

【评析】 以上过程为下面的抽象思维埋下了伏笔,学生充分感受直观向抽象的过渡。又通过孩子们和老师的相互交流达到共同发展的效果,加深了学生对商意义的理解。

三、巩固练习,拓展提升

1.看乘法算式,写除法算式。

2.说口诀求商。

3.课堂小游戏,智慧之锁。

规则:有3把钥匙,老师出题,同学们举起相应的钥匙。

4.走进文具店(生活中的除法)。

师:孩子们,我们一起来解决生活中的问题吧。

(1)欣赏文具,了解价格。

(2)20元可以买(　　)瓶胶水。 8元可以买(　　)个铅笔刀。 24元可以买(　　)支钢笔。

(3)拓展延伸:小红有18元,她想用来买自己喜欢的东西,可以买哪些?

【评析】 边游戏边学习,学生体验到了成功的快乐,体会到了被除数和除数一样时商1。

四、课堂总结

师:通过本节课的学习,你有什么收获? 你还有什么问题?

教学延展

本节课根据课标精神,抓住教材实质,结合学生实际,精心设计了教学的各个环节。无论是创设教学情境,安排教学过程,还是体验教学活动,整节课都坚持了以学生的发展为本。这也正是新课标所提倡的教学理念,也是我们在教学中要努力遵循的原则,达到了较好的教学效果。

☆ 8加几 ☆

👉 **【问题解析】** "8加几"是西师版小学数学教材一年级上册的教学内容。本节课学生需要进一步学会用"凑十法"计算8加几进位加法,学生还要理解两数相加"满十进1"的计算法则、算理;知识之间的内在联系学生有所感知,逻辑之美有所体会,从而形成基本的数学运算素养。

一、基本训练,搭桥铺路

1.口答:3可以分成2和(　　),4可以分成2和(　　),7可以分成2和(　　),8可以分成2和(　　),9可以分成2和(　　)。

2.听算:(开火车)

8+(　　)=10　8+2+1=　8+2+3=　8+2+5=　9+2=　9+8=

师:说说你是怎么想的。

📖 **【评析】** 学习8加几,在凑十的过程中,我们都会把一个数分成2和几。在设计的时候,首先对孩子们前面10以内数的组成进行复习,为孩子们学习8加几"凑十"的过程打下基础,让孩子们对8加几的"几"这个数有一个初步的思考。开火车计算,则是对孩子前面10加几知识的回忆,唤醒孩子们计算的记忆。

二、创设情境,造成悬念

师:今天,老师给同学们带来了一个数学故事。很久很久以前,有一天,一只猴子白天摘了8个桃子,晚上又摘了6个桃子。它很快就算出了自己一共摘了14个桃子,你们知道猴子是用什么方法计算出来的吗?

生:凑十法。

【评析】 前面刚开始接触凑十法，孩子们还不是很能理解，所以回忆"凑十法"的基本步骤，让孩子对"凑十法"有深刻的印象。

三、动像启发，探究规律

新课的教学采用分层依次渐进的方法进行。

第一层次：教学"8+3"。

PPT先展示牙刷盒里的8支牙刷，再展示牙刷盒外面的3支。

师：要求一共有多少支牙刷，用什么方法计算？怎么列式？

生：加法计算，8+3。

师：8加3应该怎样算，你能想到好办法吗？赶快试一试吧。

生1：顺着数，8加3就是往后面顺着数3个，得到11。

生2：摆小棒，先摆8根小棒，代表8支牙刷，再摆3根小棒，代表盒外的牙刷，依次数。或者先圈10根，加上没有圈的1根，就是11根。

师：从3根小棒的这一组中先拿2根和左边的8根圈起来，凑成10根，就是凑十，我们再把圈起来的10根和没有圈的1根相加，就得到11根小棒，这就是凑十法。

师：8加3的算法也和9加几一样，用"凑十法"计算，谁知道第一步想什么？

生：8加几凑成10。

师：第二步想什么？

生：把3分成2和1。

师：第三步想什么？

生：8加2得10，10再加1得11。

师：我们可以这样记录我们凑十的过程。

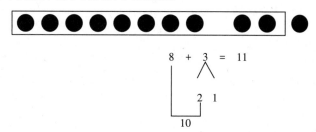

第二层次:教学"8+7"。

师:左边的盘子里有8个苹果,右边的盘子里有7个苹果,一共有多少个苹果?你会列式吗?

生:8+7。

师:谁来说一说"8+7",你是怎样计算的?

生:用凑十法,看8想2,因为8+2=10,7可以分成2和5,所以先算8+2=10,再算10+5=15。

师:刚才,我们把这些苹果分成了2个、8个、5个这样的三部分,也就是把7分成了2和5,那我们可以把7分成1和6或者3和4吗?

生:不行,因为8和3,8和4不能凑成十。

第三层次:教学"8+8"。

老师安排左边8名男生和右边8名女生排成两排唱儿歌,其余同学打节拍。

师:这里一共用多少名学生唱歌呢? 你会列式吗?

生:8+8。

师:4人合作边摆小棒边说边算。

生汇报。

第四层次:通过摆小圆片学生算出得数。

1.动手摆小圆片算出"8+4"的结果。

2.想一想:8+5,8+6,8+9怎样想能很快说出得数?

四、乐中提高,形成技能

1.课堂练习,独立完成数学书第75页"课堂活动"第1题和第2题。

2.游戏练习。

(1)看病。

8+8=8+3+5=16   8+5=8+1+4=14

(2)找朋友。(播放歌曲《找朋友》)

(3)接力赛。

(4)放鞭炮。

师：今天，我们学会了"8加几"的加法，你们真棒！老师给你们点赞，给你们庆祝一下。我特意为小朋友们准备了"一串鞭炮"，请几位小朋友到前面来一个个地放，看谁放得响，算对了大家齐说一声"叭！"，算错了大家齐说一声"扑！"，并再换一位小朋友放，直到放响为止。

五、课堂小结

师：同学们，通过今天的学习，你们最大的收获是什么？

教学延展

本节课，通过基本训练，使学生动脑、动口，活跃学生的思维，起到组织教学的作用；通过创设故事情境，造成悬念，激发学生的学习兴趣；采用分层渐进法在动像启发中让学生自主探索规律，充分发挥学生的主体性；最后通过音乐渲染、游戏活动等形式把数学书上的练习综合处理，当堂解决，让学生享受计算的乐趣。

☆ 三位数的加法 ☆

👆 **【问题解析】** "三位数的加法"(连续进位)是西师版小学数学教材二年级下册的教学内容。本课是两位数加两位数连续进位加法的延续,在计算方法上是相同的。这个内容是这个单元学习的重点之一,是学生学习笔算的一个难点,是小学阶段整数加减法的一个小节点。

一、复习引入

师:经过差不多两年的学习,孩子们增长了不少计算方面的本领。今天我就考考你们口算的能力,男女生来个对抗赛,看你们学习得怎么样了,看看谁能当上神算手。现在开始吧!

师:孩子们算得真是又对又快,真棒!我发现了很多神算手,全对的夸夸自己吧!没有当上神算手的孩子也不要灰心,下次继续努力!

师:刚才孩子们运用的是口算,那么在我们平时计算中还有哪些计算方法呢?

生:我们可以口算、心算、竖式计算还有估算。

📎 **【评析】** 通过比赛的形式进入新课的教学,不但复习了旧知口算,同时激发了学生学习的积极性。

二、教学新知

师:既然有那么多的计算方法,那么请孩子们去帮助一位开文具店的叔叔,他采购时买了一些铅笔和钢笔,但是他太粗心了,他忘了两种笔一共有多少支?请孩子们帮忙算一算,行吗?

师:请孩子们细心审题,从这道题中你都知道了哪些信息?

生:……

师：根据这些信息要知道两种笔一共有多少支应该用什么方法计算呢？算式怎样列呢？

生：220+260。

师：这个算式你会计算吗？像这样的算式就是我们今天要学习的三位数的加法。

师：孩子们拿出练习本试着用自己最喜欢的方式算算吧！算完之后，把你的方法说给你的同桌听听吧。

师：同学们真棒，一下找出了这么多的计算方法，竖式我们已经学过了，能不能用一个竖式，把我们描述的过程表示出来？请同学们独立试试吧，写好了和同桌说一说你是怎么算的？最后我们再交流汇报。

学生上台汇报，教师梳理并小结竖式计算的方法及需要注意的地方。

师：同学们真了不起，不仅用多种口算方法算出了这道题的得数，而且还请了竖式来帮忙。以后大家可以用自己喜欢的方法来计算这样的题目。

师：刚才我们通过努力，帮助那位粗心的叔叔算对了一共购进了多少支笔，现在再请你们帮一个忙，解决一下这个问题，丰收小学共有学生多少人？怎样列式？

生：433+418。

师：你们能算出433+418得多少吗？想办法试一试。算完的同学和同桌说说是怎么算的。

师：你觉得在计算中要注意什么？

生：首先我们要把相同数位对齐，个位满十就要向十位进1，算十位的时候要加上个位进上来的1。

【评析】　从具体情境入手，学生充分感受到了数学与现实生活的联系，学生学习数学的信心得到增强，学习的积极性得到调动，学习数学的兴趣得到激发。让学生尝试计算，在计算中交流算法，进行合作学习。这个过程很好地解决了本节课的重难点，学生很自然地理解、掌握了连续进位加法的计算方法。

三、巩固练习

师：孩子们，通过刚才的学习，我发现大家都学得很好，大家表扬一下自己吧！

现在老师要考验一下你们学得怎么样了！请你们用刚才学会的竖式计算方法完成数学书第39页的"课堂活动"吧。看谁完成得又对又快，并且还能书写得很漂亮。

师：刚才孩子们已经学会了三位数加法的竖式计算，现在老师让你们来感受一下当小法官的快乐。判断一下这两道题的对错，并说说为什么，该怎么改。说给你的同桌听听。

四、小结

师：同学们，通过今天的学习，你们最大的收获是什么？

教学延展

本节课注重从学生已有的知识经验出发，充分发挥学生的主体意识，培养学生自主探究的学习方式，同时学生也体验到了学习的喜悦。

☆ 简单的同分母分数加减法 ☆

👉 **【问题解析】** "简单的同分母分数加减法"是西师版小学数学教材三年级上册的教学内容。学生在学习本课之前,已有整数加、减法的意义及其计算方法,分数的意义和性质的知识经验。这节课重点在于引导学生主动去探究,理解新旧知识之间的联系和区别,理解同分母分数加减法的算理并且掌握算法。

一、自学自练,练中感悟

师:关于分数这个好朋友,我们已经认识过了,今天,我们还要继续学习关于它的知识。

(PPT出示情境图)中秋节到了,姐弟俩正在分月饼。

师:请看,从图中,你发现了哪些数学信息? 他们是怎么分月饼的? 谁来说一说。

生:有一个月饼被均匀地分成了5份。

师:每一份就代表这个月饼的?

生:$\frac{1}{5}$。

生:弟弟吃了1块,是这个月饼的$\frac{1}{5}$。

生:姐姐吃了2块,是这个月饼的$\frac{2}{5}$。

师:我们也可以把$\frac{2}{5}$看成是?

师:两个$\frac{1}{5}$。

师:孩子们的眼睛可真善于观察,找出来了图中隐藏着的这么多信息,太厉害了,老师忍不住要为你们点个赞。

师:诶! 我们找到这么多的数学信息,根据这些信息,你能提出哪些有价值的问题呢?

生:姐姐和弟弟一共吃了这个月饼的几分之几?

生:姐姐比弟弟多吃了这个月饼的几分之几?

师将算式板书在黑板一角。

师:仔细观察,你有什么发现?(教师边说边指着黑板上的算式)

生:这些算式的分母相同。

师:的确,这些算式的分母是相同的,我们把这样的分数称为同分母分数。(板书:同分母分数)

师:你还能列举出来像这样的分数吗?

师:知道什么是同分母分数还不够,我们还得解决刚才提出的问题。那这就是我们今天要学习的内容——简单的同分母分数加减法。

【评析】 从学生熟悉的分月饼情境引入,学生学习的兴趣被激发。又通过学生自己提问,再列式解答,充分让学找出这些算式的相同点,顺势引入新课的教学。

二、合作引领,互帮互助

师:我们先来看看第一个问题——姐姐和弟弟一共吃了这个月饼的几分之几?刚才孩子们也列出了算式。谁来大胆地猜一猜计算出来的结果是多少?

学生猜想。

师:你是怎么想的?

师:这两个孩子都说得非常有道理,看来我们班的孩子确实非常会思考。遇到问题善于思考,有自己的想法,是学好数学必不可少的。不过,最后的正确答案只有一个,接下来我们就来验证一下,看看结果到底应该是多少。

师:每个孩子手上都有一个小纸片,我们用小纸片上的圆表示月饼,把圆平均分成了几份?

生:5份。

师:每份是多少? 表示的是什么? 请用不同的颜色涂出姐姐和弟弟吃的月饼。涂好颜色之后观察并思考他们一共吃了这个月饼的几分之几。你是怎么想的?

生:把圆片平均分成5份。姐姐吃了这个月饼的$\frac{2}{5}$,涂2份;弟弟吃了这个月饼的$\frac{1}{5}$,涂1份。所以一共涂3份,也就是$\frac{3}{5}$,因此$\frac{1}{5}$加$\frac{2}{5}$等于$\frac{3}{5}$。

1.分子相加,分母不变。

师:这样算的理由。

生:我们可以认为是……

师:观察刚才的3个算式,思考我们怎样快速计算同分母分数加法。

生:我们在计算同分母分数加法的时候,分子相加,分母不变。

2.简单的分数减法。

师:同学们真棒,掌握了同分母分数加法的计算方法,那么对于减法呢? 你们会吗? 接下来我们一起来探究同分母分数减法的计算方法。首先请同学们猜一猜同分母分数减法的计算方法。

生:分子相减,分母不变。

师:那么答案是多少? 但这只是我们的猜想,请大家来验证一下。

学生在卡片上涂色后说理由。

师:我们用一个例子来说明同分母分数减法的计算方法是分子相减,分母不变那是远远不够的,没有说服力。接下来我们再计算两道题验证一下。

师:通过刚才两道题的计算,你认为同分母分数减法的计算方法是怎样的?

生:分子相减,分母不变。

师:通过验证发现我们的猜想是正确的,你的心情怎么样?

师总结:学习就是需要大家大胆地去猜想、验证。用这种方法学习,你将体会到学习中更多的乐趣。

师:通过例1、例2的学习,你有什么发现?

生:我们在计算同分母分数相加减时,分母不变,分子相加减。

师:我们来看看数学书第88页是怎么说的? 找到勾出并读一读。

【评析】 教师从学生已有的知识经验出发,把"学数学"变为"做数学",整个学习过程学生亲身经历。教学同分母减法时采用"猜想—验证"的模式,培养和发展学生的数学思维。

三、点拨提高,共生共长

1.完成数学书第88页例1"试一试"。

2.完成数学书第88页例2"试一试"。

(1)学生独立完成。

(2)集体交流、订正。

师强调:同分母分数相加减,分母不变,只把分子相加减。

四、课堂总结

师:通过这节课的学习,你有什么收获? 你还有什么问题?

教学延展

本节课不但帮助学生进一步体会了分数的实际意义,还为学生提供了动手操作、自主探索、合作探究计算方法的机会,同时学生运用分数知识解决实际问题的能力和意识也得到了培养。抓住知识的联系,促进学习的迁移,较好地达成了目标。

☆ 两位数乘两位数笔算乘法 ☆

【问题解析】 "两位数乘两位数笔算乘法"是西师版小学数学教材三年级下册的教学内容。本课是在学生已经能熟练掌握表内乘法,能进行一位数乘多位数的笔算乘法,会口算、笔算万以内数的加减法的基础上进行教学的。学好本节课将为学生继续学习两位数乘三位数的计算奠定良好的基础。

一、引入

师:老师在今年中秋节买了一些月饼(课件出示情境图)。观察这幅图你获得哪些数学信息?

师:根据这幅你能提出什么数学问题?

生:12盒月饼一共有多少个?

师:怎么列式?

生:14×12。

师:为什么这么列式?

师:每盒月饼有14个,一共12盒月饼,就有12个14,所以列式为14×12。

(板书课题:两位数乘两位数的笔算)

【评析】 学生通过自己观察主题图中的条件和问题,并能找到用什么方法解决这个问题,带着问题进入学习。

二、探究

(一)研究横式

师:观察这幅图思考14×12可以怎么算。

学生尝试算,小组交流计算方法,将学生的算法板书在黑板上。

$14×2=28$

$14×10=140$

$28+140=168$

师:168是直接乘出来的吗？是怎么来的?(为列竖式打下基础)

(二)探究竖式

```
   1 4
 ×1 2
```

学生尝试列竖式,把学生列的竖式写在黑板上。

```
     1 4
 ×   1 2
─────────
     2 8
+1 4 0
─────────
   1 6 8
```

师:你是怎么想的?

28是怎么来的? 也是横式的哪一步?(联想横式)算的几盒月饼?

140是怎么来的? 也是横式的哪一步?(联想横式)算的几盒月饼?

168是怎么来的? 也是横式的哪一步?(联想横式)算的几盒月饼?

师:我们再来回顾这位同学刚才的计算过程(课件动画演示计算过程)。

```
     1 4
 ×   1 2
─────────
     2 8
+1 4 0
─────────
   1 6 8
```

板书最简洁竖式:

```
     1 4
 ×   1 2
─────────
     2 8
   1 4
─────────
   1 6 8
```

师:观察这个竖式,它与前一个竖式有什么不同?

生:省略了+号,省略了0。

师:4为什么要对着十位写呢?

师:你知道这个竖式是怎么算的吗?

动画播放计算过程:

$$
\begin{array}{r}
1\ 4 \\
\times\ 1\ 2 \\
\hline
2\ 8 \\
1\ 4 \\
\hline
1\ 6\ 8
\end{array}
$$

师:孩子们你们觉得两位数乘两位数的笔算方法是什么?

同桌之间说说,抽一个同学说说,全部一起说。

【评析】 学生独立解决问题,让学生发现解决问题的方式多样,为建立与笔算的联系打下基础。重算理,结合横式探究竖式,引导学生理解每一步的意义。

三、练习

1.

$$
\begin{array}{r}
1\ 2 \\
\times\ 2\ 4 \\
\hline
4\ 8 \\
\square\ 4 \\
\hline
\square\ \square\ \square
\end{array}
\qquad
\begin{array}{r}
2\ 1 \\
\times\ 1\ 3 \\
\hline
6\ 3 \\
\square\ \square \\
\hline
\square\ \square\ \square
\end{array}
\qquad
\begin{array}{r}
3\ 4 \\
\times\ 1\ 2 \\
\hline
\square\ \square \\
\square\ \square \\
\hline
\square\ \square\ \square
\end{array}
$$

2.这只青蛙21天要吃多少只害虫?

我每天吃34只害虫。

四、对比与以前算法的不同

$$
\begin{array}{r}
2\ 3 \\
\times\quad 2 \\
\hline
4\ 6
\end{array}
\qquad
\begin{array}{r}
2\ 4\ 1 \\
\times\quad\ \ 3 \\
\hline
7\ 2\ 3
\end{array}
\qquad
\begin{array}{r}
1\ 4 \\
\times\ 1\ 2 \\
\hline
2\ 8 \\
1\ 4\quad\ \\
\hline
1\ 6\ 8
\end{array}
$$

两位数乘一位数　　　三位数乘一位数　　　两位数乘两位数

【评析】　联系旧知,建立起数学知识体系。通过对比,再一次加深对两位数乘两位数笔算乘法算理及算法的理解。

五、谈收获

师:通过这节课的学习,你有什么收获?

教学延展

纵观整节课,从课堂设计来看,重难点突出,探究算法多样性方面有一定的新意。从课堂效果来看,教师掌握了课堂节奏,能够步步为营,稳扎稳打,将教学环节合理进行下去,让学生在探究算法中理解算理,真正掌握算法。

☆ 三位数乘两位数笔算乘法 ☆

👉 **【问题解析】** "三位数乘两位数笔算乘法"是西师版小学数学教材四年级上册的教学内容。学习本课时,学生已有两位数乘两位数笔算的基础。以前学习的两位数乘两位数的算理和算法都可以被直接迁移到三位数乘两位数的笔算中来,所以在学习"三位数乘两位数笔算乘法"时,学生对算理和算法的理解和探索并不会感到太困难。

一、情境引入

师:同学们,前两节课我们一起在"丰收的果园"里获得了三位数乘两位数的口算和估算知识,大家还想继续在"果园"里探索其他知识吗? 好,今天让我们再一次来到"果园",看看还有哪些数学知识值得我们去研究。

1.多媒体呈现:李叔叔从家步行到果园上班,每分行75米,12分到达。李叔叔家距果园多少米?

(1)学生读题,弄清题意,明确已知条件和要解决的问题。

(2)你能解决这个问题吗? 独立完成在课堂练习本上。

(3)谁能把自己的做法在黑板上写出来?

抽学生板演:

75×12 = 900(米)

$$
\begin{array}{r}
7\,5 \\
\times\ 1\,2 \\
\hline
1\,5\,0 \\
7\,5\ \ \\
\hline
9\,0\,0
\end{array}
$$

答:李叔叔家距果园900米。

师追问:

①为什么用乘法算?

②请把你竖式计算的过程给同学们说一说。

(4)师生小结:怎样用竖式计算两位数乘两位数?

分为三个步骤做(师结合学生的板书说)。

第一步:先用因数12个位上的2去乘因数75,乘积满十,要向前一位进1。

第二步:再用因数12十位上的1去乘因数75,因为十位上的1表示的是一十,所以这里的1与5相乘的积要对着十位写。

第三步:最后把两次乘得的积加起来。

(5)用竖式计算两位数乘两位数要特别注意哪些问题?

写乘积时要把相同数位对齐,哪一位相乘满几十,就要注意向前一位进几,并且在计算前一位时一定要加上进位的数。

师:刚才,我们在"果园"里又找到了数学知识,还运用已学知识很好地解决了问题,还想继续挑战吗?

2.多媒体呈现例3:王叔叔从家骑车到果园上班,每分行223米,12分到达。王叔叔家距果园多少米?

(1)学生读题,弄清题意。

(2)怎样列式?

生:223×12。

(3)以前,我们计算的都是两位数乘两位数的乘法,今天要计算的是什么呢?对,这就是我们今天要学习的内容。

【评析】 利用解决问题复习两位数乘两位数的笔算方法,同时渗透"速度×时间=路程"数量关系,为三位数乘两位数的学习做好铺垫。

二、探索新知

1.估算。

师:你能估算出223×12的积大致在哪个范围吗? 先自己想一想,再把你的想法与同桌交流。

师:谁能分享一下自己的估算过程和想法?

生:把223看作200,12看作10,积是2000。

生:把223看作250,12不变,积是3000。

生:把223看作220,12看作10,积是2200。

生:把223看作200,12不变,积是2400。

生:223不变,只把12看作10,积是2230。

师:同学们的答案都对,只要符合"凑整""好算""接近"的估算要求都可以。

2.笔算。

师:刚才,大家用前面学过的方法估算了223×12,从大家算出的结果看,这两个数相乘的积大致在哪个范围?

生:2000以上,3000以下。

师:那到底223×12准确的结果是多少呢?想知道吗?用什么方法才能知道这个准确结果呢?

生:竖式计算。

(1)尝试练习:学生独立完成。

(2)小组合作:把做法说给小组内的同学听。

(3)学生汇报,教师板书。

223×12=2676(米)

$$
\begin{array}{r}
2\ 2\ 3 \\
\times\quad 1\ 2 \\
\hline
4\ 4\ 6 \\
2\ 2\ 3\quad\ \\
\hline
2\ 6\ 7\ 6
\end{array}
$$

…………(先算)223×2的积。

…………(再算)223×10的积。

…………(最后)446+2230的和。

答:王叔叔家距果园2676米。

(4)师:谁能结合例3的计算过程来说一说三位数乘两位数的计算方法。

小结:可分为三个步骤做。

第一步:先用因数12个位上的2去乘因数223。

第二步:再用因数12十位上的1去乘因数223。

第三步:最后把两次乘得的积加起来。

注意:我们在写乘积的时候一定要把相同数位对齐。

师:在刚才的学习中,我们探究了用竖式进行三位数乘两位数的计算,下面老师想检查一下大家是否具有真本领,你们敢接受挑战吗?

3.PPT出示例4。

(1)学生读题,弄清题意。

(2)自学:用学习例3的方法学习例4。

①学生独立列式。

②先估算积的大致范围,再用竖式计算。

③抽生板演。

128×28=3584(千米)

$$
\begin{array}{r}
1\ 2\ 8 \\
\times\quad 2\ 8 \\
\hline
1\ 0\ 2\ 4 \\
2\ 5\ 6\quad \\
\hline
3\ 5\ 8\ 4
\end{array}
$$

············(先算)128×8的积。

············(再算)128×20的积。

············(最后算)1024+2560的和。

答:水果基地至广州的铁路长3584千米。

④结合上面的计算过程说一说计算方法,教师适时地补充板书。

(3)师:例4与例3的计算有什么不同?

生:例3的计算相乘后不进位,例4的计算相乘后要进位。

(4)笔算三位数乘两位数的时候,遇到要进位的情况,我们要特别注意哪些问题?

4.从上面的问题中你发现了什么数量关系?

(1)看一看:回看例3、例4,引导学生分析。

生:例3中"每分行223米"写作223米/分,读作223米每分;例4中"平均每时行128千米"写作128千米/时,读作128千米每时。都表示单位时间(每分、每时)行的路程,叫作速度。

生:例3中"12分到达"、例4中"需要28时到达"都是时间。

生:所求的问题。例3求"王叔叔家距果园多少米?"例4中求"水果基地至广州的铁路长多少千米?"都是求两地之间的距离,叫作路程。

(2)想一想:已知速度和时间,怎样求路程?

(3)说一说:学生回答,教师板书:速度×时间=路程。

(4)记一记:速度、时间、路程之间的关系。

(5)练一练:运用速度、时间、路程之间的关系解决问题。

在作业本上完成数学书第54页练习十二第5题。

【评析】 在学习新知环节,从问题着手,让学生自己理解题意、列式,并尝试估算大约值,可以培养学生的估计意识,同时也能体现估算的生活价值。引导学生对比两位数乘两位数和三位数乘两位数的相同点和不同点,凸显知识的迁移,以及知识的归纳总结,渗透建模意识。

三、练习应用

完成数学书第54页"课堂活动"第1题,怎样用竖式计算34×386?

1.学生先说说计算方法,再独立计算。

2.抽生板演。

3.讲评强调:用竖式计算三位数乘两位数时,为了简便,三位数一般写在竖式的前面。

四、全课总结(完成数学书第53页"说一说")

师:通过本节课的学习,你有什么收获? 还有什么问题?

教学延展

整节课,从学生运用已有知识解决问题,探索笔算方法,学生始终处于学习的主体地位,在活动中学生经历了笔算乘法计算方法的得出过程,体会了计算的用处,真正成为学习的主人。

☆ 小数加法和减法 ☆

【问题解析】"小数加法和减法"是西师版小学数学教材四年级下册的教学内容。学习本课时,学生已有小数的意义和性质及整数加减法的认知基础。日常生活中的很多问题都离不开小数加减法,它也是数的运算中不可缺少的重要内容。理解和掌握小数加减法的算理和算法,是小学生最基本而且必备的数学知识。

一、情境引入

师:同学们,我们以前学过小数,并且知道小数就在我们的身边,让我们一起来找找它们的影子。(出示主题图)

生:……

师:同学们能根据这些信息提出有用的数学问题吗?

师根据学生的回答板书算式。

9.85+7.55   24.83+51.6   51.6-24.83

师:观察上面的算式有什么相同的地方。

生:都是关于小数加法、减法的计算。

师:本课我们要一起来研究的小数的加法和减法,有信心学好吗?

【评析】 学生自己提出问题,并进行列式,直奔课题,这样可使学生充分体会到小数加减法计算对生活的重大意义,数学的工具性作用得到充分感知。

二、探究新知

师:我们先来解决家里水费和电费的问题。

1.教学例1。

(1)体会小数加法的意义。

(2)水费是多少？电费是多少？

(3)一共多少元,你会列式吗?

生:24.83+51.7。

师:为什么要用加法计算呢?

生:就是把24.83元和51.7元合起来。

师:看来,小数加法和整数加法一样,都是把两部分合起来。

(4)尝试计算。

师:24.83+51.7,用竖式你会计算吗? 在课堂练习本上试着写一写。

请一个学生把正确的竖式板书在黑板上。

```
   2 4 . 8 3
 + 5 1 . 7
 ─────────
   7 6 . 5 3
```

(5)反馈。

①反馈竖式的写法。

师:24.83+51.7,这两个小数该怎么对位呢?

生:我是这样想的,首先整数部分十位上的5和2,个位上的1和4分别对齐,最后把小数部分十分位上的7和8对齐。

师:以前,我们在做整数加法的时候都是把两个数的末尾对齐,可是这里为什么不把7与3对齐呢?

生:如果把7和3对齐,就会出现问题,就不是相同数位对齐了。

师:怎样才能又对又快对齐呢?

生:就是要把小数点对齐。

②反馈计算。

师:百分位上3和0加起来等于3,写在百分位上。

师:再看十分位上8加7等于15,向前一位进1,所以十分位上写5。这里老师有一个疑问——为什么十分位相加满了十要向个位进1呢?

生:因为10个0.1是1。

师总结:看来,小数加法也跟整数加法是一样的,都要先把相同数位对齐,然后才能进行运算。

2.教学例2。

(1)出示例2。

师:接下来我们一起来看看小数减法的计算,大家又会有什么新的发现呢?

(2)学生尝试计算。

$$
\begin{array}{r}
4\ 9\ .\ 5 \\
-\ 3\ 2\ .\ 4\ 7 \\
\hline
1\ 7\ .\ 0\ 3
\end{array}
$$

(3)集体讲评。

师:这个竖式写对了吗?为什么?

生:我认为是对的,因为相同数位是对齐了的。

师:请同学们看,减数32.47的7在百分位上,被减数的5在十分位上,被减数百分位上没有数,这下该怎么办呢?

生:根据小数的性质,在49.5的末尾添上一个零,小数大小不变,因此可以在百分位添上一个零再减。

师:从低位减起,百分位上0减7不够减,向十分位借1作10,10-7得到3,其余各位同整数减法方法相同,最后对齐横线上的小数点,点上小数点。当然,熟练以后末尾的0可以不用写出来。

3.讨论:我们在计算小数加法和减法时需要注意哪些地方?

师:通过同学们的努力,我们顺利解决了小数加法和减法的计算问题,想一想,计算小数加法和减法时要注意什么?请同学们在小组中议一议。

生:小数加减法的计算方法可以按照整数加减法的计算方法进行计算。关键是把相同数位对齐,也就是小数点对齐。

4.算一算。

师:同学们会算小数加法和减法了吗?我们一起来算一算。

全班齐练,2人板演。

6.27+28.93=   31-4.72=

【评析】 自主探索小数加减法的计算法则,沟通与整数加减法之间的联系。通过强化数位对齐,学生发现只有怎样做才能让相同数位对齐,从而使学生自然过渡到要把小数点对齐,突破重难点。

三、巩固练习

1.数学书第80页"课堂活动"第1题。

师:通过刚才的练习,我发现同学们都学得很好,我们来玩一个游戏好吗? 请同学们拿出我们课前准备好的纸团,两人一组,把纸团放在一起。

理解游戏规则,开始游戏。

2.数学书第81页练习二十二第1~5题。

四、课堂小结

师:同学们,通过今天的学习,你们有什么收获呢?

教学延展

这节课,教师重点引导学生先观察,再提出问题。从学生非常熟悉的"生活"情境出发,让学生积极主动地探索。整节课从学生的达成来看,效果非常好。

☆ 小数乘小数 ☆

👉 **【问题解析】** "小数乘小数"是西师版小学数学教材五年级上册的教学内容。本课的一个教学重点就是小数乘小数,学生已有小数乘整数的基础,本课重点解决以下几个问题:1.学生能理解并掌握计算方法,且能正确计算;2.培养初步的推理能力及抽象概括能力;3.感受数学探索活动本身的乐趣,增强学好数学的信心。

一、复习引入

计算下面各题。

13×0.32	33×4.5	2.04×6
50×0.42	83×1.6	7.3×34

学生计算。(给学生规定时间,了解学生计算动向)

📝 **【评析】** 先复习小数乘整数的方法,学生小结出小数乘整数的方法其实就是利用了积的变化规律,如2.04×6的计算方法,把它们看成整数的乘法计算,然后看2.04有两位小数,积就要点上两位小数。为接下来学习小数乘小数的学习做铺垫。

二、教学例1

1.出示例1。

2.学生读题,并列式:3.1×1.2。

师:这道题与前面学习的小数乘法有什么不同?

生:两个因数都是小数。

师:这就是我们今天要研究的问题——小数乘小数。

3.尝试。

师:怎样计算呢? 先试一试吧。

学生尝试。

4.小组合作。

师:把你的方法在小组内交流、讨论。

5.反馈。

师:请一个代表来说说你们的方法(转化思想)。

预设:(1)

$$
\begin{array}{r}
3.1 \\
\times 1.2 \\
\hline
6 2 \\
3 1 \\
\hline
3.7 2
\end{array}
\quad \text{扩大到原来的10倍} \longrightarrow
\quad \text{扩大到原来的10倍} \longrightarrow
\quad \text{缩小到原来的} \frac{1}{100} \longleftarrow
\begin{array}{r}
3 1 \\
\times 1 2 \\
\hline
6 2 \\
3 1 \\
\hline
3 7 2
\end{array}
$$

生:两个因数各扩大到原数的10倍,积就扩大到原数的100倍。

6.追问提升。

为什么要把372缩小到原数的$\frac{1}{100}$?(重点让学生理解转化思想,将新知识转化成以前学过的知识)

学生列式计算。

师:通过前面的计算,说说你是怎样算的。

生:我是先把3.1和1.2转化乘31和12,算出答案是372,再将372缩小到原来的$\frac{1}{100}$。

【评析】 计算教学中,说算理非常重要。它对于学生计算方法的掌握,逻辑思维能力的培养,具有很大的作用。该教师在教学例1时做得非常好,步步引导学生内化算理。

三、教学例2

出示例2。

学生读题。

师:你能自己独立完成吗?

学生尝试完成例2。

四、巩固练习

完成数学书第9页"课堂活动"第1~2题。(2人小组完成)

五、总结方法

师:在计算时,应该注意什么呢?

师生齐小结。

六、课堂作业

1.数学书第9页练习二第1~2题。(独立完成)

2.列竖式计算。(学生独立完成)

7.2×5.9	4.65×7.2	0.25×65
83.4×0.12	57.3×2.7	54×0.12
7.38×1.4	82.1×3.6	

七、总结

师:小数乘小数在计算时应该注意什么呢?

教学延展

本节课,教师根据知识间的迁移类推,让学生自己发现归纳掌握小数乘小数的算理,抓住积的变化规律引导学生理解确定积的小数点位置的方法,关注了学生思维的有效生成。

☆ 分数加减法混合运算 ☆

【问题解析】 "分数加减法混合运算"是西师版小学数学教材五年级下册的教学内容。教学本课时,分数加减法混合运算的计算方法对于学生来说难度并不大。教学时应结合例题的安排,通过引导学生分析解决问题的数量关系,使学生理解分数加减混合运算的运算顺序和整数加减混合运算的顺序是一样的。

一、复习

1. 数学书第66页练习十九第1题。

$$\frac{1}{2}+\frac{1}{3} \qquad \frac{3}{4}-\frac{1}{2} \qquad \frac{1}{3}+\frac{1}{6} \qquad \frac{3}{4}+\frac{1}{8}$$

$$\frac{1}{4}-\frac{1}{8} \qquad \frac{1}{8}-\frac{1}{9} \qquad \frac{2}{3}-\frac{1}{9} \qquad \frac{12}{12}-\frac{7}{12}$$

注意原题中 $1-\frac{7}{12}$ 换成了 $\frac{12}{12}-\frac{7}{12}$。

2. 计算下面各题。

81+24-15 $\qquad\qquad$ 90-36+27

【评析】 复习题旨在回顾一步分数加减法的计算方法及整数加减混合运算的运算顺序,这些是今天新课的基础。将练习十九第1题中最后一题换掉,是因为原题的解题方法要到下一节新课中才会涉及。

二、探索新知

1.出示例1情境图。

教师先出示例题,请学生根据问题列出算式。学生会列出多个算式:

$$\frac{3}{5}+\frac{2}{3}+\frac{2}{5},\frac{3}{5}+\frac{2}{5}+\frac{2}{3}或\frac{2}{3}+\frac{3}{5}+\frac{2}{5}\cdots\cdots$$

肯定学生的算式,并请学生思考该怎样进行计算。

学生独立完成自己的列式计算,全班交流计算方法。

学生1:先全部通分,再计算。

$\frac{3}{5} + \frac{2}{3} + \frac{2}{5}$(按整数加减混合运算的运算顺序,从左往右依次计算)

$= \frac{9}{15} + \frac{10}{15} + \frac{6}{15}$

$= \frac{25}{15}$(从旧知牵引过来)

$= \frac{5}{3}$(瓶)

学生2:列式为$\frac{3}{5} + \frac{2}{5} + \frac{2}{3}$的计算方法。

$\frac{3}{5} + \frac{2}{5} + \frac{2}{3}$(按照整数加减混合运算的运算顺序,从左往右依次计算)

$= 1 + \frac{2}{3}$

$= 1\frac{2}{3}$(瓶)($1 + \frac{2}{3}$可记为$1\frac{2}{3}$,它和$\frac{5}{3}$是相等的)

小结:两种算法的结果是一致的,虽然列式的顺序不一样,但计算方法都是运用了整数加减混合运算的运算顺序方法。(板书课题:分数加减法混合运算)

2.试一试。

学生独立完成例1"试一试"的3个小题,全班交流运算顺序及正确结果。

3.小结。

分数加减混合运算的运算顺序与整数加减混合运算的运算顺序是一样的:从左往右依次计算。

三、巩固练习

1.数学书第66页练习十九第2题。

同桌各做3小题,然后交换检查,再全班交流正确结果。

2.数学书第67页练习十九第3题。

把学生分成两个大组,各做一组题。各请1名学生订正答案。

3.计算下面各题。

$$\frac{7}{12} - (\frac{3}{4} - \frac{1}{2}) \qquad \frac{11}{12} - (\frac{1}{6} + \frac{1}{8})$$

学生独立完成,请2名学生板演,并请板演的学生说一说运算顺序:分数加减混合运算中有小括号时与整数加减混合运算中有小括号的运算顺序相同。

【评析】 练习有层次性。多种形式完成课堂练习,在练习中进一步巩固分数加减混合运算的计算方法。

四、总结

师:通过本节课的学习,你们有什么收获呢?

教学延展

本节课是一节计算课,计算教学应突出学生的独立探索、操作发现、总结规律等各种数学思维能力的培养。在这一节课中教师重视算理的探究过程,提倡算法多样化。以学生为主体,发挥学生的主动性。

☆ 分数除法 ☆

🔖 **【问题解析】** "分数除法"是西师版小学数学教材六年级上册的教学内容。在学习这节内容之前,学生已经学过整数的四则运算,分数的意义和性质与分数的乘法、倒数等知识。传统的课堂大多是老师讲、学生练,显然,这样的课虽有一定的练习量,但往往会非常枯燥,学生没有学习兴趣。所以我们在教学这一内容时,在教学方法的选取上值得思考。

一、情境引入

师:看图后,你想说些什么?

师:我们学过解答这些问题吗? 它们属于什么范围的问题?

引出单元内容:分数除法。

师:从今天开始,我们将开启"分数除法"这一课题的学习。

师:我们今天的学习就从做一个游戏开始。

游戏内容:写一个分数乘分数的乘法算式,所得的积等于1。

游戏形式:4人小组合作完成。

游戏时间:2分。

📝 **【评析】** 以游戏的形式开始新课的教学,学生学习的兴趣得到充分激发,写两个因数相乘等于1的算式也为今天的新课埋下伏笔。

二、认识倒数

师:请看这些算式,你有什么发现?

生:两个因数就是分子和分母位置互换了一下。

师:是不是将分子和分母颠倒后相乘的两个数,积都是1呢? 试一试,并想想为什么。

出示:0.5×2=1。

师:0.5×2的乘积也是1,那像这样0.5×2的算式可不可以看成是分子和分母位置是颠倒的呢?

生:我认为是可以的。因为是"1"的一半我们可以看作是0.5,也就是$\frac{1}{2}$,整数2可以看作分母是1的分数,$\frac{1}{2}$与2就是一对分子和分母颠倒的数。

师:你能说说乘积是1的两个数它们有什么特点吗?

生:这两个数它们互为倒数。

师:"互为"是什么意思?

生:互相。

师:一个人能说互相吗?

生:不能,互相肯定是发生在两个人之间。

师:所以"互为"二字充分说明了倒数应该是(两个数)之间的关系。

师:你能结合一个具体的算式说说谁是谁的倒数吗?

师:我们能单独说某一个数是倒数吗?

生:不能。

师:写一个算式,乘积为1,然后和你的同桌说说你有什么发现。

三、求倒数

师:试着说说下面两组数的倒数。

①$\frac{4}{7}$,$\frac{5}{6}$,$\frac{1}{3}$,$\frac{1}{8}$;

②$\frac{3}{2}$,$\frac{8}{5}$,$\frac{9}{1}$,$\frac{13}{13}$。

(1)独立完成。

(2)观察:你有什么发现?

生1:真分数的倒数都是假分数。

生2:所有假分数的倒数都是真分数。

师:0有没有倒数呢?

小结:因为0乘任何数都等于0,而互为倒数的前提是乘积是1的两个数,所以0是没有倒数的。

师:假设我们用字母 a 表示任意的一个自然数(0除外),那么它的倒数是 $\frac{1}{a}$。

【评析】 在生动有趣的教学中,学生不仅认识了什么是倒数,还充分理解了求倒数的方法。

四、拓展练习

1.游戏。(两人一组,其中一人说一个数,另一人马上说出它的倒数)

2.辨一辨。

(1)1的倒数是1,0的倒数是0。(　　　)

(2)18是倒数。(　　　)

(3)因为 $x \times y = 1$ $(x \neq 0, y \neq 0)$,所以 x 和 y 互为倒数。(　　　)

3.数学书第37页练习九第2题。

4.拓展。

$\frac{2}{5} \times ($ 　　 $) = ($ 　　 $) \times 6 = \frac{5}{3} \times ($ 　　 $) = 7 \times ($ 　　 $) = 1$,括号里可以填哪些数? 你有几种填法? 依据是什么?

五、总结

师:今天这堂课你学习了什么? 最大的收获是什么?

教学延展

本节课从生活入手学数学。教师在整节课中,关注过程,充分让学,体现了"自主+合作+探究"的高效学习方式。同时,又从多角度分析问题,学生学习能力得到了较大地提高。

☆ 百分数与分数、小数的互化 ☆

【问题解析】"百分数与分数、小数的互化"是西师版小学数学教材六年级下册的教学内容。学习本课时,学生已经掌握了百分数的意义以及分数与除法的关系、小数和分数之间的互化。本节课的重点在于引导学生理解并掌握百分数和小数、百分数和分数互化的方法,学生能正确地进行百分数与小数、百分数与分数之间的互化。整个教学过程注重培养学生的观察、归纳和概括能力。

一、情境引入

师:同学们,从前有个美丽的公主,她在城堡外面玩耍的时候发现了一个山洞,山洞有一道门,但是必须回答几道题这个门才可以打开,我们一起来帮这个美丽的公主想想办法吧。比较 $\frac{2}{5}$,42%,0.45 三个数的大小,要想解题呢,我们就必须学习今天的知识。(引入课题)

二、教学新知

师:把下面的小数化成分数,分数化成小数,并说说你是怎样想的。

0.45   1.2   0.367 $\frac{3}{25}$ $\frac{15}{8}$ $\frac{63}{100}$

PPT:把36%,118%化成小数。

师:36%,118%是百分数,要把百分数化成小数,我们怎么办呢?

生:先把百分数化为分数再化为小数。

$36\% = \frac{36}{100} = 0.36$ $118\% = \frac{118}{100} = 1.18$

师:真棒!请看,如果我们没有先把百分数化为分数,那么小数可以怎样直接化成百分数呢?

生:把百分数化成小数,其实只需要把百分号去掉,同时把小数点向左移动两位就可以了。

师:是的,当小数点向左移动两位时,百分数就缩小到了原数的百分之一,再去掉百分号,又扩大到了原来的100倍。所以原数大小是不变的。

师:怎样把0.68,1.22化成百分数?

生:我们可以先把小数0.68,1.22化为分数,然后再化成百分数。

师:这是一个好方法,谁来说一说他的具体想法?

生:$0.68 = \frac{68}{100} = 68\%$ $1.22 = \frac{122}{100} = 122\%$

师:同学们,我们怎样才能做到很快地将百分数直接化成小数呢?

生:小数化为百分数,其实只需要小数的小数点向右移动两位,再添上百分号就可以了。

师:其实,我们把小数化成百分数,只需要把小数点向右移动两位,同时在后面添上百分号;把百分数化成小数,只需要把百分号去掉,同时把小数点向左移动两位。

三、巩固练习

1.把下列小数化成百分数。

0.76   0.4   1.32   0.125

2.把下列百分数化成小数。

29%   60%   25%   37.5%

四、课堂小结

师:通过本节课的学习,你学到了什么? 进行百分数和小数互化时要注意什么?

五、作业布置

数学书第7~8页练习二第1、2、3题。

　　巧铺垫和轻松衔接是本节课的两大亮点。授课前恰当的铺垫,好比是修路前准备好材料一样,一切准备就绪,开工时想用什么信手拈来。首先是一系列基础知识的铺垫:把小数化成分数,把分数化成小数,关键是要说说你是怎样进行转化的,目的是让学生回忆起以前学过的转化方法,并且再次明确小数的意义,因为它和百分数的转化有密切关系。学生已经有了足够的旧知铺垫,一切水到渠成。虽是一节简单的课,但上下来之后,学生兴趣盎然,并感受到了积累知识的重要性。

第三节 数学运算检测

1~3年级数学运算检测试题

1.照样子,填空。

例:7 + 6 = 7 +(3) +(3)=(13)

9 + 5 = 9 +(　　) +(4)=(14)

8 + 6 = 8 +(　　) +(　　)=(　　)

7 + 9 = (　　) +(　　) +(　　)=(　　)

(　　) + (　　) = 9 + 1 + 8 = (　　)

2.用乘法口诀计算下列算式。

4×7=　　　　　　0÷4=　　　　　　64÷8=

8×6=　　　　　　18÷9=　　　　　　7×6=

24÷3=　　　　　　40÷5=　　　　　　1×5=

3.用竖式计算下面各题。

310+265=　　　　405−329=　　　　247+249=　　　　588−123=

4.问题解决。

(1)小红用电脑打了379个字后,还有131个字没有打,小红原本要打多少个字?

(2)张明有35本课外书,昨天彤彤又送给他4本课外书,今天小天向他借走了6本,张明现在还有多少本课外书?

(3)一只青蛙努力地从起点向前跳了8分米,再向后跳了6分米,又向前跳了9分米,再向后跳了5分米,然后停下休息。聪明的小朋友,你知道这只青蛙现在停在起点前还是起点后? 与起点相距多少米呢?

(4)小芳与小兰今年的年龄和是42岁,小芳比小兰大6岁,小兰和小芳今年分别是多少岁?

(5)张明期末考试数学和历史的平均分是92分,数学比历史多8分,张明期末考试数学和历史分别是多少分?

(6)甲、乙两辆火车共载乘客567人,甲火车增加57人,乙火车减少24人,这时两辆火车上的乘客同样多,甲火车上原来有多少人?

(7)张叔叔在工厂里锯木头,这根木头长8米,按照老板的要求,张叔叔把这根木头锯成了长度相同的4段,共用了6分。照这样的速度,锯成长度相同的2段,需要多少分?

(8)小明家把鸡和兔子放在一个笼子里,共35个头,94只脚,你知道小明家有鸡和兔子各多少只吗?

(9)两袋化肥共重96千克,如果从甲袋中取出12千克放入乙袋,那么乙袋的千克数是甲袋的3倍,两袋化肥原来各重多少千克?

4~6年级数学运算检测试题

1.填一填。

```
                                      3 7
        5 2 1                     ×  1 8 5
      ×    2 4                      1 8 5 ……(   )×(   )的积
      2 0 8 4 ……(   )×(   )的积   2 9 6 ……(   )×(   )的积
      1 0 4 2 ……(   )×(   )的积    3 7  ……(   )×(   )的积
    1 2 5 0 4 ……(   )+(   )的和  6 8 4 5 ……(   )+(   )+(   )的和
```

2.列竖式计算。

3.6×2.1=   0.32×0.78=   3.04×2.8=   62.4×2.4=

0.75×24=   1.25×0.8=   3.05×40=   3.5×7.28=

0.032×0.79=   0.16×0.22=   0.076×0.31=

3.巧算。

$537-59+63-441$ $199×99+99$ $78+80+82+84+86$

$1+2+3+4+\cdots+199$ $9999+6666×5$

4.脱式计算,能简算的要简算。

$\dfrac{5}{6}+\dfrac{3}{4}+\dfrac{2}{3}$ $\dfrac{7}{6}-\dfrac{3}{8}+\dfrac{1}{4}$ $\dfrac{3}{4}-\left(\dfrac{5}{7}-\dfrac{2}{5}\right)$

$\dfrac{5}{7}+\dfrac{7}{9}+\dfrac{2}{7}$ $\dfrac{5}{10}-\dfrac{5}{12}+\dfrac{5}{10}$ $3+\dfrac{3}{4}-\dfrac{1}{4}$

$\dfrac{3}{3}-\dfrac{2}{5}-\dfrac{3}{5}$ $\dfrac{3}{2}-\left(\dfrac{2}{3}-\dfrac{1}{2}\right)$ $\dfrac{11}{18}-\left(\dfrac{7}{18}+\dfrac{1}{9}\right)$

$\dfrac{1}{10}+\dfrac{3}{8}-\dfrac{2}{5}$ $6-\left(\dfrac{3}{4}-\dfrac{2}{5}\right)$ $\dfrac{7}{8}-\dfrac{5}{12}+\dfrac{1}{6}$

$\dfrac{5}{8}+\dfrac{4}{5}-\dfrac{3}{8}+\dfrac{1}{5}$ $0.25+\dfrac{11}{15}+\dfrac{3}{4}+\dfrac{4}{15}$ $1.875-\left(0.25+\dfrac{2}{3}\right)$

5.问题解决。

(1)A、B 两地相距 474.4 千米,甲、乙两车先后从 A、B 两地相向而行,甲车每时行 47 千米,乙车每时行 38 千米,相遇时甲车行了 235 千米,甲车比乙车晚出发几时?

(2)学校的环形跑道 1 圈是 240 米,勤奋在跑道上跑了 2 圈,前一圈每秒跑 6 米,后一圈程每秒跑 4 米,跑完 2 圈他一共用了多少秒?

(3)妈妈、王芳、王兰 3 人现在的年龄和是 64 岁,当妈妈的年龄是王芳年龄的 3 倍时,王兰是 9 岁。当王芳的年龄是王兰的年龄的 2 倍时,妈妈是 34 岁,现在 3 人的年龄各是多少岁?

→ 第六章　数据分析

第一节　数据分析概述

一、概述

在世界上的所有语言当中,没有任何一种语言能像数学那样具备高度的抽象性和广泛的应用性,其作为描述和刻画现实世界数量关系和空间形式的有力工具,在揭示宇宙万物运行规律及其本质的过程中,数学完全称得上是一切智慧生命体的通用语言。古希腊数学家毕达哥拉斯在研究宇宙的运行规律时也得出了"万物皆数——一切事物背后的运行规律都可以用数学来刻画"的结论,这意味着上帝是通过数学在与人类进行沟通,而千百年来,人类未读懂上帝的心声,其根源就在于没有读懂宇宙当中所蕴含的数学理论。从古至今,纵观人类的科学发展史,任何一位科学家在研究客观物质世界时所得出的结论最终都体现在一个优美的数学公式或方程当中,诸如开普勒第三定律、爱因斯坦的质能方程、麦克斯韦电磁方程组以及著名的杨—米尔斯方程等,这些方程都是用数学语言来描述的。站在数学的角度来剖视,伟人们的这些成果离不开对庞大实验数据的分析和理论上的推演。数据对于优美的数学方程而言,前者是现象,后者是本质,科学的研究方法就是透过现象看本质,科学家们正是对纷繁复杂的海量数据进行科学分析,再加以严密的数理逻辑推演,才找到描述宇宙运行规律的优美方程,这种对数据的综合分析是一项数学能力,属于数学六大核心素养中的数据分析能力。当然对于那些伟大的科学家来说,他们在研究一个科学问题时,所用到的分析工具会比常人更加复杂,用到的数学知识会更加系统,涉及的核心素养会更加多元化。就数据分析而言,面对一堆庞大的实验观测数据,为找到数据背后的本质和规律,完成数据分析这一任务,科学家们不可能只用到数据分析这一单个素养,完全有可能涉及数学建模、逻辑推理、数学运算等多个数学素养的组合,甚至统筹综合运用其他五大核心素养,以形成合力为数据分析服务,所以数据分析能力是一项综合能力。

从哲学上说,事物都有质的规定性和量的规定性。而数学是研究事物的数量关系和空间形式的科学,因此数学是刻画事物量的规定性中最基础的学科。当我们对事物进行量化时,得到的数值就是数据。而对事物质的规定性进行刻画,得到的文字、图片、音视频等结果叫作资料。由原始数据到实用资料的形成须经历数据分析的过程。笔者认为,数据分析大致要经历如下六个具体过程:确定总体,根据调查目的确定样本空间;抽样策略,根据实际需要选取科学合理的抽样规则以抽取所需样本个数;收集数据,根据制订的具体方案对样本进行计数或测量;整理数据,将数据简化、条理化,并做简单的计算;分析数据,对整理出来的数据进行解释;交流数据,以某种方式呈现结果,传达信息。近年来,随着数学核心素养的提出,数学六大核心素养对于培养创新型数学人才的重要性也逐渐体现出来。通过培养和发展学生的数学核心素养,让学生学会用数学的眼光观察世界,用数学的思维分析世界,用数学的语言表达世界。实现人人都能获得良好的数学教育,不同的人在数学上得到不同的发展的目标。作为六大数学核心素养之一的数据分析,是基础教育的重要内容之一,随着新课程改革逐步向深水区迈进以及数学核心素养的深入实践,人们对数据分析的内涵理解更加清晰明朗,意识到统计教学的重心不应该是掌握一些统计图的画法和简单的平均数计算表象,而应该是体现在数据分析观念的塑造和培养的实质上。什么是数据分析观念呢? 要想明白什么是数据分析观念,我们先要知道什么是数据分析。数据分析属于概率与统计范畴,它与数学是不同的两个概念,前者是艺术,后者是科学,科学有对错之分,而艺术有好坏的形态。笔者认为数据分析观念是基于数据分析在头脑中建立起来的一种数据分析意识,属于意识范畴。《普通高中数学课程标准(2017年版)》认为:数据分析是指针对研究对象获取数据,运用数学方法对数据进行整理、分析和推断,形成关于研究对象知识的素养。数据分析过程主要包括收集数据,整理数据,提取信息,构建模型,进行推断,获得结论。《全日制义务教育数学课程标准(实验稿)》认为:能通过收集数据、描述数据、分析数据的过程做出合理的决策,认识到统计对决策的作用;能对数据的来源、处理数据的方法,以及由此得到的结果进行合理的质疑。

在旧课程标准当中,统计与概率模块的核心词"统计观念"在新课标当中改成了"数据分析观念",核心词的更改说明我国基础教育的改革与时俱进,瞄准教育前沿,紧紧把握数学核心素养的脉搏,体现基础教育改革的前瞻性和发展性。从现代教育学来看,数据分析观念的建立须以"数感"为基础,对于生活中的数字表现规律及变化趋势有自己的认识和领悟。基于学生生活经验及数学知识的局限性,虽然有时候这种认识和领悟不一定正确,但它会激发学生主动分析和推测数字背后的导因,并对事件未来的发展方向做出预判。要想在学生头脑中建立数据分析的观念,笔者认为最重要的是让学生深刻而又广泛地认识到自身生活的世界处处充满数据,这个时代就是一个大数据时代,每一个生活细节的背后都受特定数据的支配,大到宇宙星系,小到原子世界,每个物质的存在都能找到数据的身影。其次让学生意识到,要想准确理解和认识自己生活的这个世界,探究事件及物质背后的运行规律,就得学会对数据进行研究分析,因为数据本身就是事物变化发展留下的印迹。再次通过数据的收集、整理、描述、分析四个步骤的训练,让学生亲自动手操作,熟悉数据分析简单流程,使数据分析的观念在学生头脑中得到强化,为今后概率与统计的进一步深入学习打下坚实的基础。

二、教材解读

(一)小学阶段学生数据分析能力的发展任务

在教育教学领域,对学生数据分析能力的培养必须遵从该素养本身的特质,要深刻认识到数据分析素养的综合性和复杂性,只有准确把握了数据分析素养这一基本要点,数据分析能力的培养才不会迷失方向。

数据分析能力作为数学六大核心素养之一,是学生将来适应社会发展的关键必备能力要素。在工作生活中,许多地方都要用数据分析来解决实际问题,因此在小学阶段向学生渗透数据分析思想,从小培养学生数据分析能力是非常必要的。但数据分析能力的形成是一个长期而又漫长的过程,需要时间和精力,并采用科学有效的方法,循序渐进,慢慢培养。结合义务教育的各个学段,学生数据分析能力的培养有着不同的任务,发展要求是不一样的。在初期学习阶段,最重要不是让学生掌握某项技能,而是结合生活实际,通过具体的教学案例,让学生在头脑中树立数据分析的意识,在学段的上升过程中,丰富自身的数学经验,通过教学活动,逐步渗透数据分析的思想,促使学生强化数据分析观念,提升数据分析能力。

（二）低年级学段数据分析能力发展解读

　　小学阶段的数据分析所涉及的知识点都非常基础，而且接近学生生活实际。在一至三年级，重点涉及对物品的分类、计数、搭配、平均数及统计表相关知识。在这一学段期间，《义务教育数学课程标准（2011年版）》明确给出了具体的课程内容：能根据给定的标准或者自己选定的标准，对事物或数据进行分类，感受分类与分类标准的关系，经历简单的数据收集和整理过程，了解调查、测量等收集数据的简单方法，并能用自己的方式（文字、图画、表格等）呈现整理数据的结果，通过对数据的简单分析，体会运用数据进行表达与交流的作用，感受数据蕴涵信息。从课程标准的表述中，我们不难发现这样一个事实，小学一至三年级的统计与概率内容更加注重统计而非概率，数据个数一般都很有限，而且是现成的数据。对整理之后的数据运用往往是可以直接回答既有问题，或者是对数据进行一些非常直观的简单的比较，很少涉及具体的计算，数据分析难度很小。从教育学、心理学的观点来看，对于小学生而言，统计教学本身就应该注重学生动手操作的过程而非计算结果的正确性，因为低年级的学生对于数据的理解往往是以感性认知为基础，理性思维发展还不够成熟。因此对于数据整理的教学，应事先制订好可供学生选择的分类标准，分类标准的确定一般依赖于生活经验，主观性较强。具体的教学过程中，让学生根据不同的标准去经历分类的过程，通过分类的过程体验，去感受分类的结果与分类标准之间的对应关系，让学生意识到对于同一事物，不同的分类标准可能会产生的不同的分类结果。通过这一简单的事实体验，培养学生科学理性的认知观——对于同一问题或者同一事物，站在不同的角度去看待，其结果是不一样的。结合低年级小学生的生活经验和认知特点，对于数据收集与整理结果，通过文字、符号、图示和简单的统计表等方式进行呈现，这些呈现方式实际上就是学生在用特有的数学语言对统计结果进行描述，这些举措在一定程度上促进了学生数学语言表达能力的提升。对于数据收集的具体方法则重在调查和测量，调查和测量的过程实际上是培养学生尊重事实的科学精神。只有亲身经历数据的收集过程，才能使学生深刻体会到数据与生活实际的贴切关系。而亲自动手画图示、符号及表格对学生的主动探究能力、实践操作能力和小组合作的团队意识培养也是大有好处的。

(三)高年级学段数据分析能力发展解读

在四至六年级,数据分析能力的发展由数据的收集、分类、整理逐步转向了对数据的描述、分析及交流,具体涉及可能性的理解,以及根据具体的事例背景选择合适的统计图,也就是折线统计图、条形统计图、扇形统计图的综合运用。对数据进行解释时更多借助于合情推理,通过自身的直觉进行分析和判断,经验性比较强。从应用的角度来看,高年级学段的应用性明显强于低年级学段,但从更加宏观的概率与统计角度来审视,整个小学阶段所涉及的数据分析知识只是最初的部分。但对于学生数据分析观念的形成和发展,小学阶段的渐近学习是不可替代的。所以小学阶段对于学生数据分析能力的培养和形成,重点应是让学生通过学习,养成实事求是、具体情况具体分析的科学精神,面对生活工作中具体事例背景所要解决的实际问题,要懂得实事求是,具体问题具体分析的道理,第一时间着手收集数据、分类整理、信息提取、列表简化、画图分析。结合生活经验和数学经验,透过数据的表现特点对其背后的原因进行简单分析,发现其隐藏的规律,并能用简洁的语言进行描述交流。对于高年级学段,《义务教育数学课程标准(2011年版)》也明确给出了具体的发展任务:经历简单的收集、整理、描述和分析数据的过程(可使用计算器)。会根据实际问题设计简单的调查表,能选择适当的方法(如调查、试验、测量)收集数据。认识条形统计图、扇形统计图、折线统计图,能用条形统计图、折线统计图直观且有效地表示数据。体会平均数的作用,能计算平均数,能用自己的语言解释其实际意义。

从新课程标准对统计与概率的课程内容安排来分析,不难看出其对学生数据分析能力发展提出了更高的要求。按照数据分析分类标准,高年级学段的学生主要把折线统计图、条形统计图和扇形统计图作为描述数据的重要手段,这种方式属于描述性统计分析。三种经典的统计图对于数据的表示都有直观的特性,条形统计图通过"直条"的长短来表示数据的多少,每个被反映的数据彼此之间相互独立,能直观地体现每组数据的具体值,易于比较数据之间的差别。条形统计图又可细分为单式条形统计图和复式条形统计图,其不同点在于,单式条形统计图只能反映单一事件的离散计数数据,而复式条形统计图则可以反映多个事件的离散计数数据。折线统计图以条形统计图为基础,从图中可以直接看出具体的数据量,更主要的功能则在于反映数据整体的增减变化趋势及数据变化的幅度,通过对已有数据的趋势走向分析能够对未来的形势做出预判,比如气温的统计和股市的五线图等在经济领域用得比较多。扇形统计图则以圆的面积表示总量数据,用扇形的面积表示分量数据,这种统计图特有的功用在于可以清楚地表示各分量数据所占的百分比,能够直观地刻画整体与部分之间的占比关系。对于随机现象的学习,主要通过学生感兴趣的随机试验、游戏等活动让学生主动参与,主动去感受和体验,而非去计算具体事件发生的概率大小。通过教学活动,让学生主动参与并切身感受随机事件,促使学生树立看待世界的科学观念,认识到这个世界的人和事都是相对的,一切都在发生变化,世界上唯一不变的就是永恒的变化,世事无常。知道必然事件的背后存在一定的条件和偶然性,而随机事件呈现给世人的则是一种表象,它是客观存在的,随机发生的,只有借助统计工具进行科学分析,才会呈现某种规律。从高年级学段的内容安排还可以发现,对计算提出要求的只有平均数,要求学生能够体会平均数的作用并能计算,这里的计算应该是说计算方法而非计算结果,知道一组数的平均数应该如何计算,因为在课程标准的表述中明显提到可以使用计算器作为计算工具,这就说明在小学阶段重在统计意识的建立和统计过程的体验,而非具体计算。

三、数据分析能力培养

随着科学技术的日新月异,人们更加趋向于以数据信息作为互通有无的媒介,数据信息化的趋势更加突出。要想适应这个以数据信息为基础的社会,就必须学会如何对周边的数据进行搜集、整理与分析,更进一步讲,数据的处理与分析能力将成为人们适应社会生存的必备能力和重要素养。我们生活的这个世界正逐步朝着数字化的方向发展,大数据时代已经到来,当前及未来的一代学生必须适应生活在一个充满数据信息的社会。对于教育战线上的工作者,必须准确把握时代发展的脉络,与时俱进,紧跟教育培养方向,将数据处理及分析能力作为培养学生综合素养的一个重要着力点。数据分析是概率与统计的一个核心,其主要作用有两方面:一方面是透过数据去分析事件产生的背后原因,另一方面是通过分数据分析找到相应事件的表现规律并对今后事件的发展做出科学预判。

小学生数据分析能力的培养须遵循小学生的心理和行为特性。对于小学生而言,身心有两大固有特性:一方面是贪玩的天性,另一方面是对未知世界强烈的探索欲。从教育心理学来分析,能将这两大特性综合起来思考的教育切入点就是兴趣。对于小学生而言,数据分析本身就是一个新概念,天生的好奇心会让学生对其产生强烈的关注。但关注并非兴趣本身,初期的关注只是缘于好奇心,教师应牢牢抓住学生的天性,让学生对数据分析的好奇心转变为学习的兴趣。要想达到这个目的,教学整个环节必须以学生的兴趣为中心,思考如何吸引学生的学习兴趣,激发学生的求知欲和探索欲。教师在授课之前需要做好多方面的教学准备工作。一是钻研教材,对教材进行二次理解和加工,其目的在于厘清教学重难点及教学目标,进行教学语言转化和设计,将教材上的数学语言转化为学生能理解的生活语言,以便于学生理解和接受。二是对所教班级的学情进行分析,其目的在于找准大多数学生的认知起点或者最近发展区,并发现学生感兴趣的东西。只有对学生的情况有了清晰而又准确的认识,才能真正做到因材施教。第三方面也是最为关键的工作,是将对教材的加工结果与学生的认知实际和兴趣相结合,在这个环节中素材的选取和教学流程的设计是核心,评价素材选取的好坏取决于学生对素材的接受、理解及兴趣度,这要求教师选取的教学素材要贴近学生实际生活,便于学生理解和接受,同时所选素材应能引起学生的兴趣,这样才能吸引学生的注意力。

　　教学流程的设计应体现教学的逻辑性和连贯性,层层递进,直奔主题,如行云流水,一气呵成。对于小学生而言,数据分析能力的培养从线型步骤来看,分为数据的收集、整理、描述、分析四个环节,这四个环节前后相继,顺序不可打乱。学生初期收集的数据是杂乱无章的,没有规律,看不出缘由,所以需要分类列表,画图整理,通过前面两个步骤的工作,大多数学生再经观察和思考就能发现数据中体现的规律。规律的发现需要用简洁的语言表达才能让大家理解,所以紧接着对学生的数学语言描述功底提出了要求。规律的发现是为后继的分析服务的,这里的分析一方面要搞懂规律背后的成因,另一方面是运用规律去分析事件以后的发展方向,或者根据所发现的规律对后续事件的走向做出正确的预判。

　　数据分析能力的培养需注重过程性、方法性和体验性要求。让学生经历调查研究、收集数据、处理数据过程,通过数据分析做出判断,并体会数据中蕴涵的信息;培养数据分析能力最好的办法是让学生经历完整的数据收集、整理、描述、分析的统计全过程,让学生明白为什么要进行数据的"收集、整理、描述、分析",也就是说数据分析能帮我们做什么。鼓励学生掌握数据分析方法,学会根据问题背景选择合适的数据分析方法,促使学生认识到单纯的数据本身没有任何意义,必须将数据与具体的实际背景相联系,经过整理和分析,找到并理解事物的特质或事物之间的关系,数据才有意义,在这一过程中让学生了解对于同样的数据可以有多种不同的分析方法;通过数据分析让学生体验数据的随机性。为了促使学生感受数据的随机性,对于小学生而言,创造恰当的学习活动显得尤为重要,让学生在具体的学习活动中体验数据的随机性。培养学生的数据分析能力不一定非要在数学课堂上进行。既然我们的主题是培养学生的数据分析能力,那么我们的教学活动设计就应围绕这个核心主题展开,主题所涉及的教学素材可以多样化、趣味化,比如可以让学生统计全班同学的身高、年龄,或者统计体育课中的各项田径比赛成绩,又或者以综合实践课中的活动为教学素材,以这种方式培养学生的数据分析能力效果也许会更好。活动中可让学生自由组合,主动收集数据,按照自己喜欢的方式整理数据,然后在组内和组间进行数据交流。以这种方式培养学生的数据分析能力更加贴近生活,教学素材取自于学生的实际生活,易于学生理解和学习,体现了现代意义的本真教学特点。

数据分析作为统计学的研究对象,一直处于核心研究地位,可以说离开了数据分析,统计也就失去了它本来的意义和价值。我们之所以要研究数据分析,是因为它可以帮助我们解决生活、科研中的许多问题,它是应问题而催生。基于此,培养学生的数据分析能力,发展学生的数据分析观念,渗透学生的数据分析思想,应首先让学生树立数据分析的问题意识,当学生能够看到生活中数据分析所对应的问题时,才会切实感受到数据分析的现实意义。这种认知可以让学生感受到学习数据分析的必须性和重要性。如果不借助数据分析就解决不了问题,这样才能激发学生学习的内在驱动力,学生才有可能积极投身学习活动。教学过程中,要不断诱发学生思考,使学生在修正自己想法的过程中掌握数据分析方法。数据分析是一个复杂的思维过程,数据分析过程的计算和画图只是表层操作,更深入的核心及重点应该是如何进行科学分析。因此,培养学生的数据分析能力,其重点应是关注学生的内部动态思考过程,当然外在的表层操作也是必要的。根据生活中的不同背景事例,选择不同的数据分析方法,在具体情境问题中采取合适的分析手段也是学生应掌握的一项能力。结合学生的认知起点,通过设计生动有趣的数据分析活动,以逐步参透数据分析的思想。

第二节　数据分析教学案例

☆ 收集与整理 ☆

【问题解析】　"收集与整理"是西师版小学数学教材二年级下册的教学内容。教学本课时,学生已经学习了比较、分类,能正确地进行计数,完整的填写统计表。但在利用统计表中的数据进行分析和交流时,还存在一定的难度。因此,在本节课的教学中,不仅要让学生体验数据的收集、整理和分析的过程,还要让学生了解统计的意义和作用,逐步形成统计观念,进而养成用数据说话的习惯。

一、激趣引入

师:"六·一"儿童节快到了,二(3)班的孩子们为了进行节目表演,特向厂家预订了一些纽扣作为表演道具。现在厂家发来的纽扣有圆形的,也有方形的,有黄色的,也有灰色的,如果我们要知道这些纽扣有多少粒,并且把这些数据记录下来,该怎么做呢?

生:我可以按颜色的不同先分一分,再数一数。

生:我可以按形状的不同先分一分,再数一数。

师:请同学们先独立完成,然后在小组内交流,把你的做法和组内的小朋友相互说一说。

【评析】　这一环节,通过提出问题,激发学生认知冲突,促进学生思考如何分类,如何科学合理计数,不同孩子想到的分类方法及标准可能不一样。

二、探索新知

师:谁愿意来分享一下呢?

生:我是按照纽扣的形状将纽扣分为两类,圆形为一类,方形为一类,然后再数它们的个数,我发现圆形纽扣有4粒,方形纽扣有8粒。

生:我是按照纽扣的颜色将纽扣分为两类,黄色一类,灰色一类,然后再数它们的个数,我发现黄色纽扣有7粒,灰色纽扣有5粒。

师:同学们为什么不像以前那样逐个数呢?

生:因为这些纽扣都是混乱地放在一起的,而且这些纽扣有不同形状和不同颜色,如果像以前那样逐个数,很麻烦,还容易数错。

师:同学们真聪明,知道对放在一起的不同物体计数时先进行分类,然后再数个数,这就是我们本节课要研究的课题——收集与整理。(老师板书课题)

师:请同学们再思考一下按颜色分的,能不能把黄色和灰色的纽扣再进行细分,按形状分的,能不能把圆形和方形的纽扣再进行细分。(进一步提出分类的问题,让学生的数学思维进一步细化深入,使数据的收集更加精细化)

师:请孩子们和同桌再分一分。

师:分好的同学举手示意,谁愿意上台展示?

生:黄色的纽扣当中,圆形的有2粒,方形的有5粒。

生:灰色的纽扣当中,圆形的有2粒,方形的有3粒。

生:圆形的纽扣当中,黄色的有2粒,灰色的有2粒。

生:方形的纽扣当中,黄色的有5粒,灰色的有3粒。

师:孩子们真棒,看来我们在分的过程中都做到了细致,而且思路都很清晰,老师给你们点赞。

【评析】 这一环节,教师要引导学生说出分类的标准是什么,让学生体会分类标准与分类结果之间的对应关系,让学生体会对于同一研究对象,不同的分类标准将产生不同的分类结果。教师要重点引导学生用数据表述分类结果,即按颜色分,黄色纽扣有7粒,灰色纽扣有5粒,按形状分,圆形纽扣有4粒,方形纽扣有8粒。

三、分类与整理

师:孩子们,喜欢吃水果吗?

生:喜欢!

师:今天啊,老师给大家准备了不同类的水果。你们看!(出示图片)

师:这些水果(卡片)在你们的抽屉里,请大家以小组的形式,通过摆一摆、数一数等方法统计一下这些水果各有多少个,并做好记录。

师:哪个小组的孩子愿意到黑板上来摆一摆呢?

生:我们小组是这样摆的,把香蕉摆在一列有2个,把梨摆在一列有3个,再把桃摆在一列有3个,最后把苹果摆在一列有5个。

师:原来这组的小朋友是将香蕉、梨、桃、苹果进行分类处理,再计数。发现香蕉有2个,梨有3个,桃有3个,苹果有5个。

师:那如果没有水果卡片,又该怎么办呢?

生:通过画小圆圈的方法进行计数。

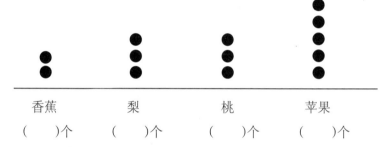

生:通过画五角星的方法进行计数。

师:在这些水果中,哪种水果最多? 哪种水果最少?

生:苹果最多,香蕉最少。

师:苹果比香蕉多几个呢?

生:苹果比香蕉多3个。

师:你还能提出不同的问题吗?

生:哪种水果和哪种水果同样多? 各有几个?

生:苹果比梨多几个?

生:桃比苹果少几个?

师:孩子们,刚才我们通过摆一摆、画一画的方法进行计数,你觉得这两种方法哪一种更简便呢?

生:我觉得摆一摆的方法较简便,能够清楚看出每一种水果的个数,苹果的个数最多,有5个;香蕉的个数最少,有2个;苹果的个数比香蕉多3个。

生:我觉得在没有图片的情况下,通过画符号进行计数更简便,而且比较直观,我发现苹果的个数最多,有5个;香蕉的个数最少,有2个;苹果的个数比香蕉多3个。

【评析】 引导学生通过摆一摆、画一画等方法进行分类,并整齐地摆放,让大家一眼看出每种水果的数量,让学生经历分类的过程,重点指导学生要整齐地从下往上摆,引导学生观察这样摆放水果图能清楚直观地看出每种水果的数量,并引导学生对所整理出来的数据进行观察并做简要的分析。

四、课堂练习

1.请同学们完成数学书第91页"课堂活动"的第1题。

师:同学们,当一副扑克牌去掉两个王之后,你有哪些不同的分类标准? 每种分类标准下的分类结果会一样吗?

2.请同学们完成数学书第92页"课堂活动"的第2题。

五、课堂小结

师:这节课,你有什么想说的? 有什么想和同学们分享的?

教师在教学中,要引导学生能根据给定的标准或者自己选定的标准,对事物进行分类,感受分类与分类标准的关系。经历简单的数据收集与整理的过程,了解整理数据的简单方法,能用自己的方式呈现整理数据的结果。能根据自己整理的原始数据提出问题并加以解决,体会用数据进行表达与交流的作用,感受数据蕴含的信息。

☆ 简单的统计活动 ☆

👉 **【问题解析】** "简单的统计活动"是西师版小学数学教材三年级下册的教学内容。本节课是在学生已有一些简单的统计表知识的基础上继续教学数据的收集和整理方法。对于三年级下学期的学生来说,方格统计图是一种新的统计数据的有效方法,通过引导学生理解统计表中"合计"的含义和涂方格统计图,促使学生进一步掌握收集、整理、分析数据的方法,体会统计的意义,增强数据意识,发展初步统计的观念,为后续的统计学习打下基础。

一、导入

师:在今天上课之前,老师先给大家讲个故事吧! 有一天,猫妈妈带着小猫去河边钓鱼,一会儿,蝴蝶飞来了,小猫放下鱼竿去追蝴蝶,可是蝴蝶飞走了没抓着,小猫又回到了河边开始钓鱼;蜻蜓又飞来了,小猫又放下鱼竿去追蜻蜓,可是蜻蜓也飞走了也没抓着。小猫回到了河边,猫妈妈已经钓到好几条大鱼了,猫妈妈对小猫说:"孩子,做事要一心一意,不要三心二意。"小猫听了猫妈妈的话,认真钓起鱼来。蝴蝶飞来了,蜻蜓也飞来了,小猫像没看见一样,专心致志地钓起鱼来,不一会儿,小猫也钓到了一条大鱼。

师:孩子们,故事里的小猫你们喜欢吗? 今天,老师也请了几只会钓鱼的小猫来到咱们的课堂上,咱们一起来认识一下它们吧!(出示课件)

📝 **【评析】** 本环节以儿童故事的形式作为课题导入,吸引学生的注意力,激发学生的学习兴趣。

二、课堂探索

1.师:观察这幅图,你能获得哪些数学信息? 把你获得的数学信息和同桌说一说。指名回答三只小猫分别钓了几条鱼?

出示统计表。

【评析】 故事之后,出示主题图,教学环节由故事引入转变为数学主题,自然过渡。让学生自主观察主题图,从中提取有价值的数学信息并进行同桌交流,这一环节学生的观察能力、数据提取能力及语言交流能力都能得到一定锻炼。

师:三只小猫全天钓鱼情况咱们可以用一个统计表来表示,你能把刚刚获得的信息填到表中吗?(指名填一填)

师:"合计"是什么意思呢?(合起来的总数)那谁来告诉大家,三只小猫合计钓了多少条鱼?

【评析】 设计这一问题是很有必要的。"合计"对于三年级的学生来说是一个新词,在具体的表格中分为横向合计与纵向合计,正确理解该词的含义对于后期学习有促进作用。

2.师:这是我们填好的统计表,这三只小猫全天的钓鱼数情况咱们还可以用方格统计图来表示(出示统计图)。大家先说说怎样把小白猫钓鱼的条数用方格统计图表现出来。该怎样涂方格统计图(一个格子代表一条鱼)? 拿出你们的学习单,用你们手中的彩色笔完成方格统计图。

【评析】 学生初识方格统计图,可能会出现轻微的认知冲突,这属于正常现象,教师可以通过改变图示结构来激发学生的主动认知,比如提示同学们以不同颜色来表示三天不同的钓鱼数量,也可以在三个方格图的下方标注"第几天",提示信息给得越充分,学生就越容易理解和操作。这一环节最好是先让学生自己说一说各自对方格图的初步认识和理解,学生能自己正确认识最好,如若不行,老师再给予指导。当同学们涂完方格图之后,应留充足的时间让他们相互交流。

3.展示学生涂的统计图,提示:在涂统计图的时候,尽量把统计图涂得漂亮又美观。

4.出示方格统计图,回答问题。

5.对比统计表和方格统计图,你有什么发现?

统计表和统计图都是表示三只小猫全天钓鱼数的情况,但是统计图更直观,更能一眼看出数据的多少。

【评析】 这一环节对于本节课很重要,学生涂完之后再在全班展示进行对比分析,能够让学生自主发现自己的不足,向标准看齐。对于小学三年级的学生来说,涂画本身不是难事,涂色与美术的涂画还是不一样的。但对于数学学科而言,我们要让学生认识到方格统计图的涂色要做到美观和高效,不能乱涂乱画,展示环节,如有必要,教师最好做一下涂方格的示范动作。本环节的第二个核心关注点就是让学生认识到方格图的优点,为强化学生对方格图优点的认识,讨论是很有必要的,通过生生之间的讨论,将之前所用的统计表与今天所学的方格统计图进行对比分析,能进一步加深学生对方格统计图的理解和认识。

三、课堂练习

师:小猫全天钓鱼数的情况咱们可以用统计表和统计图的形式表现出来。生活中,还有很多情况我们也可以用统计表和统计图来表现出来。现在我们来看看某超市去年6月的第一个星期销售各种饮料的情况。(出示课件)

师:你能根据大屏幕上的信息填好统计表和涂统计图吗?

学生动手填表和涂统计图。

展示学生作品。

师:你从统计表和统计图上知道了什么? 如果你是超市的老板,今年6月,你打算多进一些什么饮料呢?

出示某市4月上半月空气质量统计表。

师:咱们来看一看,这是某市4月上半月空气质量统计表,你能根据统计表涂好统计图吗? 动手试一试吧!

展示学生成果,并说一说。

师:地球是我们共同的家园,保护环境人人有责,只有把环境保护好了,咱们才能呼吸到干净、新鲜的空气!

【评析】 练习是巩固更是保持与迁移。本环节的重点是通过具体的统计事例让学生用统计数据进行交流,这是数据分析能力中非常重要的一环。数据分析是交流的前提,没有数据分析就没有正确的数据交流,而分析应通过团队合作来完成,所以这环节应让学生先独立完成再小组讨论分析,最后让学生在全班进行交流汇报。

四、课堂小结

师:这节课,咱们利用统计表和方格统计图对一些数据进行了整理和分析,这节课学到这里,老师想问一下,你有什么收获吗?

师:生活中哪些地方需要用到统计呢?(孩子们的成绩、人口的增长、运动会的成绩等)是啊,统计在我们生活中无处不在,而今天我们学习的方格统计图,让一些数据更直观,更能一目了然! 老师相信在今后的学习和生活中,你们能更好地应用统计去解决生活和学习中遇到的问题!

教学延展

小学三年级所学的统计较为简单,对于数据分析的要求并不高,重在对初始数据的分类与整理。在一、二年级,学生已学过物品的分类与整理,知道按照不同的分类标准,同一堆物品可以分成不同的类。本节课充分发挥学生的主体性,体会数据的收集、整理、描述和分析的过程,认识到方格统计图与之前所学统计表的差异及优点,通过使用方格统计图,可以使要研究的问题更清晰明确,从而体会统计的数学思想。

☆ 认识条形统计图 ☆

【问题解析】 "认识条形统计图"是西师版小学数学教材四年级上册的教学内容。认识条形统计图对于学生今后有关统计的深入学习非常重要。和学生之前所学的统计表及方格统计图相比较,条形统计图的功能更加强大,能更加直观、形象、具体地表示一个数据的多少,便于数据之间的相互比较,在实际的生产生活中有广泛的应用价值,因此学习条形统计图是很有必要的。本节课中,教师引导学生充分发挥学习的主动性,让学生经历用数字、图形和条形来表示数量的不同方式的对比过程,体验条形表示数量多少时更直观、便于比较的优势,体会学习条形统计图的必要性。通过读图、画图活动认识1格表示1个单位的条形统计图,了解条形统计图的结构特征和表示数量的方法,根据要求准确地画出长短合适的条形,并对数据做简单的分析。

一、情境引入

观看主题图——测量空气质量情境图(分别呈现优、良、轻度污染三种环境图片)。

师:通过上面几张图片,同学们看到了什么?

生:我们看到三个城市的空气质量不一样。

师:在这几个城市中,同学们更喜欢生活在哪一个城市呢? 为什么?

生:我更喜欢生活在第一个城市,因为第一个城市的空气质量是最好的,只有生活在空气质量好的城市,人才能健康,不会生病。

师:空气质量与我们的生活息息相关,那我们怎样监测一个城市的空气质量呢?下面我们以某地的空气质量状况为例来研究(出示4月份某地天气质量情况图)。

【评析】 教学素材选自学生所生活的城市,贴近学生实际,容易吸引学生的注意力,激发学生的学习兴趣。情境引入中,教师一边出示主题图,一边以问题的方式引导学生观察并回答指向性的问题,教师教学的收放艺术得到充分展现。先是提出一个开放性的问题:通过上面几张图片,同学们看到了什么? 对这一问题,不同的学生可能会有不同的回答,最后又以"怎样监测一个城市的空气质量"为导向将学生的思维聚焦到数学问题中来。

二、小组合作,探究学习(初步认识条形统计图)

1.数据整理。

师:在这张图表中,你能否看出此地6月份整体空气状况?

生:数据太混乱,不能直接看出来。

师:那我们能不能找到一种方法,将这些数据整理后可以直接看出6月份空气整体质量状况呢? 这就是我们今天要学的知识——条形统计图。

【评析】 以提问题的方式激发学生认知冲突:从混乱的数据中看出此地6月份整体空气状况。由于数据是通过初始记录表呈现的,我们知道初始记录表的不足之处就是数据纷繁杂乱,学生是不可能一眼看出整体空气状况的,所以认知冲突受此引发。教师借此引出课题,一方面体现出教学机智,另一方面激发学生学习新知识的欲望。

师:下面请同学们对这张图表进行数据整理,统计出空气质量为优的天数、质量为良的天数以及质量为轻度污染的天数。你是用什么方法统计出来的?(启发学生思考并整理数据:我们要统计什么? 用什么方法可以统计出这些数据?)

学生通过交流能知道可以分别用数数、画"√"、画"○"或写"正"字等方法。

组织学生汇报交流:你们小组是用什么方法收集数据的? 为什么选用这种方法?

【评析】 这一环节重点在于体现数据的初步收集与整理,之前学生已学过收集整理数据的方法,比如画"√"、画"○"、写"正"字等。教师提出的开放性问题,旨在对过去的统计方法进行简要复习,通过复习已学收集整理数据的方法来为接下来的条形统计图搭建学习支架。

2.数据表示。

师:刚才我们采用自己喜欢的方法对空气质量进行统计,已经知道每种空气质量等级的天数,那如何才能清楚地表示出来呢?(组织学生讨论并在小组内完成,然后上台汇报展示)

生1:我们小组是用统计表来表示的。

空气质量	优	良	轻度污染	合计
天数(天)	10	12	8	30

生2:我们小组是用方格图来表示的。

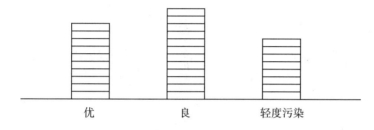

【评析】 这一环节体现了学生对数据的收集与整理能力。只有将数据整理到位才能予以呈现,引导学生们通过表格、方格图的方法将数据进行分类整理和呈现。学生通过经历数据整理的过程,整理数据的能力得到切实锻炼。这一环节仍然是在为条形统计图的学习搭建学习支架,因为这部分同学们用到的仍然是已学的知识。

师:这两种方法是我们以前所学过的数据表示方法,第一种方法我们可以通过数字得出每一种空气质量的具体天数,但没有第二种方格图来得形象直接,第二种方法虽然能比较直观地看出三种天气质量天数的多少,但不能快速读出每种空气质量的天数,那么有没有一种方法既能读出数据又能体现图像的直观性呢?

【评析】 教师对比性地提出问题,引发学生认知冲突,激发学生积极思考。

师:出示本例题的条形统计图。

【评析】 在学生独立思考之后,教师直接出示条形统计图,通过对比学习,让学生充分认识到条形统计图的最大优点是既能表征数据的多少,又能体现图像的直观性,是对之前所学统计表和方格图的综合提升,为后续学习条形统计图扫清认知障碍。这一环节学生仅仅是通过观察而形成感性的表象理解,用言语表达清楚条形统计图的优点可能还存在一定的难度,需要教师引导。

出示条形统计图之后,向学生讲解条形统计图的组成部分。

师:在这幅条形统计图中,你都看到了什么? 直条左右有无间隔? 为什么要有间隔? 在这个条形统计图中,纵轴一格表示多少? 你能随意指着一个刻度,说出它们是多少吗? 这个条形统计图中,哪一种空气质量等级的天数最多? 哪一种空气质量等级的天数最少? 通过这幅条形统计图,你能否得出今年 6 月份此地空气整体质量状况?

【评析】 这一环节旨在培养学生的数据描述及分析能力,教师提出的一系列问题,实际上就是数据描述及分析所涉及的基本问题。引导学生观察条形统计图并试着解决这些问题,就是无形之中培养学生的数据描述及分析能力,这是之前的统计学中所不曾有过的。之前同学们重在学习如何对数据进行收集与整理而非描述与分析,但今天这节课不同,从这里可以明显看出统计学习对学生的要求提高了,不再是停留于数据的收集与整理,而是要利用整理好的数据进行进一步的比较与分析,思维更加复杂,更加细致。

学生小组讨论并汇报结果。

师:同学们还能提出什么问题?(一个学生提问,另一个学生回答)

师:从刚才的学习中,我们已经认识了条形统计图,知道一个完整的条形统计图由标题、制作时间、横轴(统计的内容)、纵轴(数量)、单位名称、直条组成(小结),那么同学们想不想自己来制作一个喜欢的条形统计图呢?

生:想!

三、课堂练习

师:出示学习单。

生:完成学习单上的习题。

1.学生观察四(1)班这一学期1周语文、数学、英语、体育、音乐课的节数。

2.学生完成统计表。

3.根据统计表完成统计图。

4.学生根据统计图提出数学问题,并解答。

四、课堂小结

师:通过这节课的学习,你有什么收获?还有什么问题?

教学延展

　　数据分析能力作为数学六大核心素养之一,对小学生有具体的要求。我们应将数据的收集、整理、描述和分析作为培养学生数据分析能力的重心和抓手。之前同学们学过统计表和方格图,学生具备一定的数据收集和整理能力,但统计表所呈现的数据纷繁杂乱,不便于数据分析,方格图所表达的信息又非常有限,所以之前所学的数据分析中,我们的教学重点在于数据的收集和整理。今天学习的条形统计图能更加直观、形象、具体地表示数据的多少,最大的优点在于数据之间的相互比较。有了明显的差异性,就便于分析数据。由于之前学生对于数据分析还比较陌生,所以本节课教师引导性比较强,教师以问题为导向,引导学生去观察图表,在问题的导向中去感知条形统计图的组成要素,在问题的引导下逐步学习数据分析,从而使学生的数据分析能力得到锻炼。

☆ 认识折线统计图 ☆

👉 **【问题解析】** "认识折线统计图"是西师版小学数学教材五年级下册的教学内容。本课较条形统计图而言更能直观有效地看出数据变化的增减趋势。折线统计图是在条形统计图的基础上进行教学,为了让学生充分认识到条形统计图与折线统计图的区别与联系,让学生经历观察、对比、分析、小组合作交流,共同讨论学习是非常必要的。本节课采用情境教学法、观察分析法、合作交流法等教学方法,让学生在自主探究、观察比较、实践操作中体会和认识折线统计图的特点与作用,其中一项重要的技能是学会如何绘制折线统计图,并能根据不同的事例背景选择折线统计图进行描述与分析。

一、创设情境,走进生活

1.复习统计表。

师:同学们喜欢旅游吗? 今天老师就带你去欣赏九寨沟的美景(教师出示九寨沟图片)。想去吗? 九寨沟的风景真美呀,亮亮他们一家也想去旅游。既然去旅游,就要了解当地的气温。于是,亮亮收集了一个去年九寨沟的月平均气温统计表。

××年九寨沟月平均气温统计表

月份	1	2	3	4	5	6	7	8	9	10	11	12
平均气温(℃)	0	2.5	4	8.7	11	14	17	16	12	8.3	2.4	2.3

师:观察统计表,你知道了什么信息?

2.复习条形统计图。

师:如果我想用直观形象的方式反映这张统计表中的内容,可以用我们以前学过的什么统计图来表示?

生:条形统计图。

学生制作条形统计图。

由于学生已经学会了认识统计表并根据统计表来制作条形统计图的先位技能,因此在课的开始阶段设计一个令学生感兴趣的事例背景和一个较为熟悉的统计表,让他们来制作条形统计图,不仅复习旧知,激活原认知,为后续学习搭建学习支架,又能充分调动学生学习的主动性,体现学生自主学习的主体地位,让每一位学生在课的开始阶段迅速进入课堂状态。

3.导入折线统计图。

师:为了更加清晰地反映各个月份的平均气温情况,统计图还可以用一种新的形式来表示。(出示统计图课件,揭示课题)

师:这就是折线统计图。(板书:折线统计图)

二、新知探究

(一)初步认识折线统计图

1.了解折线统计图的点。

师:仔细观察折线统计图中的点,你能看出什么? 你是怎样看出来的? 6月是多少? 怎么看的? 最高是几月,最低呢?(板书:点的高低——表示数量的多少)

2.了解折线统计图的线。

师:在折线统计图中除了这些点以外,还有这些线段。观察这些线段,你能发现什么?

生:线段表示数量的变化。

板书:线段上升(增加),下降(减少)。(板书:线段——表示数量增减的变化)

师:2月到3月,3月到4月的气温同样都是上升的,它们有什么不同呢?(长短、倾斜度)

【评析】 线段比较斜,表示气温上升得快;线段比较平缓,表示气温上升得慢。

师:哪两个月之间下降得最快,哪两个月下降得最慢?

师小结:坡度越陡,变化幅度越大。坡度越缓,变化幅度越小。(线段的倾斜程度——数量的变化幅度)

3.亮亮想去九寨沟旅游,你可以给亮亮提哪些建议?

请学生在小组内交流,再让小组代表回答。

预设:亮亮如果想去看雪,最好在1,2,3,4,11,12月去,亮亮如果想在天气暖和的时候去,就应选择6,7,8月。

【评析】 这一环节中,教师提出了一系列问题,旨在引导学生主动观察和思考,这些问题有利于帮助学生充分认识折线统计图。学生带着问题去观察折线统计图,更能发现折线统计图的特点与作用,对接下来对比分析条形统计图与折线统计图的区别与联系是很有帮助的。这一环节中教师设计的问题都具有很强的指向性,每一个问题都对应着一个具体的知识点,每一个问题都指向折线统计图特有的性能特点。当学生把这些问题解决完之后,自然也就能够进行初步的数据分析,从而根据数据分析的结果为亮亮提出合理的旅游建议。

(二)比较条形统计图和折线统计图

观察比较条形统计图和折线统计图有什么相同点和不同点?(小组讨论)

相同点:都能清楚地看出数量的多少。

不同点:折线统计图还能反映数量的增减变化情况和变化趋势。

【评析】 让学生在认识折线统计图的基础上,通过对比观察和小组讨论,分享各自的看法,在讨论中明确条形统计图和折线统计图的区别与联系。这种讨论和认识是很有必要的,充分认识折线统计图与条形统计图的独特优势是学生根据不同背景事例选择对应统计图的基础。

(三)广泛应用

师:折线统计图在生活中是十分常见的,你见过哪些折线统计图?

生:股票的走势图、心电图、天气预报的变化图……

课件展示教师收集到的生活中的折线统计图。

师小结:我们了解到折线统计图更关注数量的增减变化幅度或变化趋势。

用手势比画数量的变化过程(从春天到冬天,梧桐树上树叶数量的变化)。

【评析】 这一环节的设计,帮助学生充分认识折线统计图在我们的生活中广泛存在,折线统计图就在我们身边,离我们很近。通过这一环节的学习,学生能够认识到折线统计图具有很强的实用价值。

三、制作折线统计图

1.出示例2:罗叔叔血液中酒精含量统计表。

2.根据上表数据制作折线统计图。

3.提问:如何绘制完整的统计图,关键注意什么?

4.小组讨论绘制的步骤。(预设:描点、连线、标数据)

5.尝试绘制折线统计图。

6.交流:在绘制中应该注意的地方。

7.小结:找准横轴上的对应时间和纵轴上数量的交叉点;及时标上数据;把各点用线段顺次连接起来;写出绘制日期。

【评析】 本节课中,绘制折线统计图是学生须掌握的一项技能,为了学生能有效掌握绘制折线统计图的方法,独立思考、小组讨论、动手操作、试错分析、展示交流是必要的。折线统计图以条形统计图为基础,要绘制折线统计图,得先绘制条形统计图,而同学们之前已学过如何绘制条形统计图,所以这一环节的重点应关注如何描点和画折线。按照数据的大小描出各点,再用线段顺次连接起来,学生能在自主探索中很快比较出折线统计图和条形统计图的相同点和不同点。

四、巩固练习

1.请你来判断。

请观察,这两幅统计图。分析哪幅图表示毛衣的销售量,哪幅图表示衬衣的销售量,并说出原因。

师:小小的两幅统计图,居然是进货的依据之一,也能给消费者带来启发。

2.数学书第100页练习二十七第1题。

先让学生观察统计图,找出与年份相对应的数填入统计表中,再根据数据回答题中的第(2)个问题。

3.数学书第100页练习二十七第2题。

先让学生根据数据找到相应的点,再把各点顺次连接起来,并在旁边标上数据完成统计图。然后让学生根据统计图回答后面的问题。

五、课堂小结

师:今天我们学习了什么内容? 说一说你对折线统计图有什么认识。

师:同学们,今天我们学会了如何观察、分析折线统计图,和根据折线统计图进行预测,我们也看到了一些生活中折线统计图的应用,还学会了制作折线统计图。

最后,老师衷心地祝愿大家学习的心情能永远呈上升趋势!

教学延展

本节课中教师紧密结合教材特点,采用情境引入法,以同学们喜欢的旅游事例作为教学素材进行教学,尊重学生认知起点,借此对条形统计图进行复习巩固,为学生学习折线统计图合理搭建学习支架。本节课一方面重点培养学生识图能力,另一方面培养学生根据折线统计图提取核心信息并做出合理分析的能力。折线统计图作为一种统计工具,其本身是图像,站在更高层次来理解,图像实际上是某种函数,所以本节课的学习在某种意义上为学生今后学习函数打下表象基础。

☆ 可能性 ☆

👉 **【问题解析】** "可能性"是西师版小学数学教材六年级上册的教学内容。与低段所学的可能性不同,之前同学们所学的可能性重在认识事件的随机性,而本节课关于"可能性"的教学重点在于向学生揭示可能性是有大小的。要让学生体会可能性的大小,需让学生经历主动探究可能性大小的过程,通过动手操作和小组合作学习促使学生对可能性的大小由感性认识上升到理性认识,并发展学生的数据分析能力,体会数据的随机性和稳定性。

一、复习旧知,孕伏铺垫

教师板书课题"可能性"并提问:同学们,你们之前学过哪些有关可能性的知识呢?

预设1:学过不确定性。

预设2:学过等可能性。

师:(出示西师版数学教材四年级上册"不确定现象"课件),在四年级,我们认识了确定性和不确定性现象,会用"一定""可能""不可能"来描述这些现象。

师:(出示西师版数学教材五年级上册"可能性"课件),在五年级,我们又进一步认识了可能性,知道在发生的可能性相等的情况下,每一种可能发生的情况可以列举出来。那么今天我们要来认识可能性的大小。

✍ **【评析】** 通过谈话法引入,激发学生原认知。通过谈话的方式,引导学生对之前的所学的有关"可能性"的知识进行回顾,为接下来的新课学习搭建学习支架。

二、主动参与,探究新知

引入新课。

出示例1:袋中有3个相同的球,分别标上数字1,2,3。小刚从袋中任意摸出一个,可能会摸到几号球?

预设1:会摸到1号球?

师:你确定一定能摸到1号球?

生:不是一定,是可能会摸到1号球。

预设2:三个球都会摸到。

师:一次三个球都会摸到?

生:不能,一次只能摸一个。

预设3:可能会摸到1号球。

师:你呢?

生:可能会摸到2号球。

师:你呢?

生:可能会摸到3号球。

师:如果多摸几次,会出现什么情况呢? 请同学们猜一猜。

小组验证。

组内摸球,每次摸一个球,将球放回后再摸。多摸几次,做好记录。你能发现什么?

类别	1号球	2号球	3号球
正字			
次数(次)			

10分过后……

师:下面请同学将每个球被摸到的次数统计出来。(留1分时间让学生统计摸球次数)

教师在黑板上列出组别统计次数的表格。

组别	1号球(次)	2号球(次)	3号球(次)
一组			
二组			
三组			
四组			
五组			

组别	1号球(次)	2号球(次)	3号球(次)
六组			
合计			

(注:组数可根据教学实际情况进行灵活调整,教师在巡视过程中可叫学生上台填写自己小组的实验数据。)

师:同学们,通过刚才得出的实验数据,我们发现每一个球被摸到的次数大致相同,为什么会这样呢?

生:因为每个球的数量是一样的,每个球被摸到的机会是均等的。

师:就是说,每个球被摸到的可能性相同。

师:通过刚才的实验,你们认为可能性的大小与什么有关?

生:与数量有关。

师:刚才我们摸的1号球、2号球和3号球的个数都是一个,所以它们被摸到的可能性就应该一样。

预设:其中一个小组的实验数据比较极端,老师这时单独拿出来供大家探讨。

师:为什么这一组的数据看上去不接近呢?

生:可能是摸的次数太少了,如果再多摸几次,摸得的结果就会接近的。

师:结合刚才的分析,我们可以看出当摸球的次数越多,每个球被到的次数就越接近。

师:如果1号球的个数不变,2号球的个数也不变,我们将3号球的个数增加到3个,总共变为5个,请同学们猜一猜,这时重复摸球的结果会发生什么变化。

生:3号球被摸到的次数会增加,因为3号球的数量增加了,那么3号球被摸到的可能性就会变大。

师:同学们真聪明。

【评析】 通过摸球游戏,让学生亲历游戏的过程,很容易感受到1号球、2号球和3号球,每一个球都可能被摸到。为了增加学生感受,在课堂设计时教师将3号球的个数增加了2个,3号球变成了5个,继续摸袋中的球,提问"摸到几号球的次数多?""大概是多少次?",让学生再次动手操作,切实感受到3号球个数增加所导致 3 号球被摸到的次数明显增多的事实。在本节课中,教师充分利用统计表的作用,让学生运用已学的统计知识来解决新的问题,促进学生对数据分析能力的提升。通过学生小组合作和动手操作实验,让学生在数学活动中体验可能性是有大小的,并与所研究对象的个数是相关的,明白在同一体系中,研究对象的个数越多,其事件发生的可能性就越大,反之越小。

三、学以致用

1.问题:任意转动有红、黄两色的圆盘。指针落在红色区域、黄色区域的可能性哪个大?

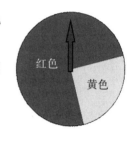

(注:本环节可抽各组的代表上台旋转转盘,同时请一位同学在黑板上记数,其他同学在台下仔细观察实验结果。)

预设 1:指针在前面几次落在黄色区域的次数较多。

师:为什么会这样呢?

生:是旋转的次数较少,指针落在哪一个区域是随机的。

生:指针落在黄色区域也是一种可能性。

预设 2:指针落在红色区域的次数较多。

师:为什么会这样呢?

生:因为红色区域的面积比黄色区域的面积大。

师:同学们认为可能性的大小还与什么有关?

生:与面积的大小有关。

【评析】 通过转盘游戏,在感性认识的基础上,提高学生对随机现象发生的可能性大小的理性认识。而学生由感性认识上升到理性认识,要依靠学生实际操作和课堂演示来过渡。让学生主动参与,使学生切身体会到指针落在圆盘红色区域的次数会多一些,落在黄色区域的次数会少一些,由此激发学生主动思考这种现象背后的原因,感受可能性的大小不但与研究对象的数量有关,有时候还与研究对象的面积大小相关,明白在同一体系中,研究对象面积越大,其事件发生的可能性就越大,反之越小。

2.问题:以抛硬币的方式决定哪个班先开球公平吗? 为什么?

哪个班先开球?

预设。

生:公平,因为抛硬币的结果只有两种可能性,可能正面朝上,也可能反面朝上。而正面朝上或者反面朝上的可能性是一样的。

师:只有在可能性相等的情况下游戏才能公平公正。

3.问题:如果转动指针,指针落在哪种颜色区域的有可能性大? 为什么?

预设:指针落在红色、绿色、黄色、蓝色区域的可能性是一样的,因为每一种颜色所占的面积是一样的。

【评析】 学以致用,让学生学习可能性的大小之后,能在实际生活中予以灵活运用,解决生活中一些有关可能性的实际问题,在实际运用中再次深入体会感知可能性是有大小的。

4.问题:利用空白转盘设计一个实验,使指针停在红色区域的可能性是停在绿色区域的2倍,也是停在黄色区域的2倍。

注:本题由学生自行设计,再汇报展示。(可让学生上台展示,也可由教师抽取有代表性的设计进行展示)

5.拓展提升。

学校对面开了家新的小卖部,小卖部的老板想搞一个购物抽奖活动。请你为小卖部的老板设计一个抽奖游戏。(注:此题要求学生结合生活实际,通过可能性的大小去解决生活中的实际问题。)

四、课堂总结，课后延伸

师:回顾一下这节课,你有什么收获? 可能性的大小与什么有关?

📊 教学延展

　　学生对每一次号球被等可能摸到的判定只是基于合情推理,对号球被摸到的可能性大小不会计算,所以通过两次摸球活动的设计,一是让学生感知号球被摸到的可能性是随机的,二是促使学生对可能性大小的认识由感性推断上升到理性认识,通过摸球活动,让学生切身感受可能性是有大小的,在统计摸球次数时,灵活运用已学的统计表,将摸球次数直观地展现出来,以便于学生分析感知摸球次数的多少与球本身的个数是相关的。让学生经历从等可能的摸球过渡到非等可能性摸球,在同一体系中,每一个球被摸到的可能性是相同的;但不同类型球、不同标准球的个数是不一样的,这就导致不同类型、不同标准的球被摸到的次数就不一样,被摸到的可能性自然也就不一样。

☆ 认识扇形统计图 ☆

📖 **【问题解析】** "认识扇形统计图"是西师版小学数学教材六年级下册的教学内容,是小学阶段同学们所要学习的最后一个统计工具。它与统计表、方格图、可能性、条形统计图、折线统计图共同构成小学阶段所学的统计知识整体。扇形统计图不仅表示各个部分数量的多少,而且侧重于用同一个圆里的大大小小的扇形,表示各个部分数量与总数量之间的关系,表示各个部分数量分别占总数量的百分之几。本节课充分尊重学生的认知起点,在学生已有经验基础上进行教学,并提供生活化的学习素材,让同学们围绕某一问题在小组中相互交流,在讨论中拓展对扇形统计图属性的认识,沟通和了解不同统计图之间的联系和区别,并引导学生根据不同的事例背景选择合适的统计工具。

一、复习引入

师:同学们,之前我们已学过可能性和百分数,请思考下列问题。

1.指针旋转时落在哪个区域的可能性最大? 为什么?

2.红色区域是什么图形? 占整个圆的百分之几?

3.黄色区域是什么图形? 占整个圆的百分之几?

4.绿色区域是什么图形? 占整个圆的百分之几?

✍ **【评析】** 学生之前已学过可能性和百分数,在上期学"可能性"时借助于圆和扇形进行教学,此环节将百分数结合起来进行教学,以此引入扇形统计图,让学生对扇形统计图有一个感性认识,为后续学习打基础。

师:我们用扇形来表示部分数量占总数的百分比的统计图叫扇形统计图,今天我们就来研究扇形统计图。

师:对于扇形统计图,同学们想知道什么?

生1:我想知道如何制作扇形统计图。

生2:扇形统计图有什么用?

生3:扇形统计图与这之前学过的条形统计图和折线统计图有什么区别和联系?

【评析】 开放式的问题能激发学生主动思考,并由此引出本节课所要学习的内容和所要解决的问题。

师:(出示彩虹图片)同学们,彩虹中你们最喜欢什么颜色?

生1:我喜欢红色。

生2:我喜欢黄色。

生3:我喜欢蓝色。

……

师:同学们有喜欢的不同颜色,那就请大家完成手中的统计表,每一小组中统计出喜欢不同颜色的人数。

二、探究合作

请小组中的每一位同学限选一种自己喜欢的颜色,由小组长统计完成下表。

颜色	红色	黄色	蓝色	其他	合计
人数(人)					

学生组内统计,教师在教室巡视,同时打开电子表格,让已完成的小组上台将数据填入电子表格。

颜色\组别	红色	黄色	蓝色	其他	合计
一组					
二组					
三组					
四组					
五组					
六组					
七组					
八组					
九组					
合计					

【评析】 这一环节,通过一个统计表进行数据的现场收集,全班同学参与其中,体现学生的主体性。

师:同学们,要根据这四个数据绘制扇形统计图,你们认为这个圆应该分成几份? 是等分吗? 哪一个扇形的面积会最大? 哪一个扇形的面积会最小? 为什么?(可让学生先猜一猜)

【评析】 通过一系列问题,激发学生主动思考,在画扇形统计图之前,让学生想一想、猜一猜,教学效果会更好。本环节中,教师根据同学们所收集的数据,在黑板上画一个扇形统计图,虽然不是很标准,但可以让同学在头脑中形成扇形统计图的表象。

师:同学们,要想制作精细的扇形统计图,我们可利用电脑制作。(教师现场用电脑绘制,完成时,引导学生说出在扇形统计图中的发现)

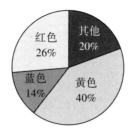

说一说:从这张统计图中你发现了什么?它有什么特点?有什么作用?

【评析】 运用电脑,结合同学们收集的原始数据,画一个标准的扇形统计图,结合所画的统计图,引导同学们观察、识图,小组讨论,解释图中数据所传递的信息。

三、巩固提升

观察扇形统计图,并填空。

六(3)班同学参加课外活动情况统计图

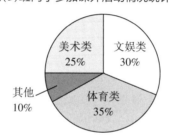

1.参加文娱类活动的有( )人。

2.参加体育类活动的有( )人。

3.你还能提出并解决哪些数学问题?

【评析】 这道习题由于没有单位"1"的具体数量,所以是无法解决的,设计这道题在于激发学生的认知冲突,并由此引发学生对单位"1"具体数量的理解与认识。通过这道习题,同学们会更加深入认识到扇形统计图的主要作用在于揭示各部分数量与总数量之间的关系,各部分数量占总数量的百分之几。

四、回顾梳理

扇形统计图和我们学过的条形统计图、折线统计图有哪些不同?

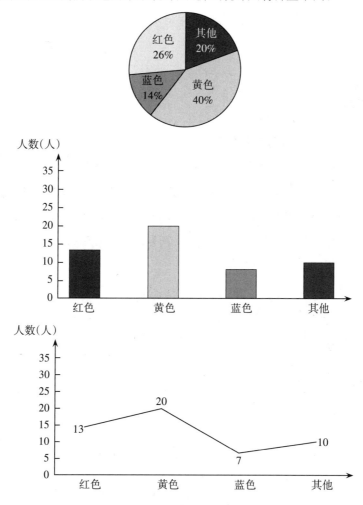

【评析】 这一环节中,将已学的条形统计图、折线统计图和扇形统计图放在一起,让同学们对这三种重要的统计工具进行对比观察和分析,是复习也是知识的建构整合。截至目前,小学所有的统计知识基本上已学完,如何灵活运用这些统计工具是同学们要面临的一大问题,只有认清三种统计工具的特有属性和作用才能根据具体的事例背景选择合适的统计工具。

五、课堂小结

条形统计图更容易看出数量的多少,折线统计图的优点是更容易看出数量的增减变化。扇形统计图的优点是能更清楚地看出各部分数量和总数量之间的关系。

教学延展

本节课从学生已有的知识经验出发,结合学生的生活实际,现场收集原始数据,在教师引导下,将扇形统计图与条形统计图、折线统计图进行对比,是凸显扇形统计图特有属性的有效途径。在整个教学过程中,学生通过自己的观察、比较、分析,在与他人的合作、交流、探索中,发现规律,自主建构、获取知识、发展能力、学会求知、学会共处。在以上这些环节中,学生能真正读懂扇形统计图,了解扇形统计图的特点和作用。

第三节 数据分析检测

1~3年级数据分析检测试题

1.选择题。

(1)想一想,选不是同类的一个( )。

A.   B.   C.

(2)下面是三(2)班同学喜欢的"卡通人物"部分情况(每个 □ 表示1人),喜欢孙悟空的有( )人。

| 蓝猫 | 喜羊羊 | 奥特曼 | 孙悟空 |

A.2   B.3   C.6   D.4

(3)童心幼儿园新进了一批玩具。

玩具				
个数(个)	8	12	6	10

童心幼儿园一共新进了( )个玩具。

A.20   B.36   C.18   D.26

(4)下面是同学们喜欢吃的蔬菜调查情况。

喜欢吃的蔬菜名称	西红柿	黄瓜	茄子	土豆	白菜
人数(人)	18	16	10	8	12

同学们最喜欢吃的蔬菜是( )。

A.土豆 　　　　B.西红柿 　　　　C.黄瓜 　　　D.茄子

(5)下面是世界人口发展情况统计表。

年份	1950年	1960年	1970年	1980年	1990年	2000年	2010年
世界人口(亿人)	25.25	30.31	36.83	44.33	52.8	61.14	69.22

根据表中的数据,可以预测出2020年世界人口大约为( )亿人。

A.70 　　　　　　B.75 　　　　　　C.80

2.填空题。

(1)数一数,用你喜欢的方式记录下来。

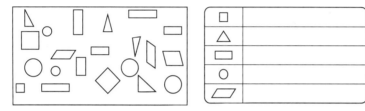

比〇多＿＿＿个,△比〇少＿＿＿个,一共有＿＿＿个图形。

(2)气象小组调查了近日的天气情况,如下图(每个△表示1天)。

①

①☀有＿＿＿天,☁有＿＿＿天,🌧有＿＿＿天。

②＿＿＿最多,＿＿＿最少。

③☀比🌧多＿＿＿天,🌧比☁少＿＿＿天。

(3)数图形,回答问题。

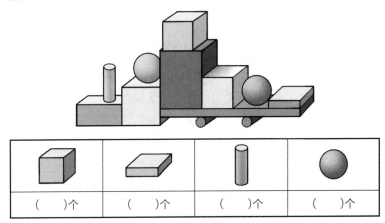

(　　)个	(　　)个	(　　)个	(　　)个

(4)乐乐同学课后对全班同学最喜欢的动物玩具进行调查并记录如下(每个😊表示1人)。

①请你根据这位同学的调查完成下面的表格。

动物玩具				
人数(人)				

②喜欢 的比喜欢 的多(　　)人,喜欢 的和喜欢的 一共有(　　)人。

3.画一画。

(1)数一数,涂一涂。

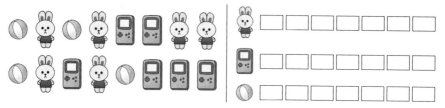

(2)学校气象小组统计了近日的天气情况,结果如下(每个 ✦ 表示1天)。

☀	✦ ✦ ✦ ✦ ✦ ✦ ✦
🌥	✦ ✦ ✦ ✦
🌧	✦ ✦ ✦ ✦ ✦

①把上面的数据用不同颜色的色块表示。

②把数据填在统计表中。

天气情况	☀	🌥	🌧
天数(天)			

4.解决问题。

(1)小军调查自己班同学喜欢吃的水果情况如下。

水果	🍎	🍑	🍐	🍓
人数(人)	正正正正	正正	正正正	正

①喜欢吃(　　)的人数最多,喜欢吃(　　)的人数最少。

②喜欢吃苹果的同学比喜欢吃桃的同学多多少人?

(2)快乐的课外活动小组。

美术组　　　　　体操组　　　　　合唱组　　　　　舞蹈组

①根据上面的信息填写下表。

组别	美术组	体操组	合唱组	舞蹈组
人数(人)	(　　)	(　　)	(　　)	(　　)

②(　　　)组的人数最多。

③体操组比美术组多(　　　)人。

④我想参加(　　　)组,这个组有(　　　)人。

4~6年级数据分析检测试题

1.选择题。

(1)适合用折线统计图来表示的数据信息是(　　　)。

A.班上3位同学的身高　　　　　B.小红近3年的身高

C.同年级3个班的人数　　　　　D.小红期末考试语文、数学、英语3科的成绩

(2)3人的平均年龄为12岁,其中1人是13岁,另外2人中不可能有人是(　　　)岁。

A.1　　　　　　　　B.20　　　　　　　　C.24

(3)小强第一节课到三楼上数学课,第二节到二楼上艺术课,第三节到四楼上科学课,课后到操场自由活动。下面能比较准确地描述小强楼层位置的是(　　　)图。

A

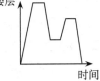

B

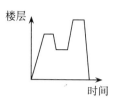

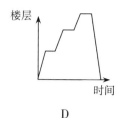

C   D

(4)下列说法正确的是( )。

A.不太可能就是不可能   B.必然发生与不可能发生都是确定现象

C.很可能发生就是必然发生   D.可能发生的可能性没有大小之分

(5)刘飞家上月的总收入是9000元。他根据实际情况绘制了分配统计图。从图中可以看出,娱乐费用约是( )元。

A.900   B.1350   C.2250   D.4500

(6)红红参加校园歌手大赛,三位评委老师分别打分:93分、98分、91分,她的平均得分是( )分。

A.93   B.94   C.98

(7)童心幼儿园里小朋友的体重最重的是32.3千克,最轻的是23.6千克,这些小朋友的平均体重可能是( )。

A.34.5千克   B.29.8千克   C.21.4千克

(8)下面的统计图中,虚线所在的位置能反映三个数平均数的图是( )。

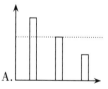

A.   B.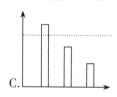

C.

(9)要表示六(1)班男女同学的身高情况,需要选用( )。

A.复式条形统计图   B.条形统计图   C.复式折线统计图

(10)根据统计图,下列哪一个结论是正确的?( )

A.四年级比五年级有更多的同学喜欢游泳

B.四年级和五年级大部分人都喜欢郊游

C.五年级喜欢郊游的人数比四年级喜欢郊游的人数少

D.五年级喜欢滑冰的人数是四年级喜欢滑冰的人数的2倍

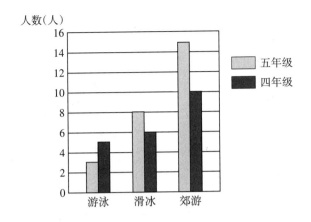

2.填空题。

(1)若要反映2019年某市每月旅游收入的增减变化情况,可以用(　　　)统计图表示;要反映每月具体收入多少,用(　　　)统计图;要反映每月收入占全年收入的百分比用(　　　)统计图。

(2)扇形统计图,它是用整个圆表示(　　　),用扇形表示(　　　)占总数的百分比。

(3)(　　　)统计图能很容易看出各种数量的多少,(　　　)统计图可以很清楚地表示各部分占总数的百分比。(　　　)统计图可以清楚地看出数量的增减变化情况。

(4)数据2,5,7,A的平均数是5,A是(　　　),$B×25=200$,B是(　　　),$A+B=$(　　　)。

(5)如图,一个圆形花圃,分成了三块。

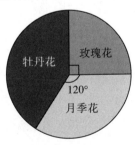

①月季花的种植面积占花圃总面积的(　　　)。

②牡丹花的种植面积占花圃总面积的(　　　)。

③花圃的总面积是120平方米,玫瑰花比月季花的面积少(　　　)平方米。

④月季花的种植面积比牡丹花少(　　　)%。

(6)如图是五(2)班同学喜欢的早餐统计图。

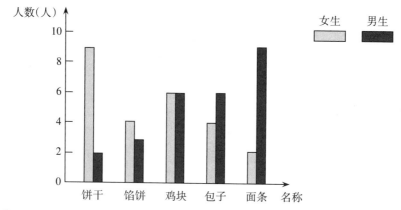

①男生最喜欢的早餐是_____,女生最喜欢的早餐是_____。

②女生最不喜欢的早餐是_____,只有_____人爱吃。

(7)如图是某车间男女职工人数统计图。

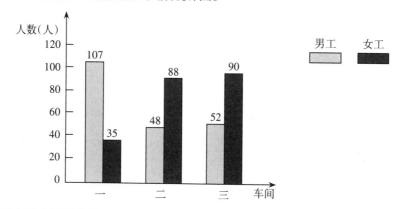

①女工人数最多是_____车间,男工人数最少是_____车间。

②平均每个车间有男工_____人,平均每个车间有女工_____人。

③平均每个车间有_____人。

④_____车间的男工和女工人数相差最大。

3.判断题。

(1)小青用条形统计图记录每年体检的身高。　　　　　　　　(　)

(2)抛掷硬币时出现正面和反面的可能性相等。　　　　　　　(　)

(3)学校要统计每个年级男、女生的人数情况,应选用复式折线统计图。(　)

(4)要反映两个地区一年内月平均气温的变化情况,应选用复式条形统计图。

（　　）

(5)在一个不透明的盒子里有5个白球、9个黑球,形状和大小都相同,搅拌后随意摸出一个球,摸出的一定是黑球。

（　　）

4.作图题。

(1)下表是四(1)班学生喜欢看的动画片。

节目	《西游记》	《喜羊羊与灰太狼》	《加菲猫》	《葫芦娃》	《蓝猫》
人数(人)	6	10	3	7	9

在下面的格子里涂色表示看各种动画片的人数。

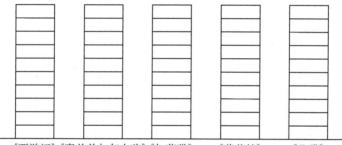

《西游记》《喜羊羊与灰太狼》《加菲猫》　　《葫芦娃》　　　《蓝猫》

(2)六(2)班共有40人,右图是该班同学最喜欢的运动项目统计图。

根据上图完成下面的条形统计图。

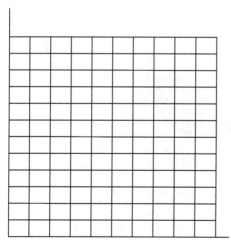

(3)下面是某厂A、B两种品牌的电动车在2017年上半年的销售情况统计表。

月份(月)	1	2	3	4	5	6
A品牌销售量(台)	3000	3200	3500	3600	3800	3900
B品牌销售量(台)	3000	3100	3300	3400	3600	3700

①根据上面的统计表完成下面的统计图。

2017年上半年某厂A、B两种品牌的电动车的销售情况统计图

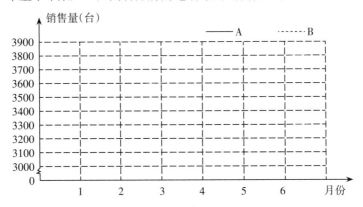

②由统计图可以看出(　　　)品牌的销售量更好。

③根据统计图,简单分析两种品牌的电动车的销量分别呈现怎样的变化趋势。

5.解决问题。

(1)下面是五年级学生进行的一次"我最擅长的文艺节目"小调查统计图,根据图中信息回答下列问题。

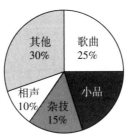

①已知五年级一共有400人,擅长小品的有多少人?

②擅长唱歌的人数比擅长相声的多多少人?

（2）2022年北京将举办第24届冬季奥林匹克运动会。统计表中是我国近五届冬奥会奖牌获取情况。

届次	19	20	21	22	23
奖牌数（枚）	8	11	11	9	9

我国近五届冬奥会获奖牌情况统计图　　我国近五届冬奥会两类项目获奖牌情况统计图

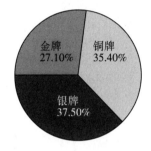
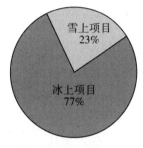

①根据上面统计表中的数据绘制统计图,下面说法不合理的是(　　　　)。

A.折线统计图更便于直观地表示五届奖牌数的变化趋势

B.为了看出每届奖牌数量,只能选择条形统计图

C.根据数据算出百分比,选择扇形统计图能更直观地看出每届奖牌数与五届奖牌总数之间的关系

②冬奥会分为雪上项目和冰上项目,从上面统计图中的数据可以看出:我国冬奥会项目成绩呈"(　　　)强(　　　)弱"的现象(填"雪"或"冰")。

③综合统计表和统计图的数据,我国在近五届冬奥会中共获得(　　　)枚银牌。

（3）四、五年级学生最喜欢的"卡通人物"统计表。

人数（人）　　卡通人物　　　年级	熊大	樱桃小丸子	喜羊羊	机器猫
四年级	42	36	50	28
五年级	56	42	63	25

①在调查的学生中,最喜欢(　　　)的人数最多,最喜欢(　　　)的人数最少。

②四年级一共调查了多少人？五年级呢？

③你还能提出其他数学问题并解答吗？

（4）李大伯在一块地里种植蔬菜，下面的统计图分别统计了2014年四种蔬菜的收入占比情况和近四年来种植蔬菜的收入情况。

2014年四种蔬菜的收入占比情况统计图　近四年种植蔬菜的收入情况统计图

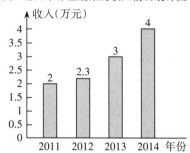

①2014年种植萝卜的收入是多少元？

②2013年的收入比2012年增加了百分之几？

(5)下表是某市2019年5月份的一周每天最高气温和最低气温的记录,根据表中的数据,完成下面的统计图(单位:℃),并回答问题。

温度(℃)\项目\日期	5月5日	5月6日	5月7日	5月8日	5月9日	5月10日	5月11日
最高气温	20	20	14	20	28	27	26
最低气温	11	9	10	7	11	15	19

①完成下面的统计图。

某市2019年5月份的一周最高和最低气温统计图

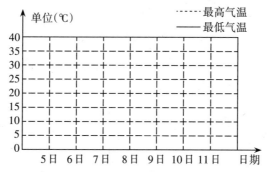

②说说5月9日这天的最高气温和最低气温分别是多少?

③这一周中,哪天的温差最大? 哪天的温差最小?

④从上面的数据中,你还能得到什么信息?

(6)根据图中信息回答问题。

第16、17、18届亚运会中、韩、日三国金牌统计图

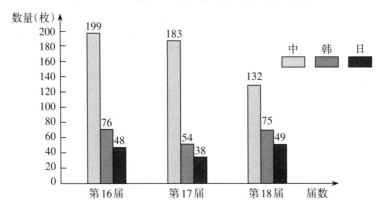

①这三届亚运会上中国一共获得多少枚金牌?

②第16届亚运会上,中国金牌数比韩、日两国金牌总数还多几枚?

③下一届亚运会将在中国浙江举行,请你预测一下第19届亚运会中国金牌数的增减趋势,并说明理由。

参考文献

[1]丁煌.政策执行阻滞机制及其防治对策[M].北京:人民教育出版社,2002.

[2]史宁中.数学思想概论:数量与数量关系的抽象(第1辑)[M].长春:东北师范大学出版社,2008.

[3]中华人民共和国教育部.义务教育数学课程标准(2011年版)[M].北京:北京师范大学出版社,2011.

[4]史宁中.数学基本思想18讲[M].北京:北京师范大学出版社,2016.

[5]张天孝.现代新思维小学数学教育[M].杭州:浙江大学出版社,2017.

[6]孙名符,蒙虎.波利亚合情推理的成功与不足[J].数学教育学报,1998,7(3):43-46.

[7]杨承军.义务教育阶段渗透数学模型思想的意义与策略探究[J].教育评论,2014(4):117-119.

[8]张秋爽.浅谈小学数学教学中的抽象[J].教学月刊(小学版:数学),2014(11):50-52.

[9]张艳红.浅议小学生数学抽象思维能力的培养[J].赤子(上中旬),2016(3):240.

[10]严卿,从PME视角看逻辑推理素养及其培养[J].教育研究与评论(中学教育教学),2017(2):19-24.

[11]孙保华.依托抽象,提升学生思维能力[J].中小学教师培训,2017(4):50-53.

[12]陈峰.基于模型思想的小学数学简易方程的教学设计研究[D].重庆师范大学,2017.

[13]谢丽倩.初中数学资优生数学核心素养调查研究—以数学推理为例[D].南京师范大学,2017.